新电商·新职业·新形态“岗课赛证”融通型直播电商系列教材

直播电商实务

程兆兆　李兴国　彭柏华　主编

中国财富出版社有限公司

图书在版编目（CIP）数据

直播电商实务 / 程兆兆，李兴国，彭柏华主编. — 北京：中国财富出版社有限公司，2023.7

（新电商·新职业·新形态“岗课赛证”融通型直播电商系列教材）

ISBN 978-7-5047-7834-5

Ⅰ.①直… Ⅱ.①程… ②李… ③彭… Ⅲ.①网络营销—高等职业教育—教材 Ⅳ.①F713.365.2

中国版本图书馆CIP数据核字（2022）第236900号

策划编辑	李彩琴	**责任编辑**	张红燕　孟　婷	**版权编辑**	李　洋
责任印制	梁　凡	**责任校对**	杨小静	**责任发行**	董　倩

出版发行	中国财富出版社有限公司		
社　　址	北京市丰台区南四环西路 188 号 5 区 20 楼	**邮政编码**	100070
电　　话	010-52227588 转 2098（发行部）		010-52227588 转 321（总编室）
	010-52227566（24 小时读者服务）		010-52227588 转 305（质检部）
网　　址	http://www.cfpress.com.cn	**排　　版**	宝蕾元
经　　销	新华书店	**印　　刷**	宝蕾元仁浩（天津）印刷有限公司
书　　号	ISBN 978-7-5047-7834-5/F·3322		
开　　本	787mm × 1092mm　1/16	**版　　次**	2023 年 7 月第 1 版
印　　张	17.5	**印　　次**	2023 年 7 月第 1 次印刷
字　　数	383 千字	**定　　价**	56.00 元

编委会名单

主　编：程兆兆　李兴国　彭柏华　江西现代职业技术学院

副主编：周　南　苏州农业职业技术学院

屈文超　中广星领（北京）文化信息科技有限公司

编　委：（排名不分先后顺序）

刘芸琦　九江职业大学

许晓东　江西应用技术职业学院

温　昊　宁都技师学院

刘　杰　长沙幼儿师范高等专科学校

何　好　邵阳市计算机中等专业学校

王　超　惠买集团

李　遥　北京诺亦腾科技有限公司

沈会峰　上海跨赢信息科技有限公司

范铭信　李　宁　北京智海蓝途科技有限公司

叶　靖　牛建睿　陕西恒捷睿达信息技术服务有限公司

内容摘要

本书立足直播电商运营基础认知与技能，注重“岗课赛证”职业教育理念的应用，以直播电商相关岗位职业能力要求为基础，同步对标和融合了“1+X直播电商职业技能等级标准（中级）”要求以及全国职业院校技能大赛高职组电子商务技能赛项“直播营销”模块职业技能要求开展内容体系设计与内容编写。

在内容组织上，本书涵盖直播电商运营八个项目：直播电商概述、直播选品、直播脚本设计及素材准备、直播间场景、直播预热及试播、直播过程中的控场、直播间引流以及直播数据分析，典型企业任务场景覆盖全面。在编写体例上，本书采用活页式教材编写理念和体例，整体以项目任务为编写主线，同时引入具有企业特色的案例，基本形成了“学习目标→思维导图→案例导入→知识准备→任务实施→思政园地→同步考核→企业实训工单”基于工作过程的教学情境，体例设计新颖。

此外，本书注重贯彻落实党的二十大精神，在多个环节设计融入课程思政元素，能够有效支撑职业院校开展对应课程教学与教学改革。

本书可作为职业教育本科院校、高职院校、中职院校开设电子商务、网络营销与直播电商、直播电商服务等相关专业的学生用书，也可为从事直播电商运营、直播营销、新媒体营销、网络推广等职业的社会人员相关技能的学习与提升提供参考。

前　言

近年来，随着直播电商“人、货、场”的不断扩展，直播电商产业规模持续扩大，产业体量快速增长。2020年起，直播电商成为许多线下企业、传统电商企业应对新冠病毒感染疫情影响、开辟线上市场或者拓展电商新渠道的重要手段。疫情期间“直播+”的火爆也印证了直播由泛娱乐场景向更广泛的企业级场景渗透的巨大潜力。

综合性的电商平台、短视频平台、社交平台等都在不断加大直播电商建设和服务的投入；网红达人、网店店主、品牌销售、线下代购、门店导购、农村青年、再就业人群等群体都加入了主播队伍，主播体量不断扩大；短视频内容创新和呈现形式的不断丰富，直播场景搭建的推陈出新，吸引着消费者的注意力；直播带货“所见即所得”的直观性以及“即兴消费”“兴趣消费”的特点，大大缩短了消费者决策的时间，提高了消费者的成单效率；政府机构不断出台直播电商领域的相关法律法规和行为规范，平台不断加强知识产权保护、加大销售假冒伪劣产品行为的打击力度、倡导品牌自播等，进一步保障了产业健康，等等。以上多种因素叠加促进了直播电商产业的加速发展。目前直播电商已然成为电子商务领域主流业态，并不断抢占传统电商的市场份额。

直播电商产业的火热发展，形成了巨大的人才需求。数据显示，预计2023年短视频和直播电商领域年度从业人员缺口为574万人，[①] 人才缺口巨大。同时，反观职业教育领域，目前直播电商人才亟须加速培养，系统性的人才培养还处在起步阶段，其主要问题如下：人才培养目标不明确、专业课程体系不完善、基础认知与技能类课程缺乏、实训实践类课程短缺、专业师资队伍需要建设等，这些问题都困扰着职业院校直播电商人才培养，其中课程建设不足（包含“专业课程体系不完善、基础认知与技能类课程缺乏、实训实践类课程短缺”）成为重要的阻碍因素。

《直播电商实务》是一本面向职业教育领域直播电商、电子商务相关专业的专业核心课程教材。本书围绕八个项目展开编写：直播电商概述、直播选品、直播脚本设计及素材准备、直播间场景、直播预热及试播、直播过程中的控场、直播间引流以及直播数据分析，基本形成了“学习目标→思维导图→案例导入→知识准备→任务实施→思政园

① 中研网。

地→同步考核→企业实训工单”的教学情境。

本书立足中高职教材特点与内容，注重贯彻落实党的二十大精神，在多个环节设计融入思政元素，能够有效支撑职业院校开展对应课程教学与教学改革。此外，本书提供了教材所需的课件、教学案例、习题等数字化教学资源，能够满足教师教学与学生随时随地学习的需要。

本书由江西现代职业技术学院程兆兆、李兴国、彭柏华任主编，由苏州农业职业技术学院周南、中广星领（北京）文化信息科技有限公司屈文超任副主编，中国财富出版社有限公司为本书的出版做了大量出版管理工作，本书的编写还得到了九江职业大学、江西应用技术职业学院、宁都技师学院、长沙幼儿师范高等专科学校、邵阳市计算机中等专业学校等院校中的多位专业教师的参与和支持。此外，也得到了惠买集团、北京诺亦腾科技有限公司、上海跨赢信息科技有限公司、北京智海蓝途科技有限公司、陕西恒捷睿达信息技术服务有限公司等企业中的多位专家、一线直播电商运营人员的大力支持与帮助，在此对各位专家、教师的辛勤工作表示衷心感谢！

由于直播电商领域涉及的内容具有较强的时效性，加之编者水平有限，书中难免存在不足之处，恳请广大读者批评指正，以使本书日臻完善。

编　者

2023年4月

目 录

项目一　认知
——直播电商概述

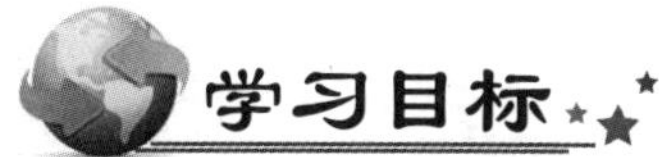

[知识目标]

1. 了解直播电商的内涵及特点。
2. 熟悉直播电商的产业链构成。
3. 了解直播电商的发展历程。
4. 了解直播电商的不同类别以及代表平台。
5. 明确主流直播平台各自的特色和优势所在。
6. 知晓直播电商团队的主要职责和工作内容。
7. 熟悉直播电商相关法律法规对各方的责任要求。

[能力目标]

1. 能够有效区分直播电商、电视购物、传统电商。
2. 掌握直播电商平台选择的方法。

[素养目标]

1. 了解社会主义核心价值观，诚实守信，遵守职业道德。
2. 明确自身责任义务，熟悉直播电商营销过程中应该遵守的相关法律法规。

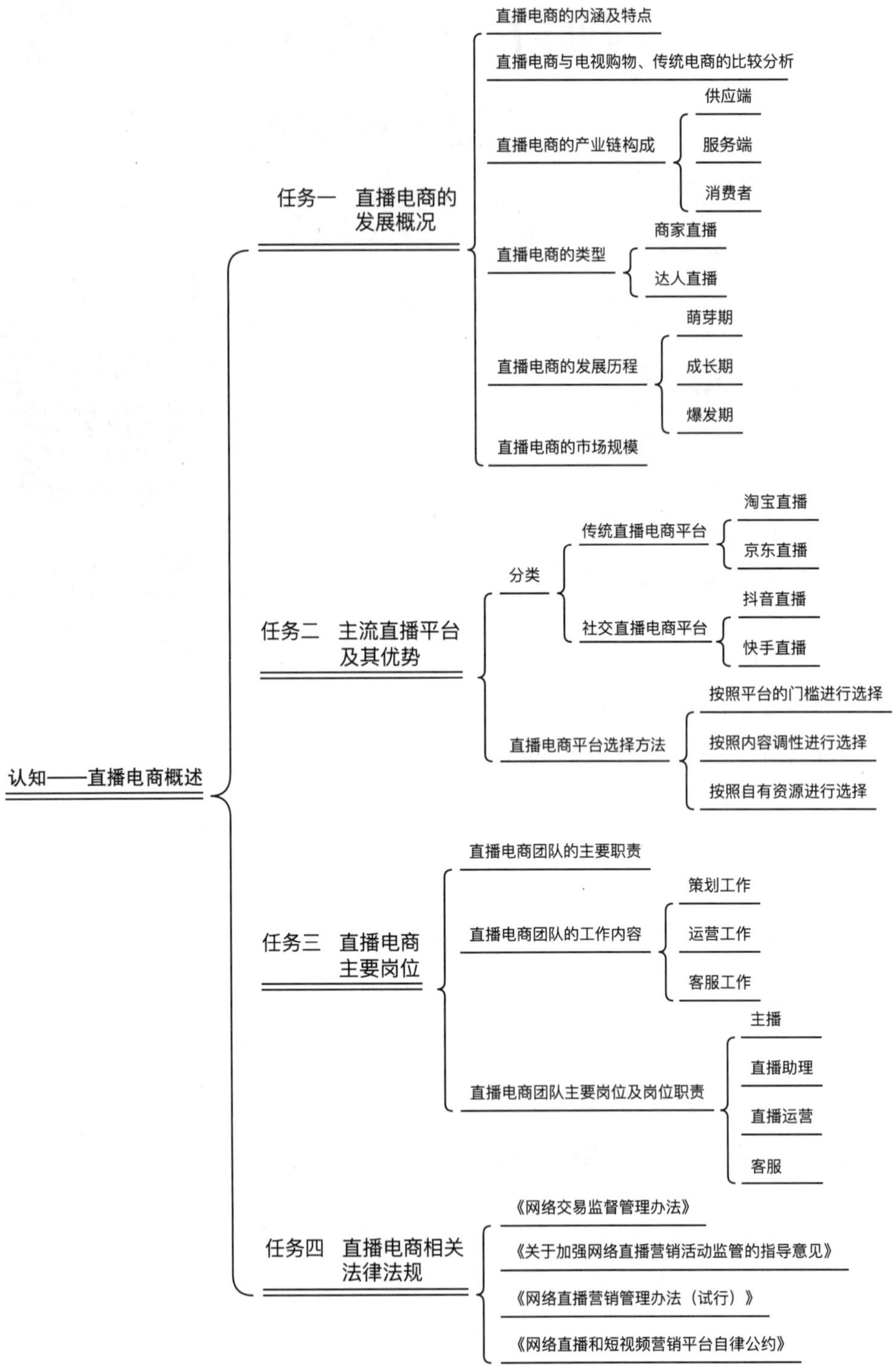

- 认知——直播电商概述
  - 任务一　直播电商的发展概况
    - 直播电商的内涵及特点
    - 直播电商与电视购物、传统电商的比较分析
    - 直播电商的产业链构成
      - 供应端
      - 服务端
      - 消费者
    - 直播电商的类型
      - 商家直播
      - 达人直播
    - 直播电商的发展历程
      - 萌芽期
      - 成长期
      - 爆发期
    - 直播电商的市场规模
  - 任务二　主流直播平台及其优势
    - 分类
      - 传统直播电商平台
        - 淘宝直播
        - 京东直播
      - 社交直播电商平台
        - 抖音直播
        - 快手直播
    - 直播电商平台选择方法
      - 按照平台的门槛进行选择
      - 按照内容调性进行选择
      - 按照自有资源进行选择
  - 任务三　直播电商主要岗位
    - 直播电商团队的主要职责
    - 直播电商团队的工作内容
      - 策划工作
      - 运营工作
      - 客服工作
    - 直播电商团队主要岗位及岗位职责
      - 主播
      - 直播助理
      - 直播运营
      - 客服
  - 任务四　直播电商相关法律法规
    - 《网络交易监督管理办法》
    - 《关于加强网络直播营销活动监管的指导意见》
    - 《网络直播营销管理办法（试行）》
    - 《网络直播和短视频营销平台自律公约》

任务一　直播电商的发展概况

近年来，由于新冠病毒感染疫情的影响，各行业的发展受到很大影响，直播电商却逆势上涨，由于直播电商给消费者带来直观和生动的购物体验，又有营销效果好、转化率高的特点，逐渐成为电商行业的新增长势力，也是新经济风口。

不但淘宝、京东、抖音、快手等头部电商平台及内容平台纷纷入局并加大投入，诸多网红、演员、主持人、政府官员以及企业家等也纷纷走进直播间公益带货、扶贫带货。此外，随着5G技术的发展和直播渗透率的持续提升，直播品类与内容日趋丰富，“万物皆可播”的时代即将来临。

传统的百货商场也开始尝试直播带货，例如，位于北京朝阳区的燕莎友谊商城，2022年5月，受疫情影响，其配合防疫政策停业近1个月，是商场开业30年以来时间最久的一次被迫停业。为了缓解运营压力，燕莎友谊商城参与了抖音电商“商家复产护航计划”中的“百城品质购”活动，全天直播7小时，订单量接近1万单。据了解，直播带货不仅能够缓解其疫情期间的“燃眉之急”，而且对线下店铺具有反哺能力，助力商场后续招商。

资料来源：《一场直播销售近万单，燕莎友谊商城如何做到的？》。

通过阅读案例，思考并回答以下问题：

（1）你认为什么是直播电商？

（2）相较于传统电商，直播电商的优势体现在哪些方面？

1.直播电商的内涵及特点

（1）直播电商的内涵

中国消费者协会发布的《直播电商购物消费者满意度在线调查报告》指出，该次调查体验中“直播电商”是一个广义的概念，直播者通过网络的直播平台或直播软件来推销相关产品，使受众了解产品各项性能，从而购买自己的商品的交易行为，可以统称为直播电商。

（2）直播电商的特点

①强互动性。直播电商具有“现场+同场+互动”的特点，主播不仅与用户在同一直播现场，而且与所有用户都能进行即时互动，即用户通过弹幕或评论对商品提出疑问或发表看法，这样主播更容易获得用户的信任感。这种强互动性远强于之前的移动电商和社交电商。

②主播具有强IP①属性。演员、网红、KOL②、创作者，甚至政府机关人员等都可以成为主播，主播自身具有很强的IP属性。

③高度去中心化。直播电商拥有数量更多、类型更为丰富多元的主播，而主播除了电商平台的公域流量外还有自己的私域流量。相较于之前的传统电商，直播电商更为去中心化，也为更多的主播提供了运营自身品牌及粉丝的机会和可能性。

2.直播电商与电视购物的比较分析

（1）门槛低且传播载体更加丰富、便携

电视购物的内容需要在电视上播放，依托于电视购物频道，要向广电媒体取得频道和时段资源，这使得电视购物的入行门槛较高，呈现媒体中心化的状态。直播电商依靠移动终端，并且能够借助移动网络随时随地进行观看及下单，人人可参与，媒体去中心化。

（2）用户变被动为主动，消费选择增多

通过选择不同的直播间，用户可以结合自身需求寻找感兴趣的商品，而无须被动接受电视购物所提供的商品，拥有更多消费选择，而电视购物无法更好地满足用户的个性化需求。

（3）互动形式升级

直播平台用户可以通过提问、转发、点赞、评论等方式，向主播提供实时的反馈信息，以便获取自己需要的个性化商品或服务，并且能够帮助主播及机构提高选品能力。

---

① 知识产权（Intellectual Property）的简称。

② 关键意见领袖（Key Opinion Leader，KOL），为营销学上的概念，通常被定义为拥有更多、更准确的产品信息，且为相关群体所接受或信任，并对该群体的购买行为有较大影响力的人。

电视购物对用户进行的是单向输出，大多数情况下用户只能通过电话进行订购，并且难以反馈自身需求。

（4）营销场景拓展

不同于电视购物需要专业的演播室、摄影棚，直播电商的营销场景更加丰富和多元，无论是在田间地头还是生产车间，一部手机、一个支架就可以搭建起一个直播间，让用户观看真实的生产场景。这种去中心化、接地气、直观生动的表现形式对用户具有更强的吸引力。

（5）评价体系完善

与电视购物相比，直播电商平台将评价体系纳入了流量分配政策中。平台根据每个主播粉丝群体的复看率、活跃度、直播间停留时间、转化率、售后满意度等多维度指标为主播分配流量资源，主播群体形成了良性的自然筛选机制，直播生态实现优胜劣汰的正向循环。

3. 直播电商与传统电商的比较分析

（1）用户标签化更强

传统电商标签化较弱，系统一般根据用户浏览、购买记录等进行个性化推荐。直播电商以个性化推荐为核心逻辑，根据用户关注创立标签，从年龄结构、兴趣爱好、城际分布、收入水平等方面对用户进行画像，用户标签化更强，个性化推荐更精确。

（2）互动体验感更强

传统电商主要通过图文展示商品的各项信息，但展示内容有限，并且信息传递方式较为单一。直播电商可以进行真人试穿、试用，商品细节近镜头展示等，商品信息传递方式更为丰富，用户体验感更好、沉浸感更强。

（3）流量分发更为智能高效

传统电商通过搜索引擎模式以中心化平台进行流量分发。直播电商以KOL为入口进行流量分发，通过用户关注导入，流量分发更为智能、高效，去中心化的流量分发机制不会让平台生态失衡，对进入该领域的新创作者也有很大的吸引力。

（4）用户选品时间缩短，转化率更高

传统电商平台用户需要通过搜索商品、浏览商品、比较商品，随后做出购买决策，在整个消费过程中，挑选商品花费时间较多。而直播电商主播将选品前置，而且会把自己对商品的理解和偏好带入其中进行推荐，用户基于对主播的信任，看到合适的商品会直接下单购买，节约了用户的选品时间，转化率也更高。

（5）商品价格更为优惠

传统电商平台商品价格通常比较稳定，优惠力度较少，频次较低，用户需要经常关注才能及时获取优惠信息。而直播电商通过“去中介化”直接与品牌商或者制造商议价，获取相对优惠的商品价格。

4. 直播电商的产业链构成

直播电商产业链由供应端、服务端和需求端（消费者）构成。上游供应端主要为商品供应方，包括厂商、品牌商、经销商、原产地等。中游服务端主要为直播服务商和渠道平台；渠道平台包括电商平台、内容平台、社交平台等；直播服务商主要包括MCN机构[①]、其他直播服务商、其他服务支持商等，产生了网红达人、明星艺人、企业家及商家主播等。下游需求端主要为消费者。

5. 直播电商的类型

（1）商家直播

商家直播即商家、品牌方自己开设直播间，推广自家产品，这是店铺销售服务的一种延伸。

以淘宝、京东平台等电商平台为代表的商家直播的优势在于供应链，商家资源丰富，电商业态发展成熟，例如，2020年淘宝直播中商家直播场次占比为70%以上；商家直播依托商家自有品牌，将店铺私域流量转化，用户多为商家产品和服务的粉丝，关注商家的动态、新品等。

（2）达人直播

达人直播即在抖音、快手等短视频平台开设直播间，通过自身的专业知识或者影响力积累庞大的粉丝群，给粉丝推荐某种商品，并提供售后服务。达人直播内容生产能力强，直播品牌较为丰富。

直播电商的发展概况分析

相比传统电商用户接触的仅有图文宣传内容和商家客服，直播电商通过“人对人”的社交+互动模式，能给用户带来更直观、生动的购物体验，重塑了用户购物决策链条，

① MCN（Multi-Channel Network）是一种多频道网络的产品形态，是一种新的网红经济运作模式。MCN机构可通俗地认为是网红孵化中心，专业培育和扶持网红达人的经纪公司或者机构。

实现了流量、用户黏性、转化率等核心指标的有效提升。本学习任务通过对直播电商内涵的剖析，带领学生进一步明确直播电商的特点、优势以及发展历程，以便对直播电商有更为清晰的认识。

直播电商的迅速发展，吸引了越来越多的人才加入，但在进入行业前，需要对直播电商进行较为清晰全面的认识，可从以下步骤展开。

步骤1：明确直播电商的内涵及特点

中国消费者协会发布的《直播电商购物消费者满意度在线调查报告》指出，该次调查体验中“直播电商”是一个广义的概念，直播者通过网络的直播平台或直播软件来推销相关产品，使受众了解产品各项性能，从而购买自己的商品的交易行为，可以统称为直播电商。

相较于传统电商，直播电商提升了用户的交流感和参与感，使得网络购物从过去的“人与商品的对话”变成“人与人的对话”，为网络购物注入深度情感互动属性。

直播电商是视频直播这一新型传播方式与电商行业的有机融合，相比于传统电商来说是一种全新的电商形式，有其鲜明的特点，如图1-1所示。

强互动性
强IP属性
高度去中心化

图1-1　直播电商的特点

步骤2：直播电商与电视购物、传统电商的比较分析

步骤2.1：直播电商与电视购物的比较分析。在直播电商发展的初始阶段，很多用户认为直播电商是电视购物的升级版，虽然二者有相似之处，但直播电商与电视购物相比优势明显，具体内容如表1-1所示。

表1-1　直播电商相较于电视购物的优势体现

直播电商相较于电视购物的优势体现	（1）门槛低且传播载体更加丰富、便携； （2）用户变被动为主动，消费选择增多； （3）互动形式升级； （4）营销场景拓展； （5）评价体系完善

步骤2.2：直播电商与传统电商的比较分析。传统电商为直播电商奠定了发展基础，二者相辅相成，缺一不可。传统电商以“人找货”的方式进行搜索式购物，用户在电商平台通过搜索关键词完成选品及下单，主要依赖图片及介绍文字获取商品信息。与传统电商相比，直播电商更受用户欢迎，优势也更为突出，具体内容如表1-2所示。

表 1–2　　直播电商相较于传统电商的优势体现

直播电商相较于传统电商的优势体现	（1）用户标签化更强； （2）互动体验感更强； （3）流量分发更为智能高效； （4）用户选品时间缩短，转化率更高； （5）商品价格更为优惠

步骤3：明确直播电商的产业链

直播电商以直播为手段重构“人、货、场”三要素，但其本质仍然是电商。直播电商产业链由供应端、服务端和需求端（消费者）构成，具体内容如图1–2所示。

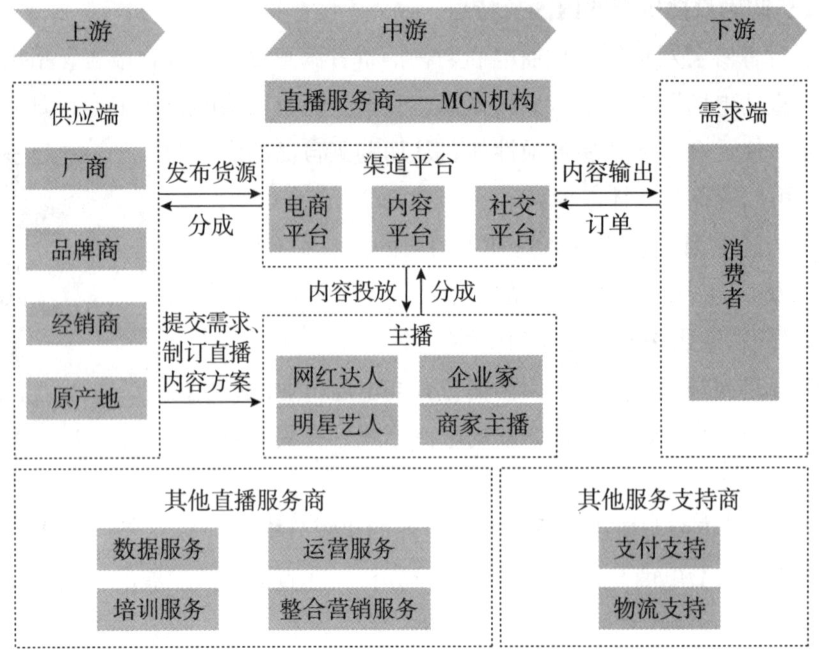

图1–2　直播电商的产业链

步骤4：明确直播电商的类型

直播电商的强互动性，可以有效增强用户黏性，提高商品转化率。目前直播电商主要有两种类型，如图1–3所示。

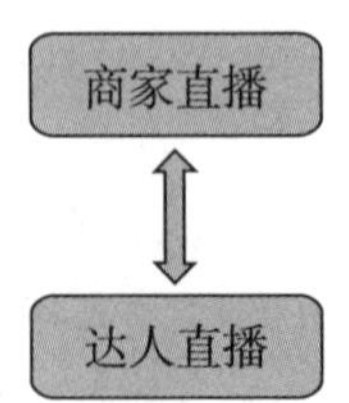

图1–3　直播电商的类型

这两种类型的直播电商有各自的特点和优势，如表1–3所示。

表1–3　不同类型直播电商比较

类型	特点和优势
商家直播	（1）店铺销售服务的一种延伸； （2）供应链，商家资源丰富，电商业态发展成熟
达人直播	达人直播内容生产能力强，直播品牌较为丰富

步骤5：梳理直播电商的发展历程

我国直播电商开始于2016年，从最初以内容建设与流量变现为目的起步尝试，发展至今产业链逐步完整化、多元化，处于爆发式增长阶段。其发展历程如图1–4所示。

萌芽期（2016—2017年）

电商平台开启“直播+内容+电商”模式，旨在降低拉新成本、增强用户黏性

成长期（2018年）

抖音、快手等短视频及社交内容平台入局，从跳转第三方购物平台模式到自建商品平台模式，短视频及社交平台依靠强大的流量优势，为直播电商按下加速键

爆发期（2019年至今）

2019年，各大平台加码、政府政策支持、头部主播凸显，推动直播电商进入爆发式发展阶段。2020年年初，新冠病毒感染疫情促进直播营销渗透率的提升，直播电商标配化

图1–4　直播电商的发展历程

资料来源：浙江电子商务促进会、前瞻产业研究院整理。

其中，不同互联网企业开展直播电商的时间点如表1–4所示。

表 1–4　不同互联网企业开展直播电商的时间点

不同互联网企业开展直播电商的时间点	
不同互联网企业开展直播电商的时间点	2015年12月，淘宝直播首个内部测试版完成
	2016年，蘑菇街开启电商直播
	2016年3月，淘宝直播试运营
	2017年，快手开启直播+带货模式探索
	2017年7月，苏宁易购App正式上线直播功能
	2018年3月，亚马逊开始尝试网络直播业务
	2018年8月，京东时尚在“京星计划”中推动直播带货
	2018年12月，抖音购物车功能正式开放申请
	2019年11月，拼多多初次试水直播带货
	2019年12月，小红书宣布即将正式上线电商直播
	2019年12月，腾讯看点直播宣布推出“引力播”计划
	2020年，百度等也推出直播电商相关计划

电商思政小贴士

许多开拓者通过直播电商实现了创业梦，创富梦，勇做走在时代前面的奋进者，为实现中国梦贡献智慧和力量。

步骤6：分析直播电商的市场规模

市场规模反映了特定区域市场中，用户有购买力支撑的，对某种产品或服务的现实和潜在市场的总需求量。并且市场规模是判断一个企业是否进入一个行业最基础的指标，可了解行业前景如何。

图 1–5　直播电商用户规模

直播电商近年来发展迅猛，拥有广泛的受众群体，根据中国互联网络信息中心（CNNIC）发布的第48次《中国互联网络发展状况统计报告》显示，截至2021年6月，我国网民规模达10.11亿人，网购用户规模达8.12亿人，直播电商用户规模已达3.84亿人，占网民规模的38%，占比较高，如图1–5所示。

通过本任务的学习，学生了解了直播电商的发展概况、内涵、特点、产业链、类型等，其中需要重点了解直播电商产业链的上游、中游、下游所涵盖的主要内容，并进一步明确直播电商相较于电视购物、传统电商的优势所在。与此同时，通过本任务的学习，学生能够掌握市场规模分析的重要性，以便在后期的销售选品中更有针对性。

任务二　主流直播平台及其优势

某美妆企业结合市场部门的研究报告进行分析，认为直播不仅能够带动线上销售，还可以为线下门店导流，并且通过直播能够让品牌文化更为丰满鲜活地呈现在用户面前。综合考量后，该美妆企业在原有的电商部门增加新岗位，负责直播电商业务，相关业务负责人需要根据企业发展需求选定合适的直播平台，并进一步优化直播运营团队人员配置。

该业务负责人调研发现，抖音平台用户量相对来说比较大，日活跃用户数破6亿，并且主打服装、美妆、食品饮料等消费品牌，比较符合自身企业的发展要求。此外，进一步调研发现，抖音平台还可以为“自播品牌”提供全链路经营服务，助力商家长效经营，有效沉淀用户价值，实现品销合一。

综合考量后，该美妆企业最终选定了抖音平台作为直播阵地，在直播初期，该美妆企业以福利款、粉丝专享款等低利润单品培养粉丝看播习惯，使得人均停留时长、平均在线人数、场均观看人数稳步提升。

通过阅读案例，思考并回答以下问题：

（1）直播电商平台分为哪几类？

（2）主流直播电商平台有哪些？各自的优势是什么？

1. 直播电商平台分类

直播电商平台可以分为传统直播电商平台和社交直播电商平台。

（1）传统直播电商平台

该类平台指的是开辟直播业务并在平台页面中进行展示的传统电商平台，如淘宝、京东、拼多多等，其特点如表1–5所示。该类平台借助直播吸引流量，从而获得更多的用户，并提高用户黏性。对于传统直播电商平台而言，完善的电商生态和高效的平台治理水平是他们在直播电商行业中的核心竞争优势。

表1–5　　传统直播电商平台的特点

特性	将直播作为吸引流量、提高转化率的工具
直播类型	商家自播为主
商品特征	商品种类丰富，供应链相对完善
用户特征	以购物消费为主
商品成交模式	商品在电商平台实现成交
商品转化率	较高
典型平台	淘宝、京东、拼多多等

（2）社交直播电商平台

该类平台指的是新增电商业务的社交类直播平台，如抖音、快手等。该类平台具有流量优势，通过直播来销售商品是该类平台实现流量变现的重要方式之一。对于社交直播电商平台而言，流量优势是竞争力的主要来源，后期发展需要在优化自有供应链的同时丰富商品SKU[①]，并兼顾优质内容，优化直播电商布局，其特点如表1–6所示。

① 指最小存货单位或库存保有单位，即库存进出计量的基本单元。

表1-6　社交直播电商平台的特点

特性	具有流量优势，借助直播实现流量变现
直播类型	达人直播为主
商品特征	以白牌或品牌商品为主
用户特征	以休闲娱乐和购物消费为主
商品成交模式	既可以在平台内部完成交易，也可以在用户点击商品链接后跳转至第三方电商平台，在第三方电商平台上完成商品交易
商品转化率	较高
典型平台	抖音、快手等

2. 主流直播电商平台特性及优势

（1）淘宝直播特性及优势

淘宝直播定位为“消费类直播”，是淘宝重点打造的“边看边买”的内容导购社区平台，商家可以找到适合自身需要的主播或者MCN机构，依托达人或者机构选购商品。

淘宝直播的核心优势在于已经形成了高效率、系统化的直播电商系统，具体包含如下内容。

①淘宝直播具有强电商属性，商品品类丰富，其专业性、导购属性和用户购物欲望更强。

②精准实现“物找人”，淘宝直播能快速筛选热销商品及品类，进而在用户精准画像的基础上，实现用户和商品之间的智能匹配。

③淘宝拥有全行业大盘数据，能够直接监控直播大盘流量和主播情况。

④拥有海量主播，淘宝平台上有百万主播，商家可以根据自身的需求选择最适合自身的主播。此外，与京东、拼多多等电商平台相比，早先入局的流量以及品牌优势，已经让淘宝直播成为直播卖货的主战场。

（2）抖音直播特性及优势

抖音直播将自身的业务模式称为“兴趣电商”，兴趣电商的核心是主动帮助用户发现潜在需求，即依托推荐技术和内容流量，寻找人货匹配的最优化选项。抖音直播的优势包含如下内容。

①得益于平台积累，潜在用户多，抖音是一个日活跃用户数破6亿的短视频内容平台，长期积累的用户画像和精准的算法推荐使得抖音直播电商能够更好地触达用户，激发用户的购物需求。

②抖音直播电商具有强互动性，其弹幕功能为主播和用户架构起了双向沟通的桥梁，并且直播交流互动形式多样有趣，如一问一答、多问一答等，极大提高了购买频率。

③抖音平台上具有足够多优质的内容创作者，这些创作者本身就有大量的粉丝，并具有一定的视频制作水平，这些都可以帮助其成为一名优秀的主播。同时，直播电商带来的收益可以反哺主播，激励主播给用户带来更好的直播内容。

④直播数据可视化，抖音主播可通过后台对直播电商活动的传播范围及效果进行挖掘分析，如关注数据、浏览数据、评论数据、互动数据等。通过数据分析找出直播过程中的优缺点，以便在后期进行调整及优化。

（3）快手直播特性及优势

快手直播采取“去中心化”流量分发模式，基于社交和用户兴趣进行内容推荐，主推关注页推荐内容。快手主播与粉丝之间有一种黏性较强的社会关系，也就是快手标签的“老铁关系”，这使得快手直播立足“信任电商”。快手直播的优势包含如下内容。

①主打“老铁经济”，带给用户绝佳情感体验的同时提升了转化率。快手直播中有大量工厂、原产地主播，他们的直播内容是人间烟火气的自然延伸，而非刻意的表演。这种真实让“老铁经济”的社交黏性强，用户与主播之间的高互动性和信赖感为直播变现提供了天然的基石。

②流量普惠，快手为主播提供了多种机会，腰部和尾部主播也能够获得普惠的流量和资源，对素人主播较为友好。

③快手拥有独家支持的第三方电商平台和自建平台。

④快手热销商品品类集中度更高，食品饮料、个人护理、精品女装占比较高，相对于品牌知名度以及商品的公知口碑，快手“老铁”更信赖主播的推荐，也更追求商品的高性价比和实用性。

3. 直播电商平台选择方法

了解了直播电商平台的类别和主流直播电商平台的特性及优势，企业和或个人还需要结合自身资源条件及需求选择合适的平台，选择方法如表1–7所示。

表1–7　直播电商平台的选择方法

按照平台的门槛进行选择	计划在一个平台上进行直播，必须先申请开通直播权限，而各个平台的门槛是不一样的。相对来说，淘宝直播平台的门槛最高，对店铺和达人均有不同要求，而抖音直播平台和快手直播平台则几乎不设门槛，只要账号处于正常状态，用户就可以在“设置”页面中根据提示开通直播权限
按照内容调性进行选择	不同平台的用户其偏好也不同，商家或主播需要结合内容调性来选择合适的平台。相对来说，淘宝直播平台的自由度更高，只要产品合法合规，都能通过直播进行销售。而快手直播和抖音直播都背靠短视频平台，商家或主播需要准备一些以短视频为主的内容，先积累粉丝，再进行直播带货
按照自有资源进行选择	“人、货、场”是直播电商的三大要素。商家或主播要思考几个问题：自己在其中一种或几种要素上是否具备优势？自身拥有的资源是否有助于发展直播业务？对于没有线上、线下店铺及一手货源的个人，可利用自己积累的粉丝为品牌商带货，从中收取一定的佣金

主流直播平台及其优势分析

直播电商行业发展得如火如荼，越来越多的企业和个人想要加入其中，但是在开直播前，选择合适的直播平台非常重要。现今除了专业垂直直播平台，电商、短视频、社交、综合视频平台等均布局了直播业务，企业及个人需要综合考虑平台调性匹配、用户匹配度、流量推荐、内容制作等因素，选择最适合自身发展需要的平台。本学习任务将带领学生分析主流直播电商平台的特性及优势，以期提供更多选择合适平台的方法。

无论是企业还是个人，想要通过直播电商获得收益，选择合适的平台非常重要，其具体步骤如下。

步骤1：了解直播电商平台分类

直播电商平台可以分为两类，一类是传统的电商平台开辟直播业务，并在平台页面中进行展示，如淘宝，京东等，如图1–6、图1–7所示。另一类是社交直播平台新增电商业务，如抖音、快手等，直播电商平台分类及用户占比如表1–8所示。

表1–8　　直播电商平台分类及用户占比

分类	直播电商平台	用户占比
传统直播电商平台	淘宝直播	68.5%
	天猫直播	32.4%
	京东直播	23.8%
	拼多多直播	20.9%
	小红书直播	19.5%
	唯品会直播	12.0%
社交直播电商平台	抖音直播	57.8%
	快手直播	41.0%

续 表

分类	直播电商平台	用户占比
社交直播电商平台	虎牙直播	9.8%
	斗鱼直播	12.1%

图1-6　淘宝直播

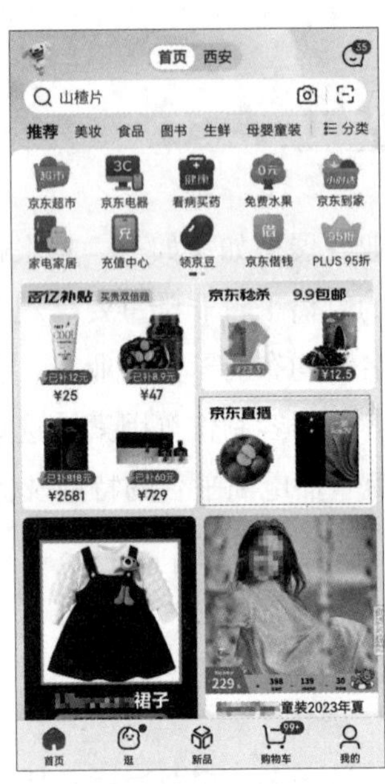

图1-7　京东直播

此外，根据中国消费者协会2020年3月在京发布的《直播电商购物消费者满意度在线调查报告》调查数据显示，在传统直播电商平台中，使用淘宝直播的用户占比达68.5%，占有绝对领先优势。对于以淘宝直播为代表的传统直播电商平台而言，完善的电商生态和高效的平台治理水平是它们在直播电商行业中的核心竞争优势。

在社交直播电商平台中，使用抖音直播和快手直播的用户分别占比57.8%、41.0%，对于这类社交直播电商平台而言，流量优势是竞争力的主要来源，后期发展需要在优化自有供应链的同时丰富商品SKU，并兼顾优质内容，优化直播电商布局。

电商思政小贴士

直播电商帮助中小企业、外贸代工厂以及农户实现"生产—销售—消费"无缝对接，减少信息不对称，压缩了中间渠道成本，吸引消费者购买，进一步激发消费潜力。直播电商不仅能够助力乡村振兴，更成为传统企业数字化转型的重要抓手。

步骤2：了解主流直播电商平台特性及优势

根据用户占比及平台发展现状，现就主流直播电商平台——淘宝直播、抖音直播、快手直播展开分析。

步骤2.1： 分析淘宝直播特性及优势。2016年3月，淘宝直播试运营，并于当年4月正式上线，定位为“消费类直播”，是淘宝重点打造的“边看边买”的内容导购社区平台，商家可以找到适合自身需要的主播或者MCN机构，依托达人或者机构选购商品，如图1–8、图1–9所示。

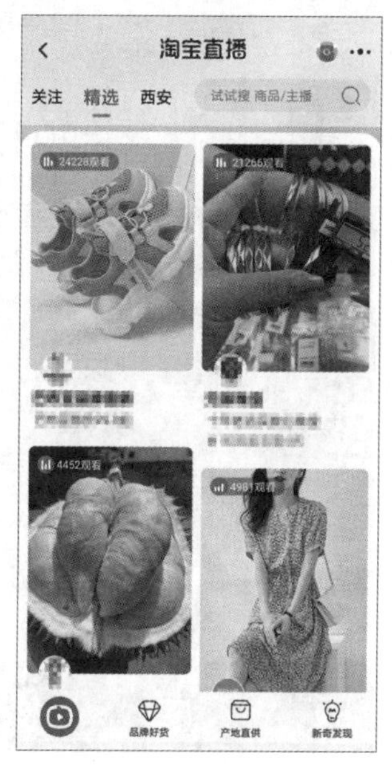

图1–8　淘宝直播（1）　　图1–9　淘宝直播（2）

淘宝平台的核心优势在于已经形成了高效率、系统化的直播电商系统，具体如图1–10所示。

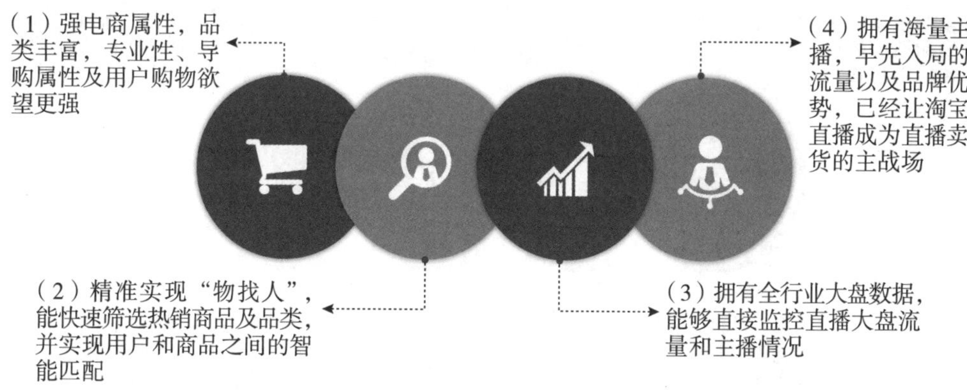

图1–10　淘宝直播的优势

步骤2.2： 分析抖音直播特性及优势。抖音的广告语是“记录美好生活”，平台内容调性是“突出美好”，采取的是去“中心化”流量分发模式，倾向于向用户推荐其感兴趣的内容。抖音电商将自己的业务模式称为“兴趣电商”，兴趣电商的核心是主动帮助用户发现潜在需求，即依托推荐技术和内容流量，寻找人货匹配的最优化选项。

抖音的直播入口在关注和推荐界面的左上角，作为一个醒目的关键入口呈现，如图1-11、图1-12所示。

图1-11 抖音直播（1）

图1-12 抖音直播（2）

抖音直播电商近年来发展迅猛，其优势如图1-13所示。

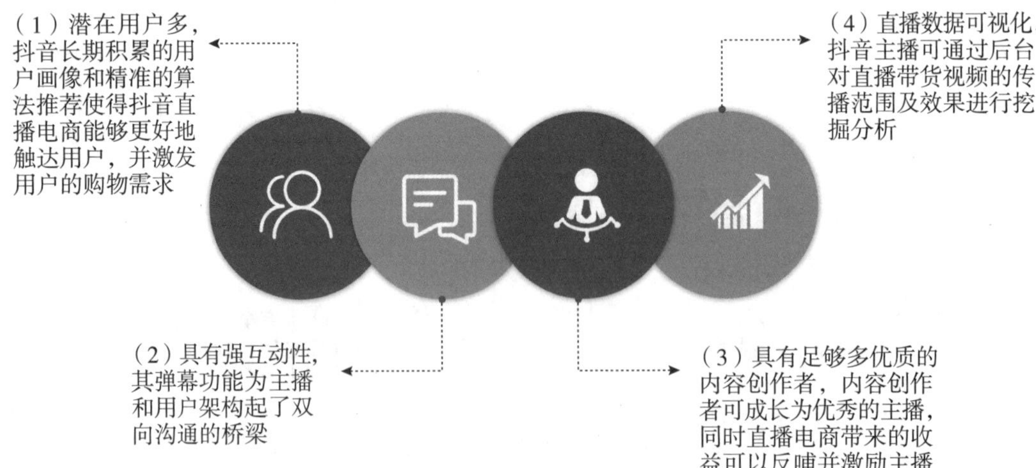

图1-13 抖音直播的优势

步骤2.3：分析快手直播特性及优势。快手的广告语是“拥抱每一种生活”，采取“去中心化”流量分发模式，基于社交和用户兴趣进行内容推荐，主推关注页推荐内容。快手主播与粉丝之间有一种黏性较强的社会关系，也就是快手标签的“老铁关系”，这使得快手直播立足“信任电商”。快手直播具体内容如图1-14、图1-15所示。

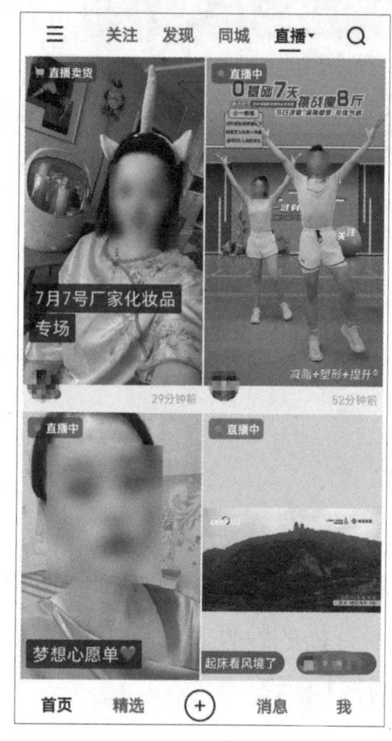

图1-14　快手直播（1）　　图1-15　快手直播（2）

快手独特的内容生态和社区氛围为快手直播电商奠定了良好的基础，其优势如图1-16所示。

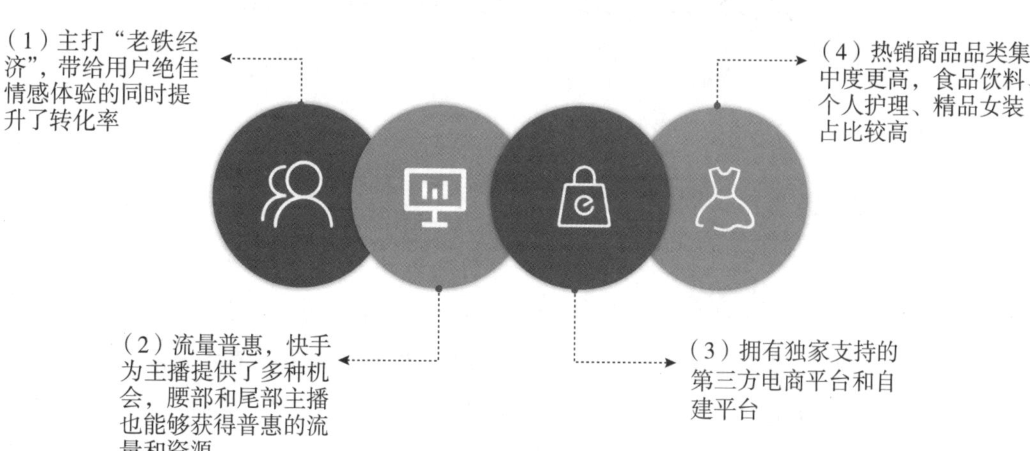

图1-16　快手直播的优势

步骤3：直播电商平台选择方法

了解了直播电商平台的类别和主流直播电商平台的特性及优势，企业和或个人还需要结合自身资源条件及需求选择合适的平台，选择方法如图1-17所示。

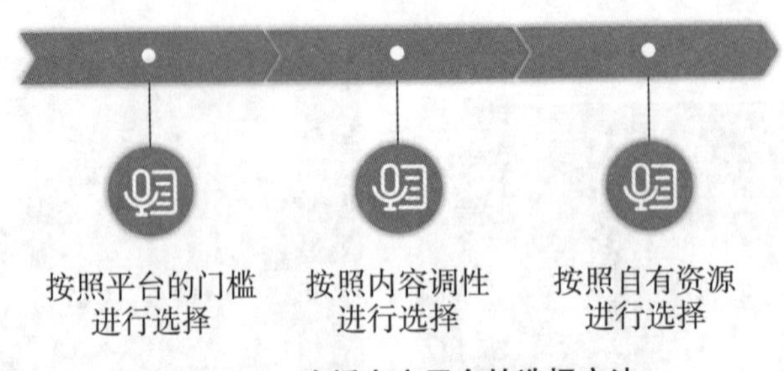

图1-17　直播电商平台的选择方法

通过本任务的学习，学生了解了直播电商的不同类别，其中需要重点掌握当下主流直播电商平台——淘宝直播、抖音直播、快手直播的特性及优势，并在后期根据平台门槛、内容调性、自有资源进行直播电商平台的选择。

任务三　直播电商主要岗位

某美妆企业计划入驻抖音平台进行直播销售，但该企业为了自身的长效发展，综合考虑后，选择自己组建直播电商团队而不是与MCN机构或某些头部主播合作。

该美妆企业直播电商业务负责人按照上级要求梳理直播运营团队的人员配置，因为是运营初期，该负责人计划先打造标配团队，团队人员主要包括主播、助理、运营、策划、场控、客服等，并进一步明确团队不同岗位的职能分工，相互磨合一段时间后，再根据直播业务的发展状况，考虑是否增加投入，扩大直播团队的规模。

直播团队岗位需求及对应职能确定后，该美妆企业人力资源部门就在招聘网站上发布了招聘信息，进行直播团队的组建。

通过阅读案例，思考并回答以下问题：

（1）直播电商团队的主要岗位包括哪些？

（2）直播电商团队不同岗位的岗位职责分别是什么？

1. 直播电商团队的主要职责

直播电商在本质上仍然是一种商务活动，从电商活动开展的角度看，直播电商需要具备“人、货、场”三大要素，其中，“人”主要指直播电商团队及粉丝，“货”则指产品或服务，“场”指平台。在这些要素中，“人”是较为关键的要素。其中的直播电商团队肩负着将“货”和“粉丝”有效地整合在“场”内，满足粉丝对“货”的需求，将“场”里的“货”转变成“场”外收益的重任。

直播电商团队的主要职责包含如下内容。

①平台选择。

②粉丝圈定。

③选品及品源管理。

④直播活动策划、组织、粉丝互动及全过程管理。

⑤售前售后服务提供，确保咨询转化率和客户满意度。

2. 直播电商团队的工作内容

一场直播电商活动想要实现预期销售目标，除了提前进行充分的策划，主播在直播间有良好的现场演绎，还要在直播前后提供及时的客户服务。据此，直播电商团队的工作内容可以划分为直播前的策划（策划工作）、直播实施（运营工作）以及直播前后的客户服务（客服工作）三部分。

（1）策划工作

策划工作具体包括直播平台的选择、直播脚本的撰写、直播活动的策划、直播福利的设定等。

（2）运营工作

运营工作既包括电商运营，又包含直播运营。其中直播运营不仅包括主播直播、粉丝互动等运营活动，还包括运营中的直播节奏把握、突发问题的处理等协调工作。

（3）客服工作

直播中的客服工作主要包括直播间内的客户产品咨询及订单处理等服务，直播前后的客服工作主要包括平台上客户售前咨询或疑问解答、订单处理、未付款催收、物流及售后追踪、售后退换货处理、反馈及客户回访、客户需求分析等。

3. 直播电商团队主要岗位

按照直播电商业务流程，直播电商团队需要完成直播前的策划、直播实施以及直播前后的客户服务三大项工作内容，因此，一支高效的直播电商团队就应该拥有策划、运营及客服三大类岗位，具体的岗位人员数量根据自身需求设定。

一般而言，直播电商团队中的主要岗位包括主播、直播助理、直播运营、客服等。

直播电商主要岗位分析

直播电商涉及多方面的内容，单靠主播一个人是很难支撑的，因此需要配备高素质的团队。直播团队中的各岗位工作人员需要具有清晰的分工，以保证每场直播的顺利进行。本学习任务将带领学生了解直播电商团队的岗位设置，并进一步明确各个岗位的工作职责。

随着直播电商行业的发展，涉及的岗位分工也越来越细致，需要明确具体的岗位设

置和岗位职责。

步骤1：了解直播电商团队岗位构成

想要进行一场成功的直播，需要相关负责人员具备选品能力、场控能力、招商能力、客服能力等，针对这些需求，可以设置专人专岗多方面协作，也可以根据自身资源条件一人身兼数职。概括而言，直播电商团队的主要岗位设置如图1–18所示。

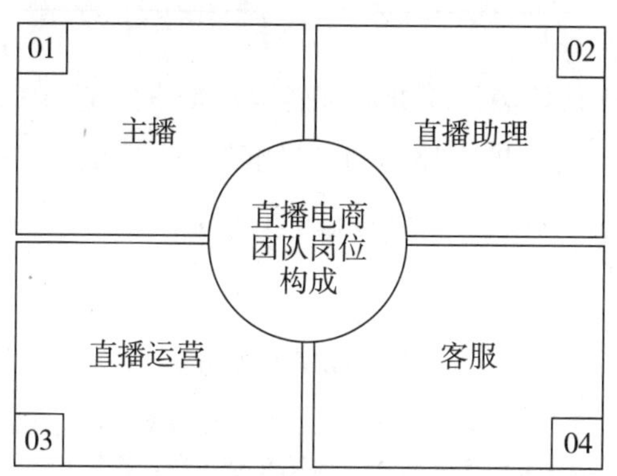

图1–18 直播电商团队岗位构成

步骤2：明确并区分不同岗位的工作职责

不同的岗位有不同的任职要求，并且需要明确各个岗位的职责，以便在之后的直播协作工作中各司其职。

步骤2.1：明确主播岗位职责。在直播电商团队中，主播的重要性毋庸置疑，可谓是核心岗位，甚至决定着一场直播的成败。无论是达人主播或企业招募的主播，都要明确自身的岗位职责，如表1–9所示。

表1–9 主播岗位职责

主播岗位职责	（1）了解客户喜好，了解产品，能够从客户角度出发协助进行选品策划； （2）熟悉直播流程策划，了解直播不同环节的侧重点，能控制直播间的节奏； （3）负责完成整场直播主持，熟练掌握直播相关话术，能在直播不同环节中进行话术的调整； （4）具备一定的销售知识，能及时预判销售机会并完成销售转化； （5）能保持稳定的开播时间及一定的开播量

步骤2.2：明确直播助理岗位职责。在直播电商团队中，直播助理就是主播的助手，不同于单纯的直播，直播电商的主播很难在做好产品展示、引导购买的同时，做好直播间运营工作，这就需要直播助理处理各类烦琐复杂的工作，帮助主播优化一些直播的细节，其岗位职责如表1–10所示。

表1-10 直播助理岗位职责

直播助理岗位职责	（1）直播间辅助角色，帮助主播进行产品对接、样品整理、直播脚本整理； （2）能协助主播推进直播进度，并配合主播调节直播间的氛围，适当与用户互动； （3）了解直播产品，帮助主播补充产品的相关使用知识； （4）记录客户问题，并跟进解答； （5）熟悉直播平台管理规则，提醒主播避免出现违规操作及用语； （6）直播结束后，直播助理要协助主播处理订单，并进行复盘总结，准备下一场直播

步骤2.3：明确直播运营岗位职责。直播运营是直播电商中的综合岗位，主要负责直播电商的整体规划和统筹，即直播间的“导演”。直播电商工作对直播运营岗位的专业素养要求比较高，并且要求其掌握多种技能，如设计、策划、提炼商品卖点、数据分析等。其岗位职责如表1-11所示。

表1-11 直播运营岗位职责

直播运营岗位职责	（1）熟悉不同直播平台的特点及优劣势，根据直播内容及产品选择合适的直播平台； （2）负责直播电商的整体统筹，确定直播主题，匹配产品； （3）负责直播电商活动的策划，梳理直播流程并规划时间节点； （4）熟悉供应链的相关专业知识，根据选品及时调整定价及直播内容策划； （5）实时跟进直播活动，维护好直播间秩序； （6）能够对直播活动进行复盘，统计并分析直播后台各类数据，根据分析结果及时调整直播的策划，优化选品

步骤2.4：明确客服岗位职责。客服是直播电商中的服务岗位，主要职责就是为客户答疑解惑，如果客服表现不专业或态度不友好，很可能会影响客户的最终购买行为。其岗位职责如表1-12所示。

表1-12 客服岗位职责

客服岗位职责	（1）熟悉各大直播电商平台的买卖操作流程； （2）熟悉商品详情信息，并掌握一定的沟通技巧，能熟练解答客户疑问； （3）负责收集客户信息，分析客户需求，规划客户服务方案； （4）负责进行客户管理，跟进回访客户，进行服务升级，负责发展维护良好的客户关系

电商思政小贴士

就业是民生之基，财富之源，解决好就业问题，才能实现社会的长治久安。近年来，直播电商行业的发展推动一系列新职业的产生，新增了大量就业岗位，既有助于解决就业问题，也有助于推动地方经济发展。

通过本任务的学习，学生了解了直播电商团队的主要职责和工作内容，并进一步明确了直播电商团队的主要岗位设置，包括主播、直播助理、直播运营、客服，其中需要重点掌握各个岗位的职责并进行有效区分，以便在后期开展直播电商活动时做到专人专岗、各司其职，保证在直播顺利进行的同时提升转化率。

任务四　直播电商相关法律法规

2022年央视3·15晚会，曝光了多个翡翠直播间利用网络直播平台以虚构边境买卖翡翠的场景，销售涉嫌假冒伪劣、以次充好的翡翠产品。后经记者追踪调查发现网上"越境翡翠"销售的直播间已经销声匿迹。但随之而来的是另一个玉石直播销售套路模式——"挖沙采玉"。

一条河，两个人，一把铁锹，一部手机，现挖现卖的销售模式，吸引了不少网友关注。"挖沙采玉"以看似真实的销售场景，新颖的营销手段，低廉的产品价格，吸引了不少消费者的关注，但据专业人士反馈，在玉石产区，采玉和收购是非常成熟的产业链，而对于玉石分级的定价早已约定俗成。往往一块好的玉石挖出来，采玉人就会第一时间通知自己熟识的收货人，专门收玉石的商家会以最合理的价格进行收购，采玉人也愿意和熟识的商家交易。因此，直播间拿一块极品的"和田籽料"在网上甩卖的情况，真假不言而明。

律师在接受记者采访时表示，以"挖沙采玉"为营销手段的直播，如果销售的玉石产品存在以次充好、以假乱真的行为，就已经涉嫌消费欺诈。不仅从事直播的商家要承担相应的法律责任，电商企业作为直播销售的运营平台，如未尽到审核直播内容，未及时发现涉嫌销售假冒产品的行为，也需要承担相应的法律责任。

资料来源：澎湃新闻。

通过阅读案例，思考并回答以下问题：

（1）与直播电商相关的法律法规有哪些？

（2）网络直播营销违法行为包括哪些？

直播电商在扩大消费规模、拉动经济增长等方面发挥了积极的作用，为了进一步促进并引导直播电商行业健康有序发展，中央及地方政府有关部门出台了一系列法律法规，建立起了有利于直播电商有序高质发展的制度环境。下列就相关内容进行梳理。

2019年11月，国家广播电视总局办公厅发布《关于加强“双11”期间网络视听电子商务直播节目和广告节目管理的通知》(以下简称《通知》)。《通知》要求“双11”期间加强规范网络视听电子商务直播节目和广告节目服务内容规范，节目中不得包含低俗、庸俗、媚俗的情节或镜头，严禁丑闻劣迹者发声出镜。网络视听电子商务直播节目和广告节目用语要文明、规范，不得夸大其词，不得欺诈和误导消费者。

2020年2月，商务部办公厅出台《关于进一步做好疫情防控期间农产品产销对接工作的通知》，鼓励电商企业为直播带货等渠道提供流量支持。各地方陆续推出直播电商相关政策。

2020年3月，中国消费者协会发布《直播电商购物消费者满意度在线调查报告》，报告显示有37.3%受访消费者在直播购物中遇到消费问题。

2020年3月，广州市商务局出台《广州市直播电商发展行动方案（2020—2022年）》，推进“个十百千万”工程，计划将广州打造成为全国著名的直播电商之都。“个十百千万”工程，即构建1批直播电商产业集聚区、扶持10家具有示范带动作用的头部直播机构、培育100家有影响力的MCN机构、孵化1000个网红品牌（企业名牌、产地品牌、产品品牌、新品等)、培训10000名带货达人。

2020年3月，四川省商务厅《品质川货直播电商网络流量新高地行动计划（2020—2022年)》，推进实施“四个一”工程，计划将四川打造为全国知名区域直播电商网络流量中心。“四个一”工程，即推进实施10个特色产业直播电商网络流量基地、100个骨干企业、1000个网红品牌、10000名网红带货达人。

2020年6月，中国商业联合会媒体购物专业委员会牵头起草《视频直播购物运营和服务基本规范》和《网络购物诚信服务体系评价指南》。

2020年6月，浙江省发布全国第一个直播电商领域标准《直播电商人才培训和评价规范》。该规范为直播电商从业人员职业生涯规划提供了重要参考，内容涉及范围、规范性引用文件、术语和定义、直播电商技能层级、直播电商专业知识基本内容、直播电商技能培训与实训、直播电商人才测评认证七个方面，有利于更好地加强教育机构、培训机构、实训基地等对直播电子商务从业人员的培训与管理。

2020年6月，中国广告协会发布《网络直播营销行为规范》，要求2020年7月1日开始执行。

2020年7月，浙江省电子商务促进会正式发布《电子商务直播营销人员管理规范》，要求电子商务直播销售人员不但要在直播前进行个人购买体验，还要将产品的不利信息在直播中做必要说明。《电子商务直播营销人员管理规范》是全国首个直播销售员的管理规范。

2020年9月，抖音、快手、京东3家企业共同发布的《网络直播和短视频营销平台自律公约》（以下简称《公约》）自2020年10月1日开始执行，《公约》中最为关键的是提出协同共治，不仅强调直播和短视频平台之间的协作和数据共享，还要加强直播和短视频平台与政府部门的协作，强化信息共享和执法协作，助力政府部门提升监管效能。

2020年11月，市场监管总局制定出台的《关于加强网络直播营销活动监管的指导意见》，明确了网络直播营销活动中相关主体的法律责任，其中特别明确了网络平台和网络直播者的法律责任和义务。

2021年3月发布的《网络交易监督管理办法》（以下简称《办法》）于2021年5月1日起施行，作为贯彻落实《中华人民共和国电子商务法》的重要部门规章，《办法》对完善网络交易监管制度体系、持续净化网络交易空间、维护公平竞争的网络交易秩序、营造安全放心的网络消费环境具有重要现实意义。

2021年4月，国家互联网信息办公室、公安部、商务部、文化和旅游部、国家税务总局、国家市场监督管理总局、国家广播电视总局七部门联合发布的《网络直播营销管理办法（试行）》（以下简称《办法（试行）》）自2021年5月25日起施行。《办法（试行）》中明确了直播营销平台、直播间运营者、直播营销人员、直播营销人员服务机构的概念，为相应法律法规的适用奠定了基础。此外，《办法（试行）》要求直播营销平台建立健全风险识别模型，对涉嫌违规违法的高风险营销行为和可能影响未成年人身心健康的行为，采取弹窗提示、显著标识、功能和流量限制、暂停直播等调控措施。

直播电商相关法律法规

本学习任务将带领学生梳理与直播电商相关的法律法规，并就其中的重点条款进行解读，帮助学生更好地理解，以便在后期的直播活动中进行自检，避免违法违规。

为了加强对直播电商活动的监管，保护消费者的合法权益，并进一步促进直播电商行业的发展，国家出台了一系列法律法规，下面将对其中重点法规中的重要条款分别展开学习。

1.《网络交易监督管理办法》

《网络交易监督管理办法》(以下简称《办法》) 于2021年5月1日起施行，作为贯彻落实《中华人民共和国电子商务法》的重要部门规章，《办法》具有重要现实意义，具体如图1-19所示。

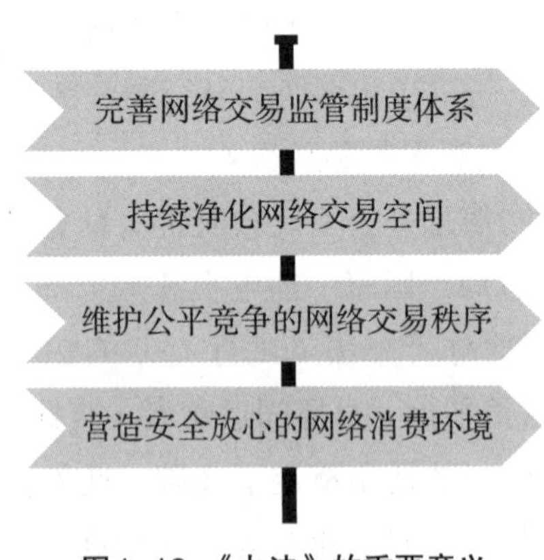

图1-19 《办法》的重要意义

其中与直播电商相关的重要条款包含如下内容。

(1) 明确各方责任义务

针对“直播带货”“社交电商”等网络交易新业态，《办法》界定了网络服务提供者的角色定位，对网络交易经营者的定位作出了明确规定，明确了各参与方的责任义务，具体参见第七条，如表1-13所示。

表1-13 《办法》中对网络交易经营者定位及责任义务的界定

条款	内容
第七条	本办法所称网络交易经营者，是指组织、开展网络交易活动的自然人、法人和非法人组织，包括网络交易平台经营者、平台内经营者、自建网站经营者以及通过其他网络服务开展网络交易活动的网络交易经营者。 本办法所称网络交易平台经营者，是指在网络交易活动中为交易双方或者多方提供网络经营场所、交易撮合、信息发布等服务，供交易双方或者多方独立开展网络交易活动的法人或者非法人组织。 本办法所称平台内经营者，是指通过网络交易平台开展网络交易活动的网络交易经营者。 网络社交、网络直播等网络服务提供者为经营者提供网络经营场所、商品浏览、订单生成、在线支付等网络交易平台服务的，应当依法履行网络交易平台经营者的义务。通过上述网络交易平台服务开展网络交易活动的经营者，应当依法履行平台内经营者的义务

（2）规定网络交易经营者信息展示义务及直播视频保存时间

具体参见第二十条，如表1-14所示。

表1-14 《办法》中对网络交易经营者信息展示义务及直播视频保存时间的要求

条款	内容
第二十条	通过网络社交、网络直播等网络服务开展网络交易活动的网络交易经营者，应当以显著方式展示商品或者服务及其实际经营主体、售后服务等信息，或者上述信息的链接标识。 网络直播服务提供者对网络交易活动的直播视频保存时间自直播结束之日起不少于三年

（3）界定和限制不正当竞争行为

在直播电商活动中，虚构交易金额的情况时有发生，《办法》中对虚构交易金额、流量数据等不正当竞争行为进行了界定和限制，具体参见第十四条，如表1-15所示。

表1-15 《办法》中对不正当竞争行为的界定和限制

条款	内容
第十四条	网络交易经营者不得违反《中华人民共和国反不正当竞争法》等规定，实施扰乱市场竞争秩序，损害其他经营者或者消费者合法权益的不正当竞争行为。 网络交易经营者不得以下列方式，作虚假或者引人误解的商业宣传，欺骗、误导消费者： （一）虚构交易、编造用户评价； （二）采用误导性展示等方式，将好评前置、差评后置，或者不显著区分不同商品或者服务的评价等； （三）采用谎称现货、虚构预订、虚假抢购等方式进行虚假营销； （四）虚构点击量、关注度等流量数据，以及虚构点赞、打赏等交易互动数据。 网络交易经营者不得实施混淆行为，引人误认为是他人商品、服务或者与他人存在特定联系。 网络交易经营者不得编造、传播虚假信息或者误导性信息，损害竞争对手的商业信誉、商品声誉

2.《关于加强网络直播营销活动监管的指导意见》

2020年11月，市场监管总局制定出台的《关于加强网络直播营销活动监管的指导意见》(以下简称《意见》)，明确了网络直播营销活动中相关主体的法律责任，其中特别明确了网络平台和网络直播者的法律责任和义务。

《意见》充分考虑网络直播营销活动属性特点、行业现状、监管制度等，主要内容如图1–20所示。

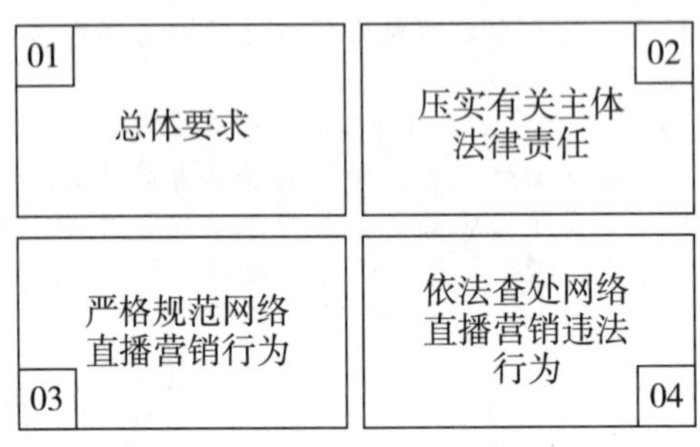

图1–20 《意见》主要内容

其中与直播电商相关的重要条款包括如下内容。

(1)划分不同主体责任

《意见》第二部分“压实有关主体法律责任”，对网络直播营销活动中的三大主体——网络平台、商品经营者、网络直播者的法律责任进行梳理，分层次进行责任划分。

这部分内容确定了法律监管对象，解决监管对象模糊的问题，避免各主体相互推脱责任，损害消费者的合法权益。

(2)加强对网络平台的监管力度

《意见》第二部分规定，网络平台为商品经营者（含服务提供者）或网络直播者提供付费导流等服务，对网络直播营销活动进行宣传、推广，构成商业广告的，应按照《中华人民共和国广告法》规定履行广告发布者或广告经营者的责任和义务。

其意义在于加强对网络平台的监管力度，避免网络平台只顾经济利益、不加审查而向大众投放低质量、虚假的商业广告，破坏市场经济秩序。

(3)保障消费者的知情权和选择权

《意见》第三部分“严格规范网络直播营销行为”中提到，通过网络直播销售商品或提供服务的商品经营者应建立并执行商品进货检查验收制度，不得通过网络直播销售法律、法规禁止生产、销售的商品或服务及禁止在大众传播媒介发布的商业广告等，并要求相关方规范广告审查发布。同时，针对保障消费者知情权和选择权，对公示有关资质、提供基本经营信息和网络平台对上述信息提供技术支持等方面提出明确要求。

（4）明确网络直播营销违法行为

《意见》第四部分“依法查处网络直播营销违法行为”主要列举目前网络直播营销活动中的电子商务违法、侵犯消费者合法权益违法、不正当竞争违法、产品质量违法、侵犯知识产权违法、食品安全违法、广告违法、价格违法八大重点违法行为，并明确应依据相应的法律条款予以查处。

3.《网络直播营销管理办法（试行）》

为了解决监管主体众多、适用法律不同、执法监管标准不一致的问题，国家互联网信息办公室、公安部、商务部、文化和旅游部、国家税务总局、国家市场监督管理总局、国家广播电视总局七部门联合发布《网络直播营销管理办法（试行）》（以下简称《办法（试行）》），《办法（试行）》自2021年5月25日起施行。

其中与直播电商相关的重要条款包含如下内容。

（1）明确了直播营销的相关概念

《办法（试行）》中明确了直播营销平台、直播间运营者、直播营销人员、直播营销人员服务机构的概念，为相应法律法规的适用奠定了基础。具体参见第二条，如表1-16所示。

表1-16　《办法（试行）》中直播营销的相关概念

条款	内容
第二条	在中华人民共和国境内，通过互联网站、应用程序、小程序等，以视频直播、音频直播、图文直播或多种直播相结合等形式开展营销的商业活动，适用本办法。 本办法所称直播营销平台，是指在网络直播营销中提供直播服务的各类平台，包括互联网直播服务平台、互联网音视频服务平台、电子商务平台等。 本办法所称直播间运营者，是指在直播营销平台上注册账号或者通过自建网站等其他网络服务，开设直播间从事网络直播营销活动的个人、法人和其他组织。 本办法所称直播营销人员，是指在网络直播营销中直接向社会公众开展营销的个人。 本办法所称直播营销人员服务机构，是指为直播营销人员从事网络直播营销活动提供策划、运营、经纪、培训等的专门机构。 从事网络直播营销活动，属于《中华人民共和国电子商务法》规定的“电子商务平台经营者”或“平台内经营者”定义的市场主体，应当依法履行相应的责任和义务

（2）细化并明确了平台责任

《办法（试行）》要求直播营销平台建立健全风险识别模型，对涉嫌违规违法的高风险营销行为和可能影响未成年人身心健康的行为，采取弹窗提示、显著标识、功能和流量限制、暂停直播等调控措施。

此外，《办法（试行）》还要求直播营销平台建立分级管理制度，对重点直播间采取安排专人实时巡查、延长直播内容保存时间等防范措施。对于违反法律法规和服务协议的直播间运营者账号，《办法（试行）》要求直播营销平台视情采取警示提醒、限制功能、暂停发布、注销账号、禁止重新注册等处置措施，保存记录并向有关主管部门报告。

（3）明确主播年龄

《办法（试行）》中，最为关键的是对主播年龄进行了限制，具体内容参见第十七条，如表1–17所示。

表1–17　《办法（试行）》中对主播年龄的要求

条款	内容
第十七条	直播营销人员或者直播间运营者为自然人的，应当年满十六周岁；十六周岁以上的未成年人申请成为直播营销人员或者直播间运营者的，应当经监护人同意

（4）明确直播间运营者、直播营销人员从事网络直播营销活动禁止的行为

相关人员从事网络直播营销活动，应当遵守法律法规和国家有关规定，遵循社会公序良俗，真实、准确、全面地发布商品或服务信息，禁止某些行为，具体内容参见第十八条，如表1–18所示。

表1–18《办法（试行）》中对直播间运营者、直播营销人员从事网络直播营销活动禁止的行为

条款	内容
第十八条	（一）违反《网络信息内容生态治理规定》第六条、第七条规定的； （二）发布虚假或者引人误解的信息，欺骗、误导用户； （三）营销假冒伪劣、侵犯知识产权或不符合保障人身、财产安全要求的商品； （四）虚构或者篡改交易、关注度、浏览量、点赞量等数据流量造假； （五）知道或应当知道他人存在违法违规或高风险行为，仍为其推广、引流； （六）骚扰、诋毁、谩骂及恐吓他人，侵害他人合法权益； （七）传销、诈骗、赌博、贩卖违禁品及管制物品等； （八）其他违反国家法律法规和有关规定的行为

电商思政小贴士

随着直播电商行业的高速发展，消费者合法权益受到侵害的问题层出不穷，因此，国家及各地方政府相继出台涉及直播电商业务的法律法规，明确各参与方的责任，也为相关部门开展监管执法工作提供依据。作为直播电商，应强化自我规制措施，学习相关法律法规、监管标准等，推动电商行业进一步发展。

4.《网络直播和短视频营销平台自律公约》

抖音、快手、京东3家企业共同发布的《网络直播和短视频营销平台自律公约》（以下简称《公约》）自2020年10月1日开始执行，其中与直播电商相关的重要条款包含如下内容。

（1）创新监管模式

《公约》创新监管模式，变他律为自律，提倡直播和短视频平台主动规范自身及相关主体的经营行为，建立健全网络直播和短视频营销服务协议与行为规范，建立网络直

播和短视频营销信息检查监控制度，建立商业推广者信用管理体系。具体内容参见第九条、第十三条、第十六条，如表1-19所示。

表1-19　《公约》中平台自律相关条款

条款	内容
第九条	遵循公开、公平、公正的原则，建立健全网络直播和短视频营销服务协议与行为规范，明确开通和关闭商品或者服务推广功能、商品服务质量、商业宣传推广、消费者权益保护、知识产权保护等方面的权利和义务，并持续公示服务协议与行为规范等信息，或者上述信息的链接标识
第十三条	建立网络直播和短视频营销信息检查监控制度。发现商业推广者存在违法违规行为的，应当及时向有关主管部门报告，并采取必要处置措施。处置措施应当包括但不限于： （一）对违法违规推广内容进行删除屏蔽； （二）对开展违法违规宣传推广活动并造成一定不良后果的商业推广者账号做降权降级处理； （三）对经核实存在严重违法违规行为的商业推广者予以清退、终止服务并及时进行跨平台信息通报
第十六条	建立商业推广者信用管理体系，建立信用评价奖惩机制，对违法违规的商业推广者实施信用惩戒，强化合规守信意识。信用评价奖惩机制应在平台内进行公示

（2）提出协同共治

《公约》中最为关键的是提出协同共治，不仅强调直播和短视频平台之间的协作和数据共享，还要加强直播和短视频平台与政府部门的协作，强化信息共享和执法协作，助力政府部门提升监管效能。具体内容参见第二十三条至第二十五条，如表1-20所示。

表1-20　《公约》中协同共治的内容

条款	内容
第二十三条	积极配合有关部门对违法违规行为采取必要处置措施，建立联合应急响应机制，提供协查数据，配合协助执法，及时制止违法违规行为
第二十四条	与自律公约成员单位合作建立联防联控工作机制，共享违法风险信息，防范跨平台违法风险
第二十五条	与广告联盟平台、网络直播营销主播服务机构等关联主体建立违法信息共享机制，共同促进直播和短视频营销行业发展

通过以上任务的学习，学生了解了与直播电商相关的法律法规，其中，通过《网络

交易监督管理办法》，学生需要明确网络交易经营者定位及责任义务的界定，并了解网络交易经营者信息展示义务及直播视频保存时间的要求；通过《关于加强网络直播营销活动监管的指导意见》，学生需要了解网络直播营销违法行为，以在之后的直播活动中规避各类违法行为；通过《办法（试行）》，学生需要明确主播应当年满十六周岁。随着直播电商的发展和变化，随后会不断有新的法律法规出台，学生应积极了解学习，实时自检，避免违法违规行为的出现。

中消协：低俗直播的价值观负面导向需警惕

2022年是党的二十大胜利召开之年，也是第二个百年奋斗目标的开局之年。党的二十大报告指出，推动高质量发展，加快发展方式绿色转型，倡导绿色消费。在这一大背景下，中国消费者协会于2023年5月16日在京发布《中国消费者权益保护状况年度报告（2022）》。

报告指出，作为一种新型电商形态，直播电商拥有强互动性、强专业性与高转化率等优势，能够为用户提供更加丰富、直接、实时的购物体验。2022年，仅商务部重点监测的电商平台累计直播场次就超过1.2亿场，累计观看超1.1万亿人次，直播商品超9500.0万个，活跃主播近110.0万人。同时，在以“主播+平台+商家+用户+监管”为主要参与者的直播生态闭环中，相关各方已经尝试建立起包括事前准入、事中防控、事后保障的直播生态治理体系，通过打造规则制度、严格管理模式来加强消费者权益保护。当前，直播电商行业发展快、模式多、产业链复杂，但由于相关法律法规和标准规范仍相对滞后，一些隐秘的违法违规行为难以得到及时有效地遏制。

主要问题包括以下内容：部分直播和电商平台内经营者信息公示不清晰、不充分，或多层嵌套隐藏难以查询；商家诱导“私下交易”暗设消费陷阱，逃避平台监管，增加消费者维权难度；直播热选商品以次充好问题突出；此外，低俗直播的价值观负面导向需警惕，一些电商带货主播将性暗示内容当成流量密码，涉黄、涉暴、低俗等直播内容严重污染公众视听；一些电商带货主播靠造假获取流量关注，诸如树上“长鸡蛋”“结花生”等农产品“魔幻”直播，背离最基本的生活常识与商业伦理，污染行业生态；一些电商带货主播编造“感人”故事销售假冒伪劣产品，透支公众暖心善意，造成公众对信息传播秩序规则的误读误解。一些错误的价值观导向“植入”直播内容后，在频繁的社交互动中传播，引发了从消费生活到法律与伦理乃至公共安全、社会和谐等层面的一系列治理挑战。上述这些重流量轻责任的行为，注定只能收割一时，最终会搬起石头砸自己的脚。只有始终把传播正能量放在首位，平衡好商业利益与公共责任，直播电商才能迎来发展的春天。

资料来源：中国消费者协会。

一、单项选择题

1.关于直播电商，下列说法错误的是（　　）。

A.直播电商提升了用户的“交流感”和“参与感”

B.直播电商以直播为手段重构“人、货、场”三要素，但其本质仍然是电商

C.直播电商标签化较弱，系统一般根据用户浏览、购买记录等进行个性化推荐

D.直播电商的强互动性，可以有效增强用户黏性，提高商品转化率

2.直播电商产业链中的供应端不包括（　　）。

A.原产地　　B.消费者

C.品牌商　　D.经销商

3.想要开展直播电商活动，首先需要选择合适的平台，下列选择方法错误的是（　　）。

A.按照自有资源进行选择　　B.按照主播所处地域进行选择

C.按照内容调性进行选择　　D.按照平台的门槛进行选择

4.直播电商团队的策划工作不包括（　　）。

A.直播脚本的撰写　　B.直播突发问题的处理

C.直播活动的策划　　D.直播福利的设定

5.直播电商团队的工作内容不包括（　　）。

A.直播前的策划工作　　B.直播前后的客户服务工作

C.支付系统的开发工作　　D.直播运营工作

二、多项选择题

1.直播电商相较于电视购物的优势体现在（　　）。

A.互动形式升级　　B.门槛低且传播载体更加丰富便携

C.用户变被动为主动，消费选择增多　　D.营销场景拓展

2.直播电商的产业链由（　　）构成。

A.平台端　　B.供应端

C.物流端　　D.需求端

3. 直播电商团队的主要职责包括（　　）。

A. 售前售后服务提供，确保咨询转化率和客户满意度

B. 直播平台选择

C. 选品及品源管理

D. 直播活动策划

三、判断题

1. 传统电商相较于直播电商用户选品时间缩短，转化率更高。（　　）

2. 直播电商主播的来源呈现多样化，网红和政府机关人员等都可以当主播。（　　）

3. 淘宝直播和抖音直播都属于“消费类直播”，相比较而言，抖音直播具有强电商属性。（　　）

4. 一个高效的直播电商团队必须拥有策划、运营及客服三大类岗位。（　　）

5.《网络直播营销管理办法（试行）》规定，直播营销人员或者直播间运营者为自然人的，应当年满十六周岁。（　　）

参考答案：

一、单项选择题

1～5：CBBBC

二、多项选择题

1～3：ABCD　ABD　ABCD

三、判断题

1～5：×　√　×　√　√

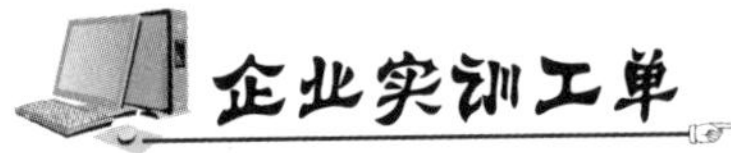

实训一　直播电商认知

在开展直播电商活动前，需要了解何为直播电商，直播过程中有哪些关键环节以及注意事项，学生可通过抖音平台进入任意电商直播间，观看一场直播。

一、实训目的

1. 形成对直播电商的初步认识。

2. 了解进入直播间的不同途径。

3. 以用户的角度评价本场直播的现场效果。

二、实训要求

1. 分别通过抖音搜索、推荐、直播广场、同城、抖音商城等入口尝试进入不同的电商直播间。

2. 观看一场电商直播不少于60分钟。

三、实训内容

1. 根据表1–21所列的内容谈一谈自己对直播电商的认识。

表1–21　　直播电商认识

内容	占比
主播的个人形象对直播效果的影响	
主播的语言表达对直播效果的影响	
直播间的互动活动对直播效果的影响	
商品价格对直播效果的影响	

2. 总结直播间的哪些布景令你印象深刻？

____

____

____

3. 根据表1–22所列的内容总结主播在直播过程中分别应用了哪几类话术，现场效果如何。

表1–22　　直播间话术总结

话术	是否应用（是或否）	现场效果总结
欢迎话术		
宣传话术		
销售话术		
互动话术		
催单话术		

四、实训总结

学生通过上述实训内容形成对直播电商的初步认识，教师对学生的操作过程和直播认识进行总结和点评。

实训二　直播电商平台的选择

无论是个人还是企业，在开展直播电商活动前，选择合适的直播平台非常重要，现今主流的主播平台包括抖音直播、快手直播、淘宝直播，分别具有不同的特性和优势，学生可多维度收集整理这几个直播平台的相关资料，并进行总结分析。

一、实训目的

1.通过对三大直播平台的平台特征进行总结分析，培养资料收集、整理、分析、总结的能力。

2.为个人或企业选择直播平台开展直播电商提供指导。

二、实训要求

1.分别进入抖音直播、快手直播、淘宝直播观看不少于30分钟的直播内容。

2.结合自己观看直播的认识并通过互联网、学校图书阅览室等多种途径收集整理这三大直播平台的相关信息。

三、实训内容

从平台类型、平台调性、用户规模、用户属性、流量来源等维度，对抖音直播、快手直播、淘宝直播这三大直播平台的特征进行总结分析，分析的内容整理在表1–23中。

表1–23　三大直播平台信息对比

分析维度	抖音直播	快手直播	淘宝直播
平台类型			
平台调性			
用户规模			
用户属性			
流量来源			
商品供应链			
商品属性			
主播属性			
适合的主播人群			

四、实训总结

教师对学生收集整理的直播平台内容进行评价总结，其中对于学生理解有误的信息，教师进行相应的纠正。学生后期可通过平台信息的比对选择适合自身的直播平台。

项目二　入门
——直播选品

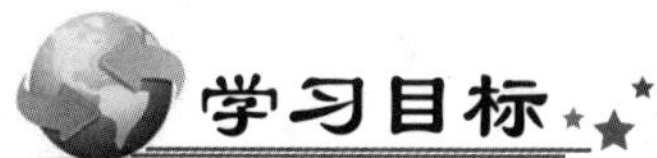

［**知识目标**］

1. 了解抖音的推荐机制。
2. 了解抖音流量池以及相关的参考数据。
3. 明确抖音机器审核和人工审核的区别。
4. 熟悉提升抖音账号权重的方法。
5. 详细了解抖音“违禁商品/信息”。
6. 了解直播间添加商品的途径。

［**能力目标**］

1. 掌握开通抖音直播功能的步骤。
2. 掌握开通抖音商品橱窗功能的步骤和需要满足的要求。
3. 能够根据账号粉丝画像、主播自身优势完成直播商品的选择与配比。
4. 能够按步骤完成抖音直播商品的上架。

［**素养目标**］

1. 求实务新，开拓视野，主动学习行业新知识，增强自身综合实力。

2. 熟悉《网络直播营销选品规范》，直播推销的商品应符合法律法规对商品质量和使用安全的要求。

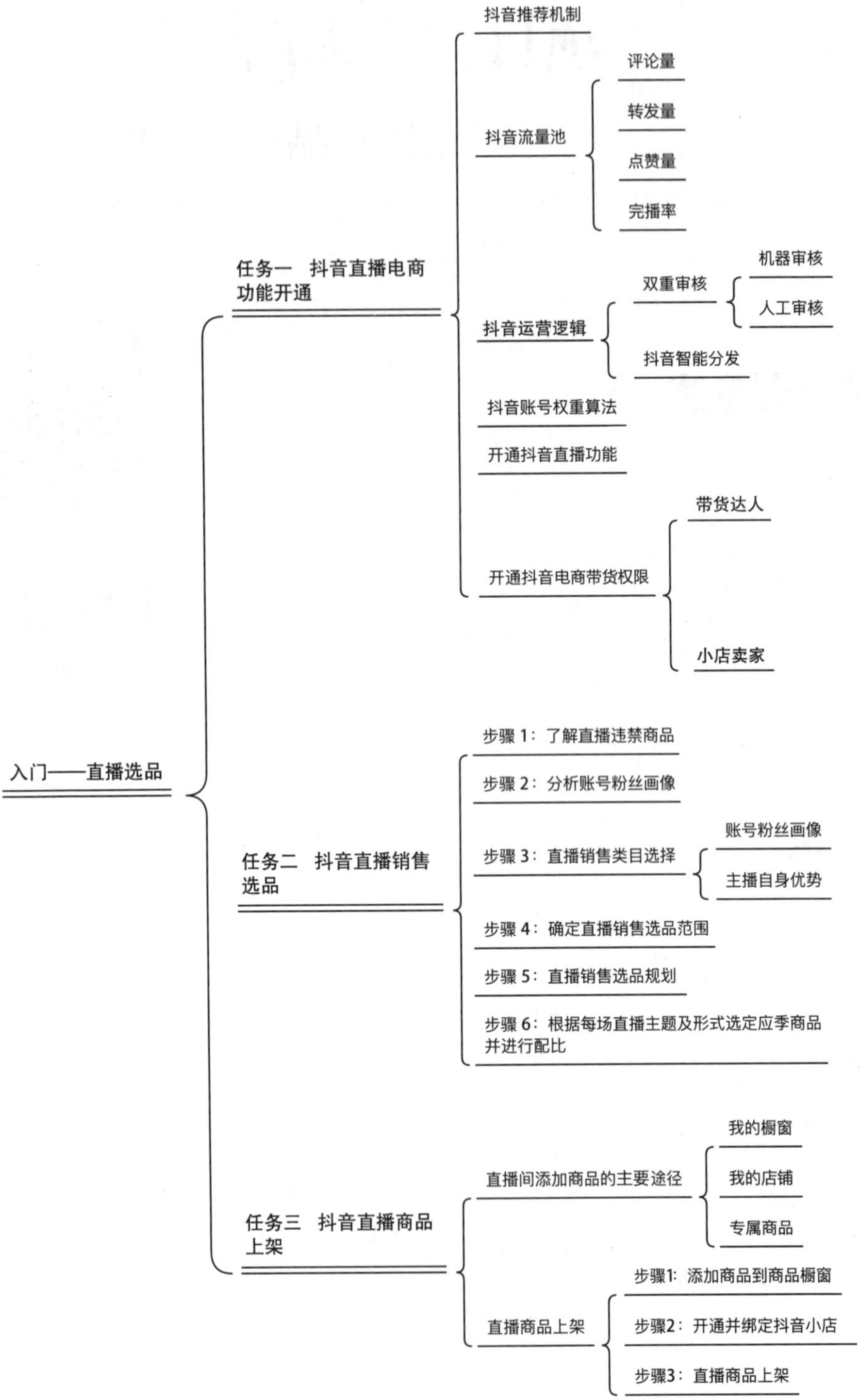

- 入门——直播选品
  - 任务一　抖音直播电商功能开通
    - 抖音推荐机制
    - 抖音流量池
      - 评论量
      - 转发量
      - 点赞量
      - 完播率
    - 抖音运营逻辑
      - 双重审核
        - 机器审核
        - 人工审核
      - 抖音智能分发
    - 抖音账号权重算法
    - 开通抖音直播功能
    - 开通抖音电商带货权限
      - 带货达人
      - 小店卖家
  - 任务二　抖音直播销售选品
    - 步骤 1：了解直播违禁商品
    - 步骤 2：分析账号粉丝画像
    - 步骤 3：直播销售类目选择
      - 账号粉丝画像
      - 主播自身优势
    - 步骤 4：确定直播销售选品范围
    - 步骤 5：直播销售选品规划
    - 步骤 6：根据每场直播主题及形式选定应季商品并进行配比
  - 任务三　抖音直播商品上架
    - 直播间添加商品的主要途径
      - 我的橱窗
      - 我的店铺
      - 专属商品
    - 直播商品上架
      - 步骤1：添加商品到商品橱窗
      - 步骤2：开通并绑定抖音小店
      - 步骤3：直播商品上架

任务一　抖音直播电商功能开通

直播电商去中介化的商业模式，减少了中间环节，既能让消费者以更低的价格获得品类更加丰富、质量更加优良的产品，也使得农户通过平台了解广泛的市场需求，加速了农产品流通，从而成为增加农户收入、实现乡村振兴、推进共同富裕的新途径。

某地区商务部门紧跟电商市场发展趋势，大力推动当地乡村特色农产品电商化，并联合某职业院校师生共同开展农产品直播电商培训课程，培训内容涵盖直播电商直播功能开通、营销短视频的策划与拍摄、直播间引流等。

同学们在接受教师培训的过程中巩固了自身所学，当地的村民也受益颇多，个别抖音账号粉丝数多的村民直接就开通了电商功能，并在教师的协助下完成了直播销售，其他村民看到直播销售如此便捷，跃跃欲试。

通过阅读案例，思考并回答以下问题：

（1）开通抖音直播电商功能需要满足哪些条件？

（2）开通抖音直播电商功能需要经过哪些步骤？

1.抖音推荐机制

抖音沿袭了今日头条的算法推荐机制，即根据用户品位推荐，保证了视频的分发效率及用户体验。并且，抖音的流量分配是去中心化的，可让每位有能力生产出优质内容的创作者都能得到跟“大V”公平竞争的机会。

2. 抖音流量池

在抖音，每一个作品发布之后都会被投进一个流量池，无论是不是名人或作品质量如何，都有均等的机会。但每个作品发布后的传播效果取决于作品在流量池中的表现，并直接决定作品是否能进入下一个等级的流量池。抖音流量池等级主要参考评论量、转发量、点赞量、完播率这四个维度的数据。

3. 抖音的双重审核

抖音的审核方式可分为两种，一种是机器审核，另一种是人工审核。

机器审核即通过提前设置好的人工智能模型来识别用户发布作品的画面和关键词。

人工审核的重点主要集中在视频标题、封面截图和视频关键帧等。针对机器审核筛选出的疑似违规作品，抖音审核人员逐一进行细致审核。如果确定其违规，平台将对违规抖音账号进行删除视频、降权通告、封禁账号等处罚。

4. 抖音智能分发

智能分发是指一条抖音视频发布之后，会自动推送给四类人群，包括账号的粉丝、通讯录好友和可能认识的人、同城人群，以及可能对视频内容感兴趣的人。

5. 抖音账号权重算法

抖音在分配流量时会参考账号的权重，抖音账号权重越高，获得的推荐量自然就会越多，提高抖音账号权重可通过进行官方认证、完善个人信息等途径。

①抖音官方认证是平台对用户身份真实性的确认，进行身份认证有利于为作品争取更多推荐位。抖音官方认证分为三种：个人认证、组织认证和经营角色认证，且各的认证要求均不同，

②完善个人信息包括账号名、个人简介、背景图等内容的完善。其中，账号名要简洁且与账号的整体调性相符；个人简介用来描述账号内容定位并引导用户关注；背景图的设置要与账号整体风格相呼应，再加以文字标识引导关注。

6. 开通抖音电商带货权限

想要开展直播电商活动，仅开通直播功能是不够的，还需要开通抖音电商带货权限，申请成为带货达人或小店卖家。

（1）申请成为带货达人

①适合以分享商品为主的抖音作者。

②可拥有个人主页商品橱窗功能，支持在短视频或直播间中添加并分享商品。

③申请需要满足的要求：实名认证，个人主页视频数≥10条（即公开发布的视频，且通过平台审核的，大于等于10条即可），抖音账号粉丝量≥1000（即关注该抖音账号的粉丝量大于等于1000）。

（2）申请成为小店卖家

①适合于需要售卖自有商品，同时存在分享商品需求的商家。

②认证类型包括个人身份、个体工商户、企业/公司等。

③小店开通成功后将与申请的抖音账号建立绑定关系，绑定关系建立后长期有效，不可随意解绑。抖音账号只可与一个小店建立绑定关系。

直播电商功能开通

相较于以内容取胜的游戏直播、才艺直播等，直播电商将商品消费和内容消费相结合，因其趣味性强，并且具有展示商品“所见即所得”的优势，被越来越多的用户所接受和喜爱。但无论是企业还是个人，在开展直播电商活动前，均需要开通直播电商功能，本学习任务将带领学生了解抖音直播电商功能开通的步骤和要求，并在策划直播电商活动前、进一步了解抖音推荐机制、抖音流量池、抖音核心算法等，以便根据平台规则为后期直播活动进行更好的引流。

任务操作

需要注意的是，在开通抖音直播电商功能前，首先需要了解抖音平台的推荐机制和算法等，后期根据其算法打造短视频或直播内容，以便被推荐给更多的平台用户，具体步骤如下。

步骤1：了解抖音推荐机制

抖音沿袭了今日头条的算法推荐机制，即根据用户喜好推荐，保证了视频的分发效率及用户体验。并且抖音的流量分配是去中心化的，可让每位有能力生产出优质内容的创作者都能得到跟“大V”公平竞争的机会，并且优待垂直领域的优质作品，给予其更多推荐，自动淘汰那些不合用户喜好且内容质量差的作品。

步骤2：了解抖音流量池

流量池，顾名思义即分发流量的容器。抖音流量池是指每一个抖音作品发布之后都会被投进一个流量池，无论是不是名人，无论作品质量如何，都有均等的机会。但每个作品发布后的传播效果取决于作品在流量池中的表现，并直接决定作品是否进入下一个等级的流量池，如图2-1所示，不同等级的流量池推荐量不同。通过一个个流量池的检验之后，作品在质量得到保证的情况下才会推送给大多数用户。

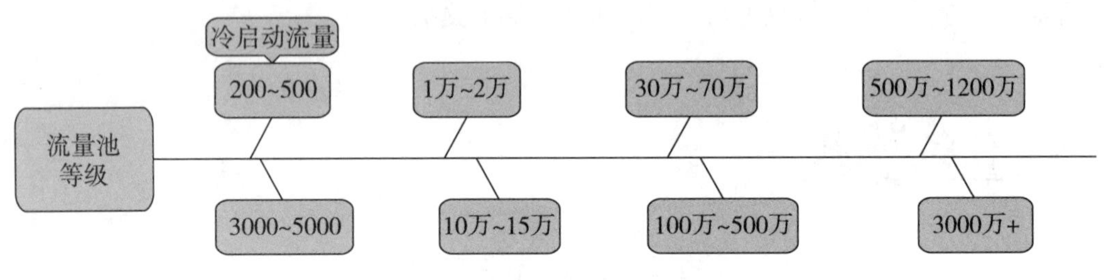

图2-1　抖音流量池不同等级推荐量

抖音流量池等级主要参考评论量、转发量、点赞量、完播率这四个维度的数据（见图2-2），以此来分析作品是否值得被推荐。抖音流量池的优势在于即使账号没有粉丝，也有可能出现爆款作品，这对于一些新人作者来说比较友好，因此需要珍惜初始流量池。

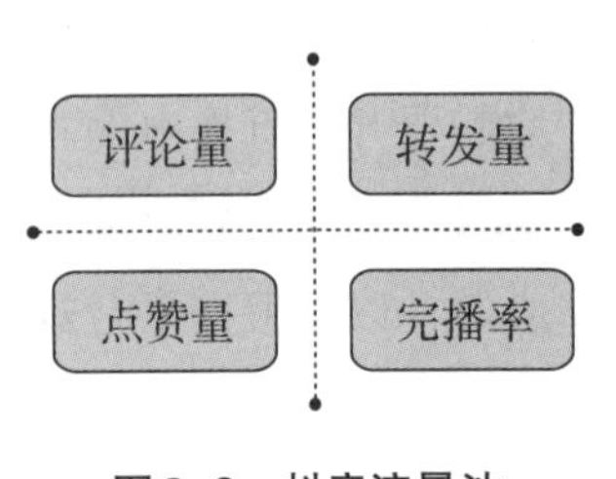

图2-2　抖音流量池等级参考数据

步骤3：了解抖音运营逻辑

除了推荐机制和流量池之外，还需要了解抖音的运营逻辑，具体如下所示。

步骤3.1：进行双重审核。为了落实平台的核心算法，抖音平台会对作者发布的作品进行审核。具体的审核方式可分为两种，一种是机器审核，另一种是人工审核，具体内容如表2-1所示。

表2-1　抖音平台双重审核内容

方式	具体内容
机器审核	即通过提前设置好的人工智能模型来识别用户发布作品的画面和关键词，有两个关键作用：一是审核作品、文案中是否存在违规行为，如果疑似存在，就会被机器拦截；二是通过抽取视频中的画面、关键帧，与抖音大数据库中已存在的海量作品进行匹配消重，内容重复的作品进行低流量推荐，或者降权推荐
人工审核	审核重点主要集中在视频标题、封面图和视频关键帧等。针对机器审核筛选出的疑似违规作品，抖音审核人员逐一进行细致审核。如果确定其违规，平台将对违规抖音账号进行删除视频、降权通告、封禁账号等处罚

步骤3.2：进行智能分发。抖音智能分发是指一条抖音视频发布之后，会自动推送给四类人群，如图2-3所示。

①账号的粉丝

这是一个抖音账号的核心受众

②通讯录好友和可能认识的人

在抖音“发现好友”界面中，会显示一些通讯录好友和可能认识的人

③同城人群

作品发布之后，会出现在“同城”界面中，自动推送给同城的抖音用户

④可能对视频内容感兴趣的人

抖音平台会根据用户的浏览习惯贴上一些标签，如果作品符合抖音用户的标签，系统就会认为这些抖音用户对作品感兴趣并进行推送

图2-3　抖音智能分发人群

步骤3.3：进行叠加推荐。结合大数据和人工运营的双重算法机制，优质的作品会自动获得内容加权，只要转发量、评论量、点赞量、完播率等关键指标达到了一定的量级，就会依次获得相应的叠加推荐机会。

步骤3.4：了解热度加权的影响因素。当作品内容获得大量粉丝的关注，并经过一层又一层的热度加权后，即有可能进入上百万的大流量池。其中，转发量、评论量、点赞量和完播率对热度加权的影响程度也有所差异，具体影响力表现为转发量>评论量>点赞量>完播率。

电商思政小贴士

作为电子商务的新兴业态，近年来直播电商对于我国经济社会发展产生了诸多积极影响。如加速了数字技术向经济社会扩散和渗透的趋势，驱动了我国数字经济和实体经济的融合，此外，将“三农”和城市的需求有效连接，有助于推进乡村振兴和共同富裕。

步骤4：了解抖音账号权重算法

抖音在分配流量时会参考账号的权重，抖音账号权重越高，获得的推荐量自然就会越多，所以创作者不应忽视个人信息的搭建工作，具体包括以下内容。

（1）抖音官方认证

抖音官方认证是平台对用户身份真实性的确认，进行身份认证有利于为作品争取更多推荐位。抖音官方认证分为多种：个人认证、组织认证和经营角色认证，且认证要求也各不相同，如图2-4所示。

图2-4 “抖音官方认证”页面截图

（2）完善个人信息

抖音账号应该具有鲜明的个人风格，具体要求如表2-2所示。

表2-2 抖音账号个人信息完善要求

要素	具体要求
账号名	账号名要简洁且与账号内容的整体调性相符
个人简介	个人简介用来描述账号内容定位并引导用户关注
背景图	背景图的设置要与账号整体风格相呼应，再加以文字标识引导关注

步骤5：开通抖音直播功能

了解了上述内容，接下来学习抖音直播功能开通，抖音直播的开通方式非常便捷，具体步骤如下所示。

步骤5.1： 登录抖音账号，点击页面的“[+]”按钮，如图2–5所示。

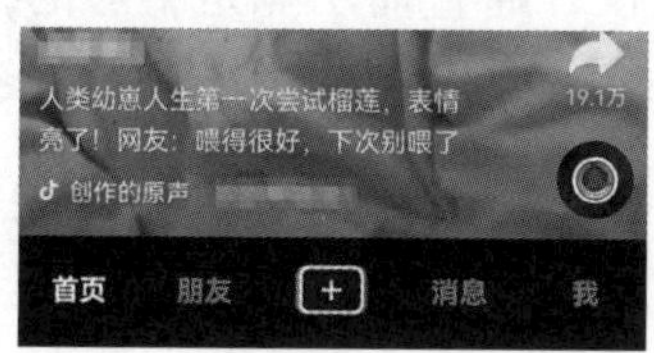

图2–5 开通抖音直播功能（1）

步骤5.2： 进入页面后点击“开直播”，随后点击“开始视频直播”，如图2–6所示。

图2–6 开通抖音直播功能（2）

步骤5.3： 开通抖音直播功能只需要满足一个条件即可，就是进行实名认证，如图2–7所示。实名认证完成后，如果收到系统通知，告知已获得直播权限，就说明已开通抖音直播功能。

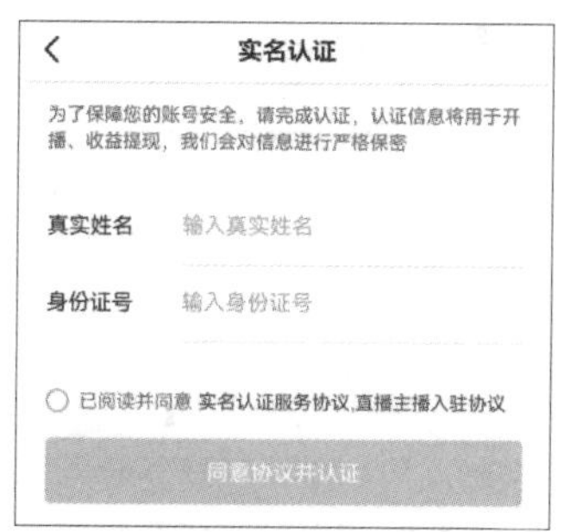

图2–7 开通抖音直播功能（3）

步骤6：开通抖音电商带货权限

想要开展直播电商活动，仅开通直播功能是不够的，还需要开通抖音电商带货权限，申请成为带货达人或小店卖家，具体如下所示。

步骤6.1：打开抖音App，进入“我”页面，随后点击右上角的“☰”图标，进入“抖音创作者中心”，如图2-8所示。

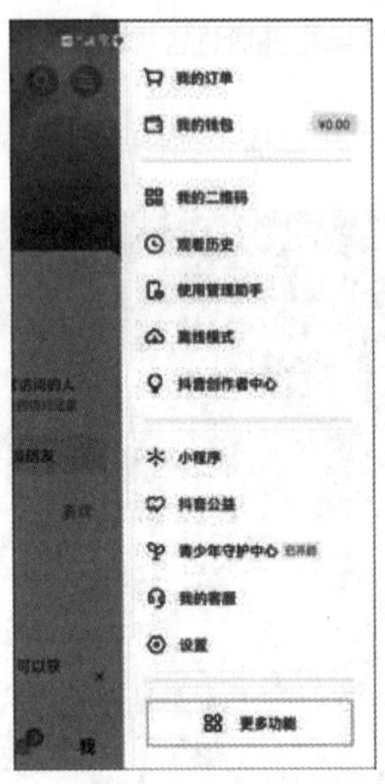

图2-8 “抖音创作者中心”页面截图

步骤6.2：进入页面后点击“全部”，随后在“涨收入”板块可以看到“电商带货”功能，如图2-9所示。

图2-9 “电商带货”功能

步骤6.3： 如果是无货源个人用户，可以申请“立即加入电商带货”，可拥有个人主页商品橱窗功能，支持在短视频或直播间中添加并分享商品，适合分享商品为主的抖音用户。但是需要满足一定的条件才能申请开通此项权限，如图2–10所示。

图2–10　电商带货权限申请

中请电商带货权限的账号需要满足的具体要求如表2–3所示。

表2–3　电商带货权限申请要求

个人主页视频数	即公开发布的视频，且通过平台审核的，大于等于10条即可
抖音账号粉丝量	即关注该抖音账号的粉丝量大于等于1000
实名认证	主播个人实名认证即可，实名认证信息不可修改（身份证过期可以更新证件有效期，但不能换人）

满足条件的个人用户可以点击“立即加入电商带货”，申请成功后，可以进一步提交带货资质，带货资质是指用户在抖音电商所使用的身份资料信息，可以使用个人身份证、个体营业执照、企业营业执照，如果在抖音其他业务如企业号/千川进行过资质认证，提交资质时会要求与其他业务资质主体保持一致。最后，还需要开通收款账户，是指需要有银行账户来进行佣金结算，如未开通收款账户，平台将无法进行佣金结算。因此，在开通电商权限时，必须要求开通收款账户。

步骤6.4： 如果商家的自身货源较为丰富，可以申请成为小店卖家，售卖自身店铺的商品。点击“我是商家，想通过卖货赚钱”或者直接在服务页面点击“开通小店”，进入如图2-11所示的页面，随后点击“入驻抖音电商”，根据自身实际情况选择认证类型，如个人身份、个体工商户、企业/公司等，如图2-12所示，随后按照流程完成入驻，完成后即可成功开店进行营业，如图2-13至图2-15所示。

图2-11　申请成为小店卖家

图2-12　选择认证类型

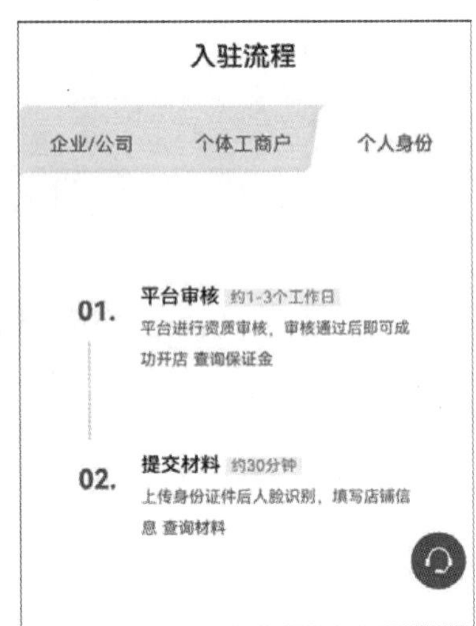

图2-13　个人身份入驻流程

图2-14　个体工商户入驻流程

图2-15　企业/公司入驻流程

通过本任务的学习，学生了解了抖音的推荐机制、流量池、运营逻辑、账号权重、

电商带货权限开通的相关知识，其中需要重点了解抖音流量池及运营逻辑，并在之后的运营工作中加以运用。同时，通过本任务的学习，学生能够掌握抖音直播功能的开通步骤和要求及电商带货权限申请的具体要求，课后可按照要求完成个人实践操作。

任务二　抖音直播销售选品

2022年，抖音电商迎来了新顶流——东方甄选，截至2022年6月16日，新东方集团旗下的东方甄选直播间粉丝数突破千万，从0粉丝到百万粉丝，东方甄选熬了半年多，但从百万粉丝到千万粉丝不过7天。

2021年12月8日晚，新东方在其微信平台官宣东方甄选成立。成立之初，东方甄选从“三农”切入，主打高品质、高客单价的农产品，但并未得到大众认可，在长达半年的时间里，东方甄选直播间人气低迷，选品也曾因过于单一和质量问题被诟病。

但新东方团队没有就此放弃，而是持续地尝试转型。首先，就是选品，不再局限于农产品，而是从自身积累多年的教育优势出发，增加了图书音像品类，并通过直播间用户画像分析得出女性用户占比较高，根据用户消费喜好增加了食品、洗护用品、护肤品等品类。其次，在直播形式上形成“差异化”，进行双语直播，直播销售的过程中讲解英语知识点，如6月10日，在东方甄选直播间，新东方前高中英语教师董宇辉一边自黑撞脸“兵马俑”，一边用英语讲解牛排，并把单词与短语写在小白板上。自此，凭借“双语”直播、有趣有料，东方甄选直播平台迅速走红，观看人次与单日销量更是出现暴涨。

随着东方甄选直播间的爆火，直播间选品也开始多样化。俞敏洪曾表示，东方甄选背后有三套体系：一是以东方甄选直播平台为核心的销售体系，未来要扩大成综合销售体系；二是新东方的产品体系，包括外部产品体系和自有产品库，当自有产品库发展到一定程度，会有东方甄选品牌的农产品出现；三是品类扩充，当农产品进入家庭，东方甄选会开拓以家庭为单位的产品体系。

案例来源：钛媒体。

通过阅读案例，思考并回答以下问题：

（1）直播选品配比需要考虑哪些因素？

（2）如何进行直播选品规划？

1.抖音“违禁商品/信息”[①]

抖音“违禁商品/信息”是指抖音商家发布含有《禁止发布的商品/信息明细&对应违规处理》明细中的禁售商品或信息。信息包括但不限于商品信息（如商品标题、商品描述、商品图片等），店铺信息（如店铺装修、店铺名、店铺分类、店铺公告等），交互信息（如平台社区、飞鸽等平台发布的信息）。

抖音平台根据危害程度，将违规场景分为以下几类。

Ⅰ类：主要针对国家法律法规明文禁止出售的商品或展示的信息。

Ⅱ类：主要针对会对人身安全造成较大风险的商品。

Ⅲ类：主要针对商品本身无明显风险，但商品信息展示时会造成内容风险，或严重影响交易体验的商品。

临时管控：主要针对突发舆情、监管要求、平台临时性管控的商品。

抖音平台发布的《商家——发布违禁商品/信息》细则中明确了违禁品的类型，如表2-4所示，具体产品可进入抖音查询。

表2-4　抖音商家违禁商品/信息

序号	抖音商家违禁商品/信息
1	枪支、弹药、军火、武器类
2	国家机关相关用品类
3	管制器具类
4	易燃易爆物品及危险化学品类

① 抖音电商学习中心。

续　表

序号	抖音商家违禁商品/信息
5	毒品及相关工具类
6	危害国家安全、破坏政治与社会稳定的有害信息类
7	色情、暴力、低俗类
8	赌博、博彩商品及服务类
9	侵犯他人隐私的相关商品、信息及服务类
10	医药、医疗器械及特妆类
11	人类健康及医疗相关的商品或服务类
12	涉及欺诈、盗窃、作弊、骚扰他人等商品或服务类
13	动植物及动物捕杀商品类
14	金融相关商品及服务类
15	烟草及相关产品类
16	虚拟账号、游戏类
17	非法出版物、收藏品类
18	假冒伪劣低质类
19	交通、航空设备及相关服务类
20	旅行与出入境相关商品及服务类
21	其他类：平台根据风险性、危害性制定的其他禁止发布商品
22	应急性禁售类
23	不符合国家生产标准商品类
24	平台暂未开放招商的商品
25	虚拟产品类
26	其他

2.查看抖音账号粉丝画像的途径

①PC端。达人可在搜索引擎中搜索“抖音创作服务平台”或直接输入网址“https://creator.douyin.com/”进入抖音创作服务平台，点击“视频数据”中的“粉丝画像”，就可查看粉丝的性别、年龄、地域等数据。若是已成功认证的抖音企业号，可在搜索引擎中搜索“抖音企业服务中心”或直接输入网址“https://e.douyin.com/site/”进入，点击左侧导航栏“数据中心”下方的“粉丝数据”，就可以查看当前账号的粉丝数据。

②手机端。进入抖音账号，点击“我”，随后点击右上角的三道杠，进入“抖音创

作者中心”或“企业服务中心”，点击“数据中心”后就可以查看“粉丝数据”。

3. 直播选品可分别从粉丝和主播自身出发，做到“知己知彼”

对于无明显电商属性的直播，可结合粉丝画像如年龄、性别、地域及平台热销类目数据选择直播销售类目。此外，还可以从主播自身出发，分析主播对什么感兴趣，如喜欢穿搭，喜欢美食，并且有相关工作及生活经验，选择类目的时候就可以有所倾斜。此外，如果主播通过前期积累，在垂直流域具有明显优势，就可以选择与账号定位相关的垂直领域类目。

4. 直播选品规划及选品配比

（1）选品规划

选定了直播的品类和范围之后，还需要根据开播时间进行选品规划。例如，每周直播5场，每场4小时，每款商品介绍6～10分钟，会循环讲解2次商品，一周需要排品约60款等。此外，为了避免各类意外情况，还需要准备备选商品，以便保证直播商品的充足供应。

（2）选品配比

首先，结合直播主题进行选品配比，直播主题主要分为场景主题和活动主题，场景主题涉及电商所在的细分市场，活动主题多根据重大节日促销拟定。其次，根据直播形式进行选品配比，直播分为专场直播和混场直播，其中专场直播即该场直播只分享某品牌的商品，混场直播是指该场直播可以分享多个品牌的商品。

5. 区分直播间引流款、利润款、爆款，并根据直播目的进行配比

（1）引流款

引流款也称为福利款或宠粉款，常见于直播开始前20分钟热场活动，也可配合直播期间的Feed流[①]投放。引流款商品都具有超高性价比，常常是成本价或低于成本价销售。

（2）利润款

利润款一般品质较高，或者商品卖点上有自己的独特之处。用户对这类商品的价格敏感度不高，在直播间氛围良好的时候切入该类商品，趁热打铁，更容易成交转化。

（3）爆款

爆款也称为跑量款，主要作用是为直播间冲业绩。爆款商品作为直播间主打款，一般

① Feed是将用户主动订阅的若干信息源组合在一起形成内容聚合器，帮助用户持续地获取最新的订阅内容。Feed流即持续更新并呈现给用户内容的信息流。

讲解时间较长。同时，这类商品的价格虽然不像引流款那么低，但能被大部分用户接受。

大多数直播间通常会设置2～5个引流款来调动直播间气氛，2～6个爆款来冲业绩，而利润款，则根据不同的直播目标进行分配。比如以吸粉为目的的直播间，利润款的占比多在10%～20%，而以转化为目的的直播间，利润款的占比可能会高达50%。

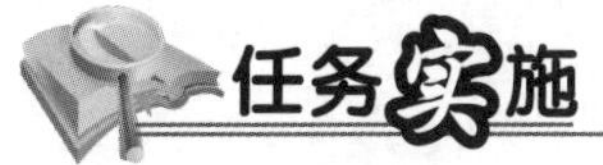

直播销售选品

在抖音进行直播销售前，选品是其中非常重要的环节，直接影响后期的转化率。如果不结合目标客户需求和直播行业的规律和逻辑进行选品，很容易制订出错误的选品计划，挑选出的商品也很难受到用户的青睐。因此，在开展直播电商活动前需要了解直播违禁商品，并通过主播内容垂直度及账号粉丝画像进行品类选择，此外，还需进一步完成选品规划和选品配比。

直播销售选品需要有明确清晰的选品逻辑，如考虑直播间多个商品之间价格、功能的关系，和粉丝需求的匹配度，和直播场景、直播主题的匹配度，恰当地选品，不仅能够让推品工作事半功倍，还能够提升粉丝下单的概率。

直播销售选品的流程如下所示。

步骤1：了解直播违禁商品

以抖音直播平台为例，在进行直播销售选品前应该充分了解抖音平台直播电商违禁商品的相关规则，需要分清哪些商品可以直播销售，哪些商品不能直播销售，一旦将违禁商品带入直播间，不仅会被平台限制流量，还有可能被降权或封号，需要注意的是，抖音平台会不定时更新违禁商品，需要及时关注平台相关规则通知。

登录抖音，点击“我”，进入“抖音创作者中心”，点击“规则中心”进入抖音规则中心（见图2-16），随后在“平台规则”中查看“电商规则”，就可以搜索了解最新的禁售规则。

图2-16　抖音规则中心

步骤2：分析账号粉丝画像

了解了直播违禁商品，还需要结合账号粉丝画像，对粉丝的年龄段、性别比例、兴趣、设备等进行分析，以便为后期直播品类选择提供参考。

查看账号粉丝画像有两种途径。

①PC端。达人可在搜索引擎中搜索“抖音创作服务平台”或直接输入网址“https://creator.douyin.com/”进入抖音创作服务平台，如图2-17所示，点击“视频数据”中的“粉丝画像”，就可查看粉丝的性别、年龄、地域等数据。

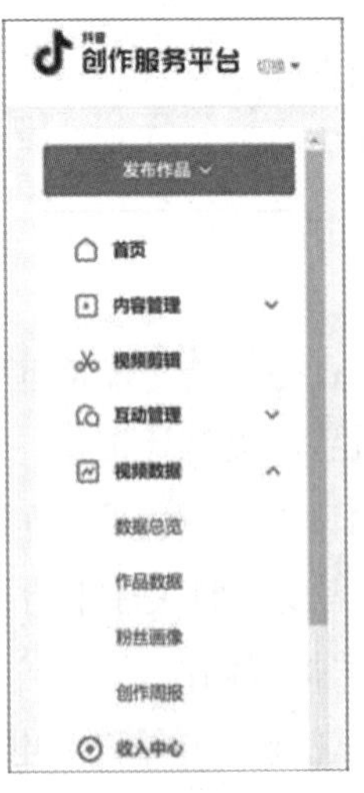

图2-17　抖音创作服务平台导航栏截图

若是已成功认证的抖音企业号，可在搜索引擎中搜索“抖音企业服务中心”或直接输入网址“https://e.douyin.com/site/”进入，点击左侧导航栏“数据中心”下方的“粉丝数据”，就可以查看当前账号的粉丝数据。

②手机端。进入抖音账号，点击“我”，随后点击右上角的三道杠，进入“抖音创作者中心”或“企业服务中心”，点击“数据中心”后就可以查看“粉丝数据”，如图2-18、图2-19所示。

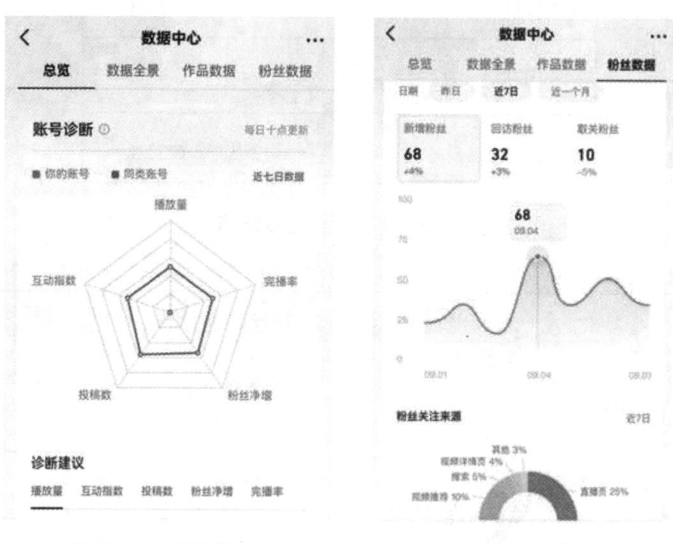

图2-18　数据中心　　图2-19　粉丝数据

通过上述两种途径均可以查看粉丝性别、年龄、兴趣、地域、设备分布及活跃度，如图2-20至图2-23所示。

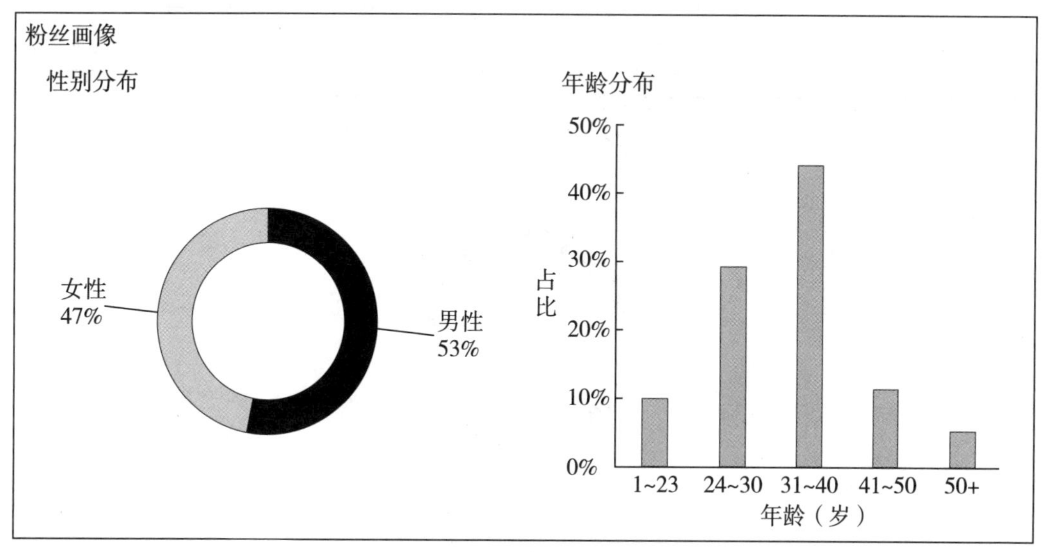

图2-20　粉丝性别及年龄分布

地区	占比
广东	15.39%
河南	7.05%
浙江	6.87%
山东	6.43%
江苏	6.21%

图2-21　粉丝地域分布

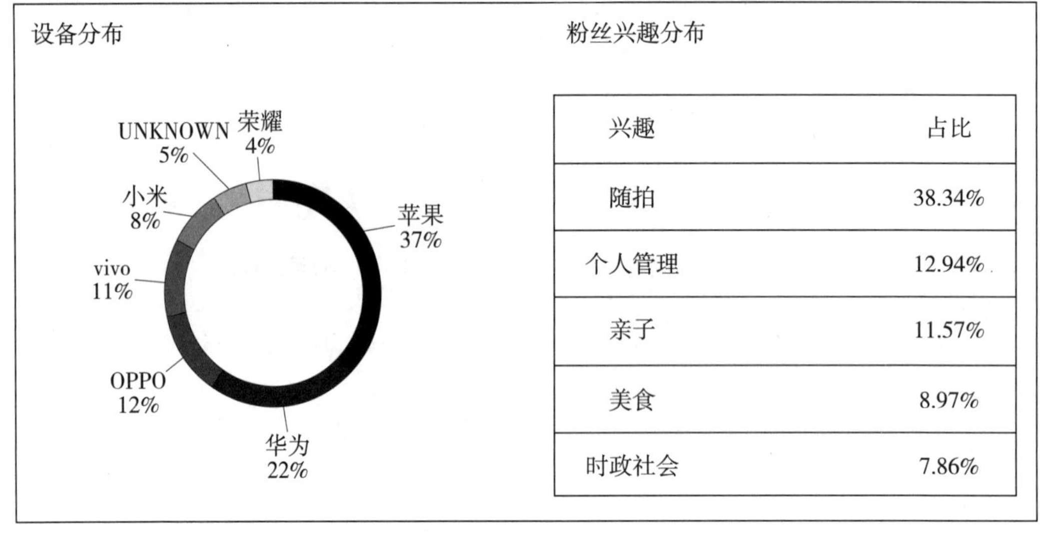

兴趣	占比
随拍	38.34%
个人管理	12.94%
亲子	11.57%
美食	8.97%
时政社会	7.86%

图2-22　设备及粉丝兴趣分布

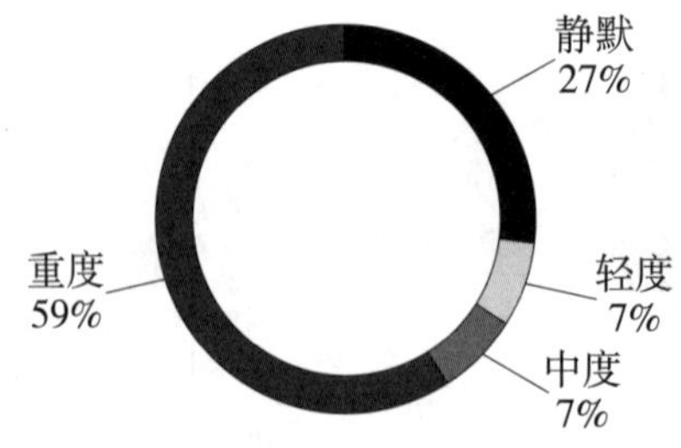

图2-23　粉丝活跃度

步骤3：直播销售类目选择

步骤3.1：根据账号粉丝画像确定选品类目。对于无明显电商属性的主播，可以直接根据粉丝画像并结合平台数据进一步确定选品类目。

步骤3.1.1：根据性别进行类目筛选。男性和女性的类目具有差异，如女性粉丝占比较高可选择美妆护肤、服饰鞋帽、食品饮料、家居用品类，男性粉丝占比较高，可选择数码科技、潮流服饰、汽车用品、运动户外类。

步骤3.1.2：根据年龄细化类目筛选。以主播年龄上下浮动5岁及主要年龄占比人群为目标用户，因为23 ~ 30岁与50岁以上人群的需求是有明显差异的。

步骤3.1.3：根据平台销售数据进一步圈定选品类目。可以登录蝉妈妈，点击“商品”中的“抖音销量榜”就可以了解抖音最近一周或者最近一个月的热销商品类目，如图2–24所示，此外，还可以进一步了解“抖音热推榜”中的商品类目。

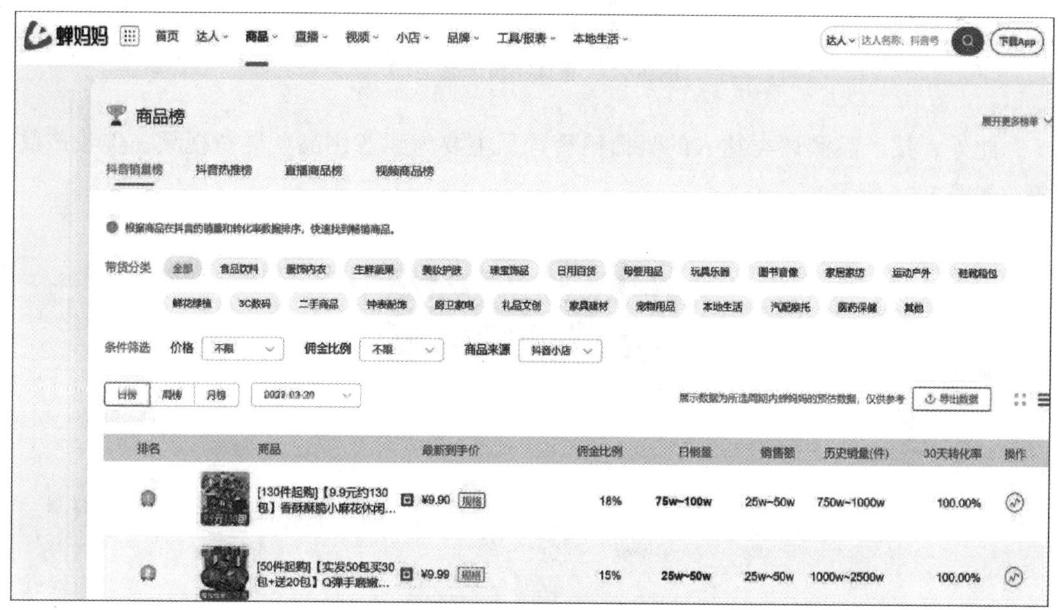

图2–24　蝉妈妈抖音销量榜

步骤3.2：根据主播自身优势，确定选品类目。了解了粉丝的情况之后，还可以从主播自身出发，分析主播对什么感兴趣，如喜欢穿搭，喜欢美食，并且有相关工作及生活经验，选择类目的时候就可以有所倾斜。此外，如果主播通过前期积累，在垂直流域具有明显优势，就可以选择与账号定位相关的垂直领域类目。

比如某美食类垂直达人选择的直播销售产品主要为零食、饮料类，如图2–25所示。

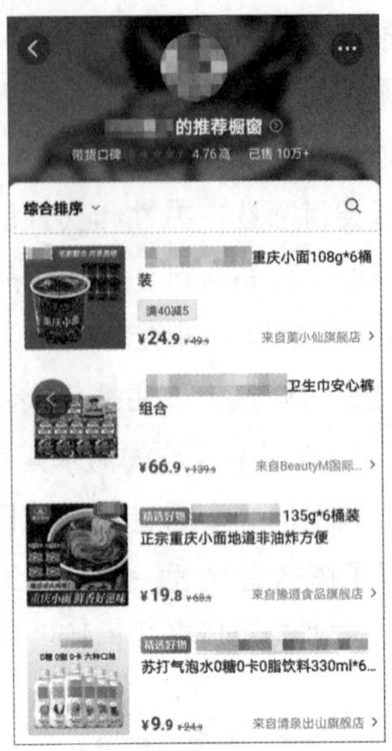

图2–25　直播销售选品（1）

此外，某产品测评类达人的直播销售选品主要为婴童用品、婴童视频、美妆产品等，如图2–26所示。

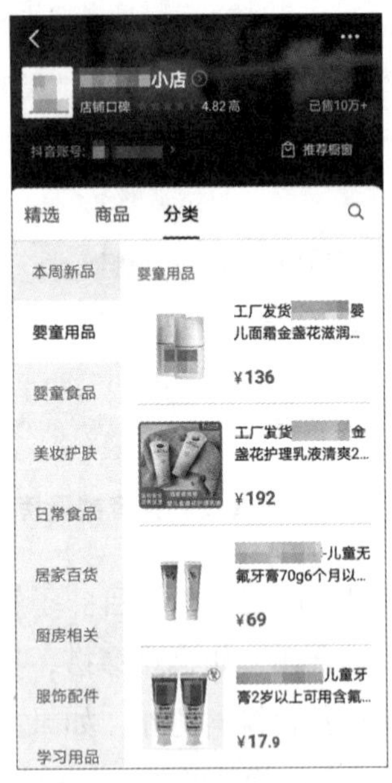

图2–26　直播销售选品（2）

通过上述步骤，主播可进行多类目筛选，后期根据不同的直播策划进一步选定具体商品，以满足大多数粉丝的需求。如表2–5所示，可结合自身情况及账号粉丝画像等，确定类目。

表2–5 直播销售类目选择

直播销售类目选择	自身兴趣及经验（优势）	粉丝性别	粉丝年龄	粉丝兴趣	平台近期热销类目	选定类目

步骤4：确定直播销售选品范围

主播选定了直播类目，还需要进一步确定选品范围，如图2–27所示为影响用户购买的关键因素，可协助圈定选品范围。

引发购买的可能性逐步提升↑

需求	价格	品牌知名度
刚需	历史低价	知名度高
非刚需	买一送多	品牌有一定的知名度
	直播间专享价格	品牌知名度低
	价格中等，折扣高	

图2–27 影响用户购买的关键因素

直播初期选品，建议选择价格优惠、用户需求频次比较高且有品牌知名度的商品建立用户购物心智，避免大量选择高价格、高佣金的商品，这类商品对用户的吸引力比较低，推广难度大。需要明确的是，抖音达人选品可进入选品广场：打开抖音App，点击“我”，随后点击“商品橱窗”，打开“选品广场”就可以进入抖音精选联盟，精选联盟是寻找优价好物货源的官方选品平台，如图2–28所示。

图2–28 “精选联盟”页面截图

步骤5：直播销售选品规划

选定了直播的品类和范围之后，还需要根据开播时间规划确定选品规划。

例如，每周直播5场，每场4小时，每款商品介绍6~10分钟，会循环讲解2次商品，一周需要排品约60款等。此外，为了避免各类意外情况，还需要备选商品，以便保证直播商品的充足供应。

上述选品规划可作为参考，主播可根据自身开播时间完成选品规划，如表2-6所示。

表2-6　　直播销售选品规划

直播销售选品规划	每周直播场次	每场直播时间	直播商品规划	备选商品规划

电商思政小贴士

随着直播电商带动社会经济发展的作用日益凸显，多地掀起了发展直播电商经济的热潮，各级政府鼓励具有正向社会价值的模式和商家自播发展。但在发展过程中，需要政府建立完善的电商直播监管体系，明确参与各方的责任，严把选品关；直播电商要熟悉《网络直播营销选品规范》，直播推销的商品应符合法律法规对商品质量和使用安全的要求。

步骤6：根据每场直播主题及形式选定应季商品并进行配比

步骤6.1： 根据直播主题选品。为了使直播电商活动更有吸引力，还需要确定每场直播的主题，并根据直播主题选定应季商品，如图2-29所示，直播主题主要分为场景主题和活动主题，场景主题涉及电商所在的细分市场，如“秋装上新”“夏季热门防晒专区”等；活动主题多根据重大节日促销拟定，如“国庆不打烊，好礼享不停”“6·18享最低价”等。

活动主题
多根据重大节日促销拟定
场景主题
涉及电商所在的细分市场

图2-29　确定直播主题

根据确定的主题选择想要销售的商品，为了给消费者提供多样性选择并进一步提升转化率，不同品类的商品可进行组合搭配，发挥出“1+1>2”的销售效果，如表2-7所示。

表2-7　　直播主题选品

日期	主题	商品数量（包括备选商品）	商品具备条件	组合销售商品
6月1日	美丽一夏、穿搭	30	清凉、显瘦，裙装为主	裙装、高跟鞋、背包、饰品等
⋮				

步骤6.2：根据直播形式选品。直播分为专场直播和混场直播。其中，专场直播即该场直播只分享某品牌的商品，如图2–30所示；混场直播是指该场直播可以分享多个品牌的商品，如图2–31所示。

图2–30　专场直播　　　　图2–31　混场直播

需要明确的是，如果与品牌方签订了协议进行专场直播，在直播的过程中就不能插播其他商品，以免构成违约。

步骤6.3：进行选品配比。

直播间的销售成绩和选品密切相关，根据直播主题选定商品后，还需要对不同定位商品进行配比，利用价格差异调动用户情绪，提高直播间人气（见图2–32）。

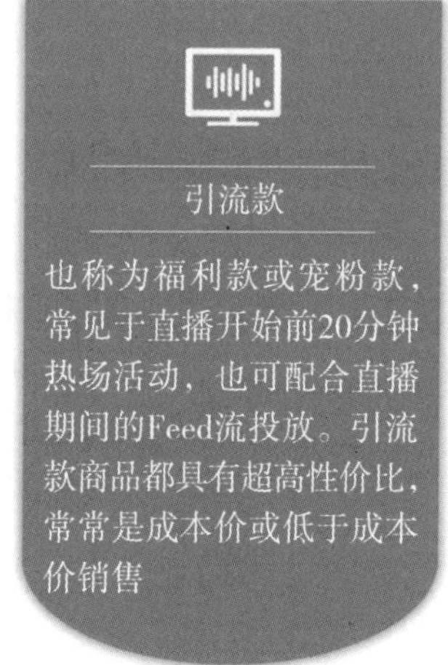

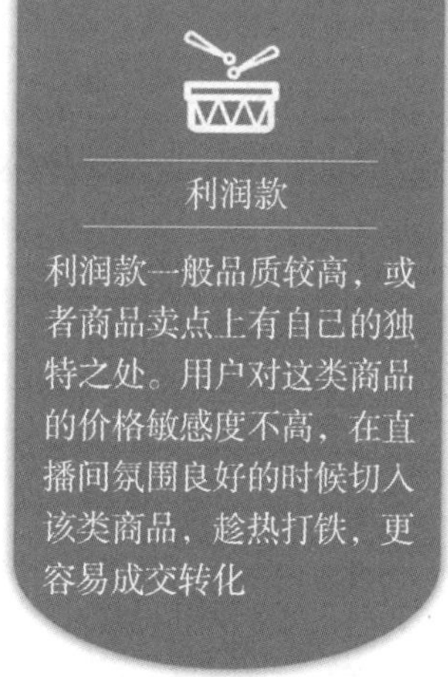

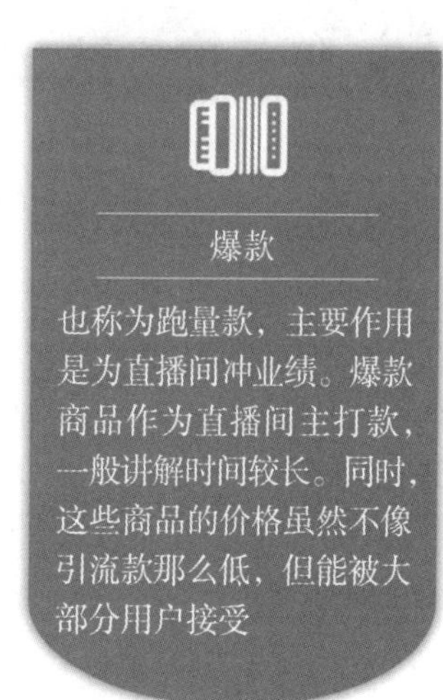

图2–32　直播间选品配比

大多数直播间通常会设置2～5个引流款来调动直播间气氛，2～6个爆款来冲业绩，而利润款则根据不同的直播目标进行分配。比如以吸粉为目的的直播间，利润款的占比多在10%～20%，而以转化为目的的直播间，利润款的占比可能会高达50%。

以某直播间为例，引流商品设定为6.6元的某知名护肤品牌的旅行套装，性价比非常高，吸引粉丝停留直播间的同时，也给了粉丝福利，如图2–33所示。此外，直播间还安排了高价位高品质的利润商品，如图2–34所示。

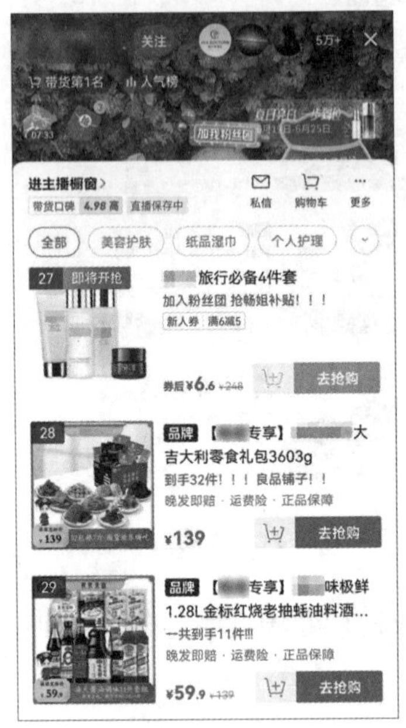

图2–33 直播间引流款商品示例　图2–34 直播间利润款商品示例

通过本任务的学习，学生了解了直播销售选品的相关知识，包括直播违禁商品，粉丝画像分析，直播类目选择，直播选品范围，直播选品规划、直播选品配比等。其中，学生需要重点掌握如何结合账号粉丝画像进行直播类目选择，并根据选品规划在抖音精选联盟中选择合适的直播销售商品，在课后完成个人实践操作。

任务三　抖音直播商品上架

小李因为拍美食短视频积累了大量粉丝，近日，在朋友的建议下，小李开通了抖音商品分享功能，准备开始带货。首先，小李通过精选联盟在商品橱窗中添加了不少自己食用过、觉得质量和口味都很不错的各类食品饮料等，并添加到直播间中。

小李深知自己是新号开播，前期以引流为主，因此在直播商品配比上，多选择了几款低价商品作为引流款，价格较高的利润款只占少数，旨在吸引用户停留、下单，以便快速实现单场直播流量的增长。此外，小李还以抖币作为福袋，想要在直播的过程中充分利用福袋活动增加粉丝停留时间和互动机会，提升直播间的影响，获取平台的流量支持。

通过阅读案例，思考并回答以下问题：

（1）直播间添加商品的途径除了商品橱窗还包括哪些？

（2）直播商品上架的步骤是什么？

1. 直播间添加商品的途径

在抖音移动端开始直播前，可通过以下几种途径向购物车添加商品，如表2-8所示。

表2-8　直播间购物车添加商品的途径

途径	具体内容
我的橱窗	（1）提前添加到直播间：需要提前从选品广场将商品添加到橱窗，再由橱窗添加到直播间。 （2）直播过程中添加商品：直接通过链接添加到直播间
我的店铺	适用于与店铺有绑定关系的抖音号，可以看到对应店铺内的商品（即绑定为某个店铺的官方账号，或者绑定为某个店铺的自播账号）
专属商品	商家为该抖音号设置了专属计划（即只有该抖音号可以推广，其他抖音号不能推广）
最近添加	展示上一场电商直播的商品列表，按照添加时间排序
粘贴链接	适用于商家和达人有直接建联的场景，商家可以把自己的商品链接给达人，达人直接粘贴即可

2. 抖音小店

抖音账号0粉丝即可开通抖音小店，用户无须跳转外部链接即可完成交易。需要注意的是，抖音小店的认证分为“个人身份”“个体工商户”和“企业/公司”。

（1）抖音小店营业执照要求

为了保证小店顺利开通，营业执照需要满足如表2-9所示的各类要求。

表2-9　抖音小店营业执照要求

营业执照要求	需确保当前时间距离营业执照有效期截止时间大于3个月
	需确保营业执照上的统一社会信用代码为18位，若非18位，需要到工商局升级营业执照后再进行入驻
	若为新办理的营业执照，因国家市场监督管理总局信息更新有延迟，建议在办理成功后等待至少14个工作日后再进行入驻
	获得网店营业执照即无实体网店营业执照的用户目前也支持入驻抖店平台

（2）不同认证类型可开设的抖音小店及品牌要求

个体工商户及企业/公司可开设的店铺类型不同，对品牌的要求也不同，如表2-10所示。

表2-10　抖音小店类型

认证类型	店铺类型及品牌要求
个体工商户	仅可开设个体店，指以商标权利人提供普通授权的品牌入驻平台开设的个体店铺，经营1个及以上品牌
企业/公司	（1）企业店：可选择品牌数：1个及以上品牌；品牌力要求：低/中/高 （2）专营店：可选择品牌数：2个及以上品牌；品牌力要求：中/高 （3）专卖店：可选择品牌数：经营1个或多个授权品牌且各品牌归同一实际控制人；品牌力要求：中/高 （4）旗舰店：可选择品牌数：经营1个或多个自有品牌，非自有品牌（独占授权）经营一个或多个品牌（多个品牌需归同一实际控制人）；品牌力要求：中/高

直播商品上架

开通了抖音电商带货权限并完成直播销售选品后，就可以进行直播商品上架了，抖音平台目前提供了多种添加商品的途径，分别是我的橱窗、我的店铺、专属商品等，学生需要对这些途径进行区分。如果自身有充足的货源，可以优先选择开通抖音小店，不仅可以自己在直播间进行销售，还可以开通精选联盟功能，并提供佣金，让更多抖音直播达人进行销售，提高自身的收益。

电商达人在进行直播商品上架并编辑商品信息时，需要明确一定要求，具体步骤如下。

步骤1：添加商品到商品橱窗

步骤1.1：在本项目任务一中已经开通了抖音电商带货权限并拥有了商品橱窗，这里只需要打开抖音App，点击右下角“我”，随后点击头像下方的“商品橱窗”，随后点击“选品广场”，就能进入抖音电商的选品平台，如图2-35、图2-36所示。

图2-35　选品广场

图2-36　抖音电商精选联盟

步骤1.2： 通过之前的选品，已经有相对明确的商品目标，进入精选联盟后，就可以通过其顶部搜索栏直接进行商品搜索，或者通过精选联盟内主要类目导航模块定向寻找商品，找到商品后，点击“加橱窗”按钮，就可以将商品添加至“商品橱窗”了，如图2-37、图2-38所示。

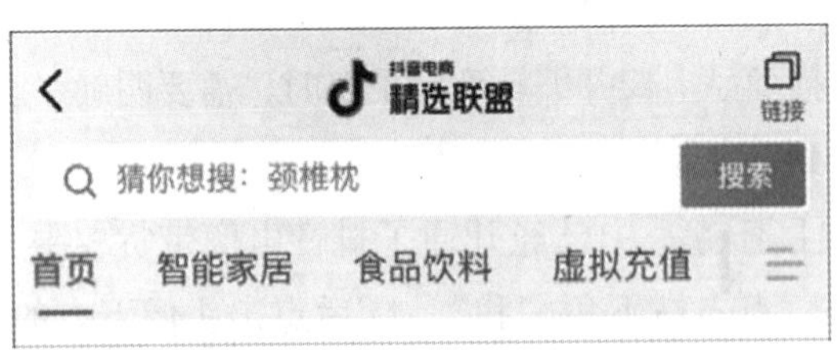

图2-37　搜索商品

图2-38　商品加橱窗

新手达人在进入选品广场时，可以看见“新人带货攻略”和“新人开单神器”模块，其中，“新人开单神器”专区内商品是精选的全网好评且佣金率高的开单爆款，帮助新手达人开单，如图2-39所示。

图2-39　新人专区

步骤1.3： 商品添加至橱窗后，进入“编辑商品”页面，按照要求输入商品的相关信息，随后点击“完成编辑”，就可以在“橱窗管理”中查看添加的商品了。

步骤2：开通并绑定抖音小店

随着抖音直播限制第三方链接，越来越多的抖音创作者开通了抖音小店，通过抖音小店，用户无须跳转外部链接即可完成交易，有助于构建抖音电商的流转闭环。

开通抖音小店之后，抖音创作者就可以打造属于自己的抖音电商销售平台，快速获得收益。通过任务一的学习，我们已经简单了解了开通抖音小店的流程，这里再次梳理一下其中的要点。

步骤2.1： 打开抖音App，进入“我”页面，点击右上角的三道杠，进入“抖音创作者中心”，随后依次点击“全部”—“开通小店”，如图2-40所示，授权同意《账号绑定服务协议》，即抖音小店开通后将与申请开通的抖音账号建立绑定关系，且只可与一个小店店铺建立绑定关系。

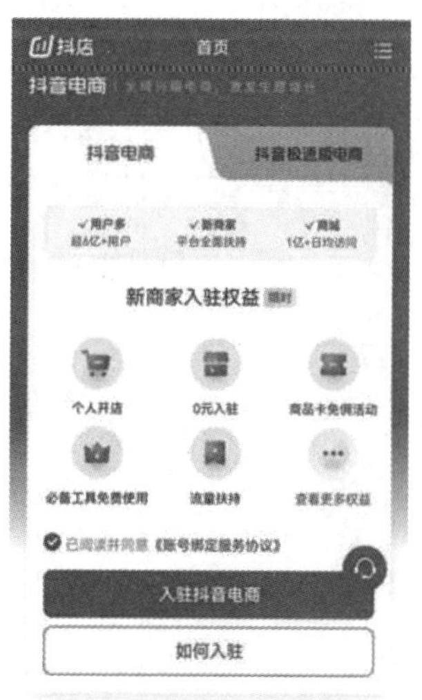

图2-40　抖音小店入驻

步骤2.2： 勾选同意后点击“入驻抖音电商”，进入页面后选择认证类型，抖音小店的认证分为“个人身份”“个体工商户”和“企业/公司”，如图2-41所示，主体类型一旦选择，认证后无法修改。此外，手机端仅支持个人店、个体店、企业店入驻，专卖/专营/旗舰店需要在PC端完成。

图2-41　抖音小店认证类型

步骤2.3：以个人身份开店，仅支持部分类目，具体可查看抖音《个人店铺限制经营类目明细表》，根据自身条件及营业执照的类型选择相适应的认证类型后，依次完成资质信息和店铺信息的填写，如图2-42、图2-43所示，在通过平台审核后（1～3个工作日），就可进行账户验证，即使用对私银行卡号+银行预留手机号验证或对公账户打款验证。

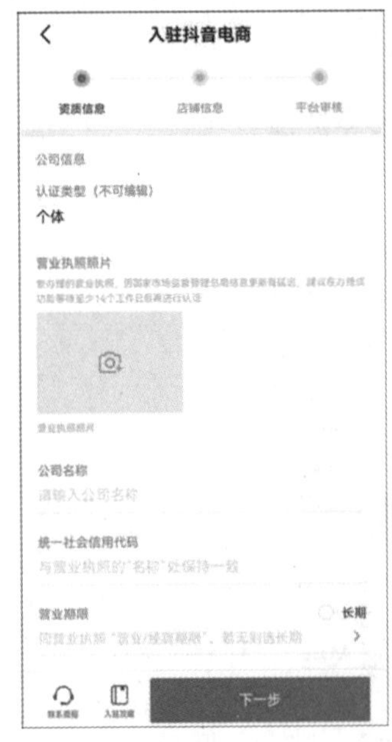

图2-42　个体工商户认证所需信息

图2-43　企业认证所需信息

需要注意的是，为了保证小店顺利开通，营业执照需要满足一定的要求（详见表2-9），并且个体工商户及企业可开设的店铺类型、品牌要求也不同（详见表2-10）。

步骤2.4：完成账户验证后，就可以选择营业执照经营范围内的类目并缴纳保证金，如果经营多类目，仅按最高金额收取，不叠加。

步骤2.5：缴纳保证金后，抖音小店开通成功。抖音小店开通后，不仅可以自己在直播间进行销售，还可以开通精选联盟功能，并提供佣金，让更多抖音直播达人进行销售。

电商思政小贴士

《抖音电商创作者价格宣传行为规范》经修订后正式生效。规范强调：如因其虚假宣传行为导致消费者合法权益受损，与提供该商品或服务的商家承担连带责任。若消费者举证有效，经平台认定商家无过错，由创作者承担虚假宣传责任。规范要求，创作者在推广商品前，有义务核实其售卖价格、被比较价格、价保服务等与价格相关宣传信息，确保明码标价，确保宣传信息真实、客观、准确，不得进行虚假或引人误解的描述。对多SKU商品，创作者需明确告知所展示商品规格对应的价格。宣传商品提供价格保护服务之前，创作者应确保商家能够及时兑现，不得私自承诺。

步骤3：直播商品上架

步骤3.1：通过以上的步骤，完成了商品橱窗商品添加及抖音小店的开通，就可以在直播前进行商品添加了。

以PC端为例，打开抖音电商首页（https://www.douyinec.com/），右上角点击“登录”，选择“达人工作台”，使用要开播的账号扫码登录即可（也支持手机号+验证码登录），如图2-44所示。

图2-44　账号登录

步骤3.2：选择“直播中控台”，点击“添加商品”，商品的添加途径包括最近添加、橱窗商品、我的店铺等，选择相应的商品或者粘贴商品链接，点击“确认添加”（亦可多选商品，批量添加），如图2-45所示。

图2-45　添加商品

步骤3.3：商品添加成功后，点击商品下方的铅笔图标，添加商品卖点，不得超过15个字，如图2-46所示。

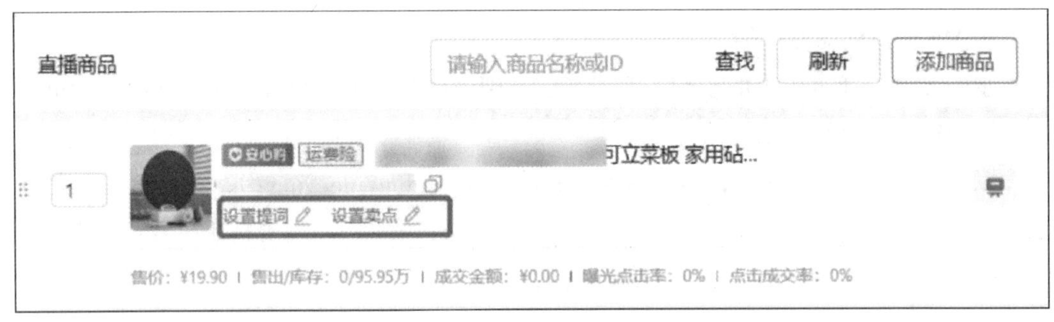

图2-46　添加商品卖点

通过以上步骤，就完成了直播商品的上架，在后面的学习中，将就商品卖点的提炼和直播过程中商品的管理分别展开讲解。

通过本任务的学习，学生了解了向直播间购物车添加商品的途径，并进一步掌握了商品添加到商品橱窗、开通抖音小店的步骤和注意事项。其中学生需要重点掌握抖音小店的开通，学生需在课后进入抖音App详细了解开通抖音小店所需准备的各类资料。

直播商家选品应遵守《网络直播营销选品规范》

为了维护消费者合法权益，营造良好的直播电商环境，商家在开展直播电商活动时，应认真贯彻党的二十大精神，立足新时代新征程，展现新担当新作为，坚持守底线、拉高线一起抓，保安全、提品质同步推，落实《网络直播营销选品规范》（以下简称规范）的要求，规范选品。

规范要求，主播和机构不得推销法律、行政法规禁止生产、销售的商品。其推销的商品应符合法律法规对商品质量和使用安全的要求，符合使用性能、宣称采用标准、允诺等，符合保障人身与财产安全的要求。主播和机构应认真核对商家资质，鼓励其与信用良好的商家合作；主播和机构应认真核对商品资质，鼓励其选择信誉良好的品牌商品。

主播和机构推销的商品中涉及商标、专利、认证等证书以及代言人证明等用于确认商品实际情况的其他必要文件资料的，应认真进行核对。涉及他人名义形象的，主播及机构需向权利方索要相关权利证明文件，必要时，予以公示。

此外，规范还要求主播和机构检查核对直播选品样品的商品信息，包括但不限于包装、标签标识、说明书上的信息。鼓励主播和机构对拟选推销的商品进行试用体验；采取实地调研、审核商品原材料、考察商品生产流程等方式，加强对商品原产地的审核；在直播销售前随机选择直播商品样品送具有检测资质的第三方专业机构进行检测，以确保选品符合相关标准要求。对已经直播销售的商品，鼓励主播和机构自行委托第三方专业机构对商品进行抽检，检验商品质量是否合格。

规范进一步要求，主播和机构应如实描述商品信息，加强对直播间商品服务信息宣传语合规化的管理，不得对商品信息进行夸大。

直播间推销的商品或服务存在与事先承诺的商品外观、型号、材料、质量或品牌不符以及与事先承诺的服务不符等问题，主播和机构应当及时联系和告知商家，并协助商家积极行使救济措施，依法保障消费者合法权益。

主播和机构在与商家合作中，如发现商家涉嫌违反平台规则的行为，应按照与商家的约定进行处理；如发现商家涉嫌违反有关法律法规的行为，应立即暂停与商家合作，并通报网络直播营销平台。

资料来源：中国广告协会。

扫码领取
★ 配套习题

一、单项选择题

1.申请成为抖音带货达人需要满足一定的条件，下列说法错误的是（　　）。

A.需要进行实名认证

B.个人主播主页视频数≥10条，抖音账号粉丝量不做要求

C.抖音账号粉丝量≥1000

D.个人主页视频数≥10条

2.抖音官方认证是平台对用户身份真实性的确认，不包括（　　）。

A.企业认证　　B.个人认证

C.机构认证　　D.会员认证

3.抖音平台将国家法律法规明文禁止出售的商品或展示的信息划分为（　　）违规。

A.Ⅰ类　　B.Ⅱ类

C.Ⅲ类　　D.Ⅳ类

4.若开设的抖音小店为专营店，则可选择的品牌数为（　　）。

A.0个　　B.1个

C.2个及以上品牌　　D.至少3个

5.若营业执照的认证类型为个体工商户，则可以开设的抖音店铺是（　　）。

A.旗舰店　　B.专营店

C.个体店　　D.专卖店

二、多项选择题

1.抖音平台会对创作者发布的作品进行双重审核，分别是指（　　）。

A.机器审核　　B.随机审核

C.人工审核　　D.规则审核

2.在抖音平台，作品发布后的传播效果取决于作品在流量池中的表现，流量池主要参考（　　）这几个维度的数据。

A.完播率　　B.评论量

C.点赞量　　D.转发量

3.抖音直播间添加商品的途径包括（　　）。

A.我的店铺　　B.第三方电商平台

C.专属商品　　D.我的橱窗

三、判断题

1. 抖音沿袭了今日头条的算法推荐机制，它的流量分配是去中心化的。（　　）

2. 抖音小店适合于需要售卖自有商品，同时存在分享商品需求的抖音创作者。（　　）

3. 抖音账号需要多于1000个粉丝才能成为抖音小店卖家。（　　）

4. 完成抖音小店的入驻流程后，自身的抖音账号将与小店账号绑定，但不会开通抖音商品分享权限。（　　）

5. 新办理的营业执照，因国家市场监督管理总局信息更新有延迟，建议在办理成功后等待至少14个工作日后再入驻抖音小店。（　　）

参考答案：

一、单项选择题

1～5：BDACC

二、多项选择题

1～3：AC　ABCD　ACD

三、判断题

1～5：√　√　×　×　√

实训一　设置符合主播人设的账号信息

小徐是一位拥有丰富销售经验的美妆导购员，随着直播电商的火热，小徐也想转战线上直播，销售各类美妆产品。小徐知道自己虽然有丰富的线下销售经验，但前期还需要完善账号信息，使之符合自己的人设，并发布一系列垂直短视频进行引流，为后期直播电商活动的顺利开展积累粉丝。

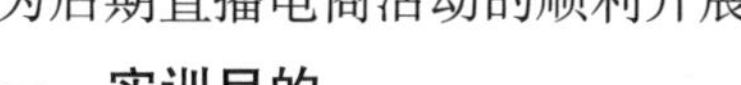

一、实训目的

1. 掌握设置凸显主播人设的账号信息的方法。

2. 能够在抖音App完成账号信息的设置。

二、实训要求

学生根据表2-11所示的主播人设定位，帮助小徐构思凸显该人设的账号信息，包括账号名称、账号简介、账号头像和账号背景图等，并通过抖音App进行实际操作。

表2-11 主播人设定位

人设维度	内容说明
我是谁	精通美妆实用小技巧的“90”后美妆达人
目标用户	追求平价实用美妆好物的年轻女性
能提供什么	全心全意为粉丝寻找更适合自己的品质好货，满足粉丝对精致妆容和美妆商品选品的需求

三、实训内容

1. 根据小徐的人设，构思账号信息，并将构思的内容填写在表2-12中。

表2-12 账号信息构思

设置项目	内容说明
账号名称	
账号简介	
账号头像	
账号背景图	

2. 在抖音App完成账号信息的设置，并将其中的关键步骤进行截图展示。

四、实训总结

教师根据学生设置的账号信息进行打分点评，如表2-13 所示，随后对评分较高的内容进行展示，学生可参考学习。

表2-13 实训评分

评分内容	总分	教师评分	教师点评
是否具备成熟的账号信息设置思路	25分		
是否设置了符合主播人设的账号信息	40分		
是否完成了设置账号信息的操作	35分		

实训二　直播选品

通过前期的运营，小徐的账号已经积累了一大批粉丝。在开始直播前，小徐想选择一些符合自身人设定位并且平价、实用、热销的美妆好物。为了找到符合自身需求的商品，小徐计划借助第三方数据分析服务平台——蝉妈妈。

一、实训目的

1.能够根据自身需求选择合适的商品。

2.掌握借助第三方平台进行选品的方法。

二、实训要求

用手机号码登录蝉妈妈，并添加抖音账号进行授权。随后根据表2–14所示的要求进行直播选品。

表2–14　直播选品要求

商品来源	抖音小店
类目	面部、唇部、眼部彩妆，美妆工具
佣金比例	5%～10%
预计销量（件）	≥2000
价格（元）	51～100
带货	直播带货为主

三、实训内容

学生参考如下步骤进行实训操作。

步骤1：在蝉妈妈官方网站中登录账号，选择“抖音版”，随后点击“商品”选项卡。

步骤2：在“商品库”页面，将鼠标指针移到“带货分类”栏中的“美妆护肤”选项卡上，在打开的列表中选择表2–14要求的类目。

步骤3：在“条件筛选”栏中分别设置表2–14要求的商品来源、佣金比例、预计销量、价格等。

步骤4：在页面下方的搜索结果列表中浏览商品信息，找到所需的商品，单击“商品”列中的商品缩略图或标题超链接。

步骤5：打开商品详情页面，综合分析判断该商品是否适合小徐的直播间。

四、实训总结

学生完成实训后，提交操作截图，教师根据学生展示的截图判断学生是否掌握了借助第三方平台选品的方法。

项目三　筹备

——直播脚本设计及素材准备

［知识目标］

1. 了解直播脚本的要素和价值。
2. 明确提炼商品卖点对主播和直播间的影响。
3. 熟悉直播话术的作用。
4. 了解直播话术的不同类别和禁忌。
5. 了解直播封面图的设计规范。
6. 了解直播标题的拟定要点。

［能力目标］

1. 能够区分单品直播脚本和单场直播脚本。
2. 掌握单品直播脚本和单场直播脚本的设计要点和步骤。
3. 能够依据商品特色完成商品卖点的提炼。
4. 能够根据不同类别话术的要点完成直播话术的设计。
5. 能够按照平台要求完成直播封面图、标题及内容的设置。

［素养目标］

1. 树立遵守法律法规和直播电商平台规则的自觉意识。
2. 培养文明表达、文明互动的良好行为习惯。

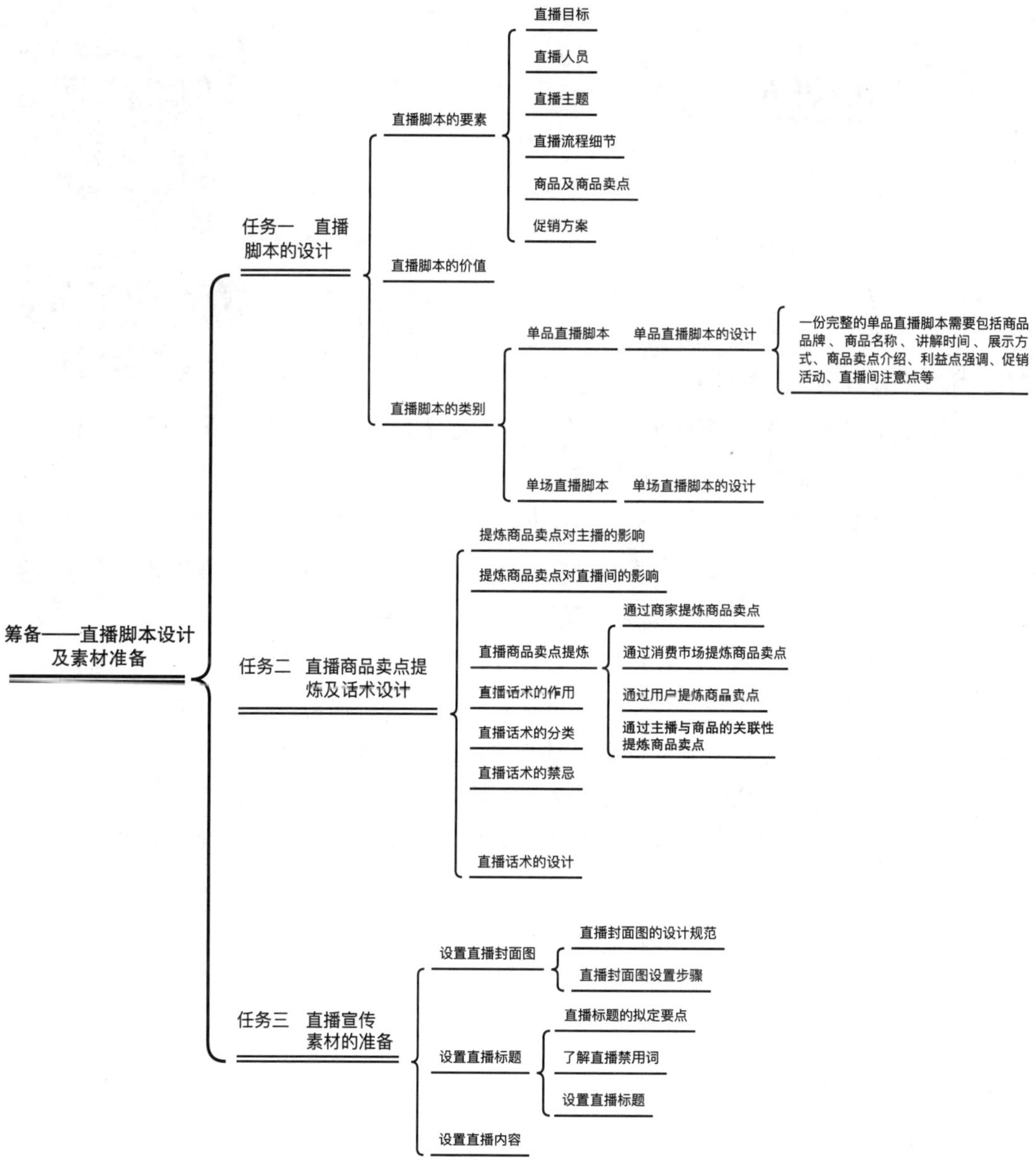

- 筹备——直播脚本设计及素材准备
  - 任务一　直播脚本的设计
    - 直播脚本的要素
      - 直播目标
      - 直播人员
      - 直播主题
      - 直播流程细节
      - 商品及商品卖点
      - 促销方案
    - 直播脚本的价值
    - 直播脚本的类别
      - 单品直播脚本
        - 单品直播脚本的设计
          - 一份完整的单品直播脚本需要包括商品品牌、商品名称、讲解时间、展示方式、商品卖点介绍、利益点强调、促销活动、直播间注意点等
      - 单场直播脚本
        - 单场直播脚本的设计
  - 任务二　直播商品卖点提炼及话术设计
    - 提炼商品卖点对主播的影响
    - 提炼商品卖点对直播间的影响
    - 直播商品卖点提炼
      - 通过商家提炼商品卖点
      - 通过消费市场提炼商品卖点
      - 通过用户提炼商品卖点
      - 通过主播与商品的关联性提炼商品卖点
    - 直播话术的作用
    - 直播话术的分类
    - 直播话术的禁忌
    - 直播话术的设计
  - 任务三　直播宣传素材的准备
    - 设置直播封面图
      - 直播封面图的设计规范
      - 直播封面图设置步骤
    - 设置直播标题
      - 直播标题的拟定要点
      - 了解直播禁用词
      - 设置直播标题
    - 设置直播内容

任务一　直播脚本的设计

小何新入职某公司直播电商部门，主要负责运营工作。因为公司是初次试水直播电商业务，为确保直播电商活动能够顺利进行，作为直播运营人员的小何需要与其他同事配合，提前准备一份清晰、可执行的直播脚本，以便直播当天把控直播节奏，规范直播流程，达到直播的目标。

首先，小何他们需要明确本场直播的目的是什么，以便确定直播主题。因公司最近有新品上市，并且恰逢“双十一”临近，所以他们将最近一期的直播主题设定为“双十一”新品促销。确定直播主题后，需要根据主题确定直播目标，因为当前粉丝量积累不够，所以小何他们将此次的主要目标设定为增加粉丝量，营收目标设定在一个比较低的范围。此外，为了有效增加账号的曝光度，此次选择的直播时间避开了直播高峰期，并设定直播时长为4小时，计划积累一定的粉丝量后再选择固定的时间进行直播，方便粉丝掌握直播规律，养成按时观看的习惯。接下来，小何他们将提炼的商品卖点进行梳理，设计相关话术，并进一步制订直播过程中的活动策略，如开场满送、整点秒杀、限量秒杀、惊喜福袋等，吸引用户进入直播间停留观看并进行购买。

此外，小何还协同相关负责人对部门同事进行岗位分工和责任分配。直播的过程是动态的，涉及商品展示、主播表现、人员配合等多种因素，设计直播脚本是为了规范直播流程，让直播运营人员之间的配合更加有条不紊。

通过阅读案例，思考并回答以下问题：

（1）直播脚本的要素包括哪些？

（2）直播脚本的价值体现在哪些方面？

1. 直播脚本的要素

（1）直播目标

设置相应的目标，可以使直播的目标性更强。例如，点赞量要达到多少，转化率及销售额要达到多少等。需要注意的是，运营的不同阶段应设置不同的直播目标，例如，前期重点关注在线人数和点赞量，粉丝积累到一定数量后再对转化率进行要求。

（2）直播人员

直播脚本需要描述清楚团队每个人的分工、职能及相互配合的方式。比如主播负责引导用户关注直播间、介绍商品、解释活动规则，直播助理和直播运营负责回复问题、发送优惠信息等，客服负责修改商品价格、与用户沟通订单信息等。

（3）直播主题

直播主题是用户了解一场直播的核心，整场直播的内容应该紧紧围绕直播主题展开。

（4）直播流程细节

直播是一个动态的过程，直播的流程规划需要具体到分钟，前期要在脚本上做好标注，比如8点开播，开播后用10分钟时间在直播间进行预热，和观众互动。后续还要注意商品的具体介绍、每个商品的介绍时长等，主播要尽可能地把时间规划好并按照计划执行。

（5）商品及商品卖点

直播脚本应该记录直播中将销售的全部商品以及各自的介绍方式，以防止主播在直播的过程中忘词。

（6）促销方案

促销方案在直播中尤为重要，直播脚本应详细记录每一个促销方案，包括活动方式、活动开始时间等。

2. 直播脚本的价值（见表3–1）

表3–1　直播脚本的价值

价值	具体内容
目标管理	有助于运营者根据明确的目标反推直播内容，如为了达到增加粉丝量目标、营收目标需要设置哪些互动活动？据此对脚本进行各个环节的内容设计
流程梳理	匹配直播间商品排布，可依据既定流程铺设内容进而促进直播节奏的把控
过程管理	依靠脚本设计对于直播过程进行把控，以避免如单品讲解超时、整点抽奖活动过程管理失误等问题

续 表

价值	具体内容
话术管理	通过脚本可以对主播每一分钟的动作行为及话术进行指导，让主播明确知道某个时间节点该做什么，该说什么，遗漏了什么
复盘总结	结合直播目标、流程，对不同时间节点的流量、转化、粉丝活跃数据进行回顾分析，对后续直播活动进行调整优化

3. 直播脚本的类别

直播脚本分为单品直播脚本和单场直播脚本。

（1）单品直播脚本

单品直播脚本就是针对单个商品的脚本，即以单个商品为单位，规范商品的解说，突出商品卖点。

（2）单场直播脚本

单场直播脚本就是以整场直播为单位，设计整场直播节奏、流程和内容。

4. 直播脚本的内容

一份完整的单品直播脚本包括商品品牌、商品名称、讲解时间、展示方式、商品卖点、利益点、促销活动、直播间注意点等。

直播脚本的设计

很多刚接触直播电商的主播经常会出现面对镜头语无伦次、不知道如何调动直播间气氛、介绍商品没有逻辑、直播时间控制不好等问题，这多是因为没有提前准备，对直播的节奏缺少把控。因此在直播开始前需要制订一份清晰详细可执行的直播脚本，以保证直播活动的顺利推进，从而达到增加粉丝量、提升商品销量的目的。本学习任务将带领学生了解直播脚本的价值、类别，并就不同直播脚本的设计步骤和要点展开讲解。

需要注意的是，直播是动态的过程，涉及主播表现、人员配合、场景切换、商品展示等多方面因素，因此在开播前需要参考直播脚本进行直播筹备工作。借助直播脚本有助于直播过程中把控直播节奏、规范直播流程，从而进一步达到预期目标。

直播脚本的重要性毋庸置疑，在设计直播脚本前，需要明确直播脚本的要素、价值和类别，以便在具体的脚本设计中更有针对性。

步骤1：明确直播脚本的要素和价值

一份清晰详细可执行的直播脚本需要包含直播目标、直播人员、直播主题、直播流程细节、商品及商品卖点、促销方案等要素。直播脚本有助于进行直播目标管理、流程梳理、过程管理、话术管理、复盘总结等。

步骤2：区分直播脚本的不同类别

直播脚本可以分为单品直播脚本和单场直播脚本，如图3-1所示。

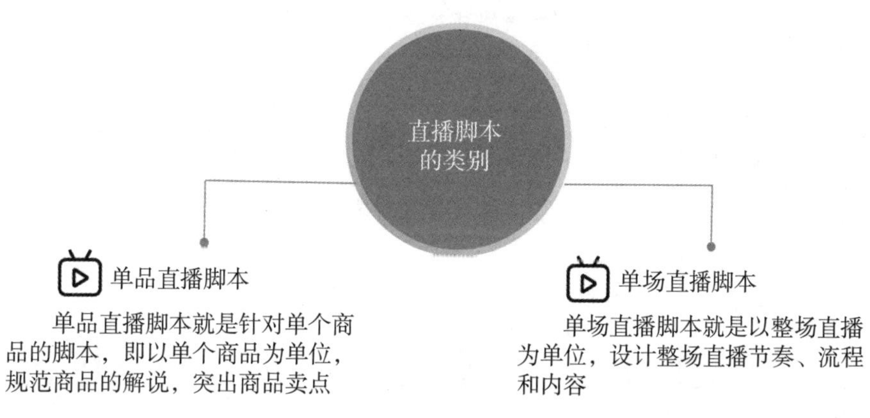

图3-1　直播脚本的类别

步骤3：单品直播脚本的设计

单品直播脚本建议以表格的形式呈现，将商品的卖点和优惠活动等清晰地体现在表格中，可以有效避免主播在介绍商品时混淆不清，并能够帮助主播精准、有效地给直播间粉丝传递商品的特色等信息。

一份完整的单品直播脚本需要包括商品品牌、商品名称、讲解时间、展示方式、商品卖点、利益点、促销活动、直播间注意点等。

下面以某款商品为例进行单品直播脚本设计，如表3-2所示，后续可根据此表对具体商品进行设计。

表3-2　××商品单品直播脚本（参考）

××商品单品直播脚本		
讲解时间		×点开始讲解，讲解时长××分钟
商品名称		××全新K5智能脉冲肩颈按摩仪
商品基础信息		型号：K5-2 颜色：云镜白/原野绿 按摩时间/次：15分钟/次 按摩方式：脉冲 语音提示：有 按摩力度：9挡 充电方式：USB 操控方式：App/小程序/机身按键
展示方式		拿出商品展示外观，随后主播一边试用一边讲解商品原理、按摩模式的切换、按摩力度的调节等，并就不同的操控方式进行展示
针对人群		适合所有人群，尤其是“低头族”
商品卖点		分区按摩，手法细腻 3挡温控，大面积热敷 App+小程序智能双控 轻巧便携，随行随用
优惠价格	日常价格	×××
	直播间价格	×××
利益点		最低价，直播间购买即送定制礼盒，前200名加送××时尚手持小风扇
直播间注意点		示例：（1）分享直播间； （2）点赞； （3）下单

电商思政小贴士

随着直播电商的发展，用户不再仅关注商品价格，对直播的内容也有了新的要求。从柴米油盐的“小确幸”到文化推广的“大梦想”，直播团队充满创意的内容设计，不仅有助于品牌完成销售任务，而且能激发人们的情感共鸣，承担起聚民心、兴文化、展形象的使命任务，进一步弘扬社会主义核心价值观。

步骤4：单场直播脚本的设计

相较于单品直播脚本，单场直播脚本涉及内容比较多，以下就单场直播脚本设计的要点和步骤展开讲解。

步骤4.1：明确直播主题。单场直播的内容需要围绕中心主题进行拓展，如新品上市、粉丝回馈等，让粉丝通过主题了解能在直播中获取什么。

建议进行10个字以内的主题撰写，通过参与度、话题性等引发用户的关注和点击，如设计某场直播主题为“女装特卖抢好货”。

步骤4.2：明确直播目标。明确本场直播预期达到的目标，根据自身需求进行目标设定，包括人气目标、销售目标、单品目标等，如拉新用户、提高转化率、提高销售额等。如设计某场直播目标为“销售额××万元，涨粉××人”。

步骤4.3：确定开播时间及时长。选择开播时间（一般需要固定开播时间，让老粉丝掌握规律），根据主播定位及商品情况规划直播时长，并提前预告粉丝，建议直播时长为3~4小时。如设计某场直播的开播时间和时长：××××年×月×日，21：00—1：00。

不同群体的活跃时间不同，为了保证直播的效果，主播选择的开播时间和时长需要与自己的主要粉丝受众相契合。

步骤4.4：确定人员安排及分工。为了保证直播活动的有序进行，还需要明确直播人员的具体分工。比如主播负责引导用户关注直播间、介绍商品、解释活动规则等；直播助理和直播运营负责回复问题、发送优惠信息等；客服负责修改产品价格、与用户沟通订单信息等。

步骤4.5：确定直播设备及素材。为了保证顺利开播，需要在脚本中明确直播软硬件设备的测试要求，样品、直播辅助道具的准备情况等，确保这些设备及素材可正常使用。

步骤4.6：把控直播节奏，规划直播流程。这是整个直播脚本的重点，即根据直播节奏在对应时间节点进行商品上架、铺设活动、设定互动环节等，确保直播活动的流畅性。

一场完整的直播包含开场、过款、互动、下场预告等环节，每一个环节都需要有详细的时间节点、内容、互动方式等。我们以一场直播4小时（240分钟）为例，对单场直播的流程进行规划，如图3–2所示。

步骤4.7：提炼商品卖点。即提炼商品的优惠活动信息，商品本身功能的价值以及相较竞品存在的优势、差异等，将在本项目任务二中展开详细讲解。

步骤4.8：设计引导话术。即宣传话术设计、销售话术设计、互动话术设计等，将在本项目任务二中展开详细讲解。

步骤4.9：制订活动策略。直播期间各类互动活动如红包、礼品的介绍确保清晰易懂。

步骤4.10：完成直播脚本设计。依照步骤完成单场直播脚本各类信息的设计后，可以将信息进行汇总并补充到表格中，可参考表3–3完成单场直播脚本的设计。

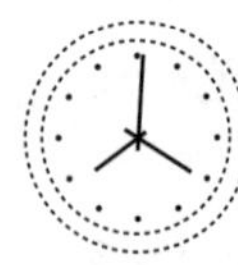

第1～5分钟

开播就直接进入直播状态，和在线粉丝互动。和粉丝互动的同时剧透今日新款和主推款，激起粉丝的好奇心，并且不断强调每天定点开播

第6～10分钟

宣布本场直播福利，比如互动抽奖，派发红包等，可以活跃直播间气氛，聚集人气。设置分享榜奖励，鼓励转发直播间，带来新的流量

第11～20分钟

根据提前规划好的场景，将本场直播的所有商品快速讲解一遍，不做过多停留，本场新款和主推款可以多做介绍。注意服装、日化、食品等商品可以配套展示。整个过程不被粉丝打断，按照主播自己的节奏进行

第21～145分钟

正式进入商品逐个讲解推荐。主播可以根据粉丝需求进行重点介绍，每个商品可参考之前设计的单品直播脚本。过程中穿插抽奖活动，增强粉丝互动并促进粉丝留存

第146～205分钟

进行呼声较高商品的返场讲解

第206～235分钟

主播剧透明天的新款，并回复粉丝关于今日商品的各类问题

第236～240分钟

强调关注主播，预告下期开播时间以及下期福利

图3–2　直播流程

表3–3　单场直播脚本的设计（参考）

<table>
<tr><td>直播主题</td><td colspan="4">女装特卖抢好货</td></tr>
<tr><td>直播目标</td><td colspan="4">销售额××万元，涨粉××人</td></tr>
<tr><td>直播时间</td><td colspan="2">××××年×月×日</td><td>直播时长</td><td>21：00—1：00</td></tr>
<tr><td rowspan="2">物料准备</td><td>直播设备</td><td colspan="3">（1）手机直播：手机、支架（直播前测试无误）；
（2）电脑直播：高配置电脑、直播插件、高清摄像头（直播前测试无误）</td></tr>
<tr><td>灯光设备</td><td colspan="3">球形灯、平布灯、美颜灯（直播前测试无误）</td></tr>
<tr><td>素材准备</td><td colspan="4">服装样品，提升搭配效果的配饰，图片（资质、授权、客户评价等）</td></tr>
<tr><td>优惠活动</td><td colspan="4">（1）商品优惠券/主播抽奖加送优惠券；
（2）直播间商品买三送一，赠品准备</td></tr>
</table>

续　表

直播流程				
时间安排	内容	主播（小A）	助理（小B）	后台客服（小C）
21：00—21：05	预热交流+新品剧透	自我介绍+与粉丝互动+新品展示	回答问题+协助主播进行新品展示	粉丝推送+粉丝互动
21：06—21：10	热场交流+福利预告	鼓励转发直播间+引导互动抽奖	回答问题+协助主播	回复客户问题
21：11—21：20	快速讲解所有商品	商品讲解	协助主播进行商品展示	回复客户问题
21：21—21：30	商品逐个讲解	商品讲解+秒杀（参考单品直播脚本）	商品细节讲解补充+展示	回复客户问题+下单指导
第21～145分钟开始逐个讲解每个商品10分钟。				
00：55—1：00	结束语	引导关注+预告下次开播时间及福利	协助主播进行内容补充	回复后台客户问题
注意事项	（1）丰富直播间互动玩法，提高粉丝活跃度，增强粉丝黏性； （2）直播讲解占比：60%介绍产品+30%回复粉丝问题+10%互动，把控讲解节奏； （3）注意粉丝提问，适当进行答疑，不要冷场			

需要注意的是，对于开展直播活动的个人，可能不具备团队作战的条件，可由主播一人完成粉丝互动、商品讲解展示、粉丝问题解答等一系列工作，并且直播脚本不是一成不变的，需要根据直播复盘数据对不同时间节点的优缺点进行分析总结，以便指导后期脚本的优化。

通过本任务的学习，学生了解了直播脚本的要素、价值、类别，以及单品直播脚本和单场直播脚本的设计要点，其中，学生需要重点掌握单场直播脚本的设计步骤和注意事项，并能够在课后根据之前学习任务中选定的直播商品完成直播主题、目标、流程等各个环节内容的设计，保证直播脚本可顺利执行。

任务二　直播商品卖点提炼及话术设计

小何在某公司直播电商部门负责运营工作，公司计划近期开展一场直播电商活动，对公司新品进行宣传和推广。

为了提升新品的宣传效果，小何需要对新品的卖点进行提炼并设计相关话术，以便主播在直播过程中能够将新品的关键信息传达给直播间粉丝，吸引粉丝下单购买。

因为公司是做食品的，所以选用的原料很关键，使用好的原料才能打造出好的产品，才能让消费者买得放心，吃得安心。因此，小何首先从新品的原料挖掘卖点。以奶酪米稀为例，产品新添加了新西兰进口乳粉和丹麦进口奶酪，众所周知，奶酪是浓缩的奶精华，蛋白质含量是鲜奶的7.8倍，钙含量是鲜奶的7.5倍，[①]而乳粉中富含维生素和矿物质，早餐一杯添加进口乳粉及奶酪的米稀，不仅养胃，还可以补充蛋白质、钙、维生素等，对于正在长身体的学生、忙碌的上班族、需要补充营养的老人来说都很有吸引力。小何结合此卖点设计了三种生活场景供主播进行串场讲解。不仅如此，由于此次是新品推广活动，新品的优惠力度很大，全场第二件5折，第三件6折，相较于直播间类似产品的历史价格，可谓相当具有吸引力，小何将价格作为第二个卖点进行提炼。

通过阅读案例，思考并回答以下问题：

（1）提炼商品卖点对直播间有哪些影响？

（2）提炼商品卖点可从哪些方面着手？

① 详见丁香医生。

1. 商品卖点认知

商品卖点是指可以提升用户的购买兴趣，满足用户的需求，促进商品销售的有价值的利益点。

2. 提炼商品卖点对主播的影响

（1）查漏补缺，完善商品介绍内容

主播如果没有提前进行商品卖点提炼，在进行直播介绍时会不自觉从用户视角出发，仅看到商品表面的特征，讲解缺乏说服力，因此主播需要通过提炼卖点完善商品介绍内容，增强用户对商品的感知。

（2）增强对商品的熟知度，在直播中灵活应变

主播通过提炼卖点可增强对商品的熟知度，在直播讲解时展现专业性，并通过循序渐进的介绍，打动用户进行下单。此外，主播还可以灵活应变，基于不同用户的潜在需求进行定向推荐。

（3）筛查违规话术，避免触犯平台规则

各直播平台对直播过程中商品的宣传用语有严格的要求，提前提炼卖点可避免因“虚假宣传”等触犯直播平台规则被处罚。

3. 提炼商品卖点对直播间的影响

（1）增加直播间人气

直播过程中主播的专业展示及有吸引力的卖点呈现，激发了用户更多的评论与回复、更多的商品点击甚至下单购买行为，可增加直播间人气。

（2）提升转化效率

主播通过展示商品与客户之间的利益关联及不同商品组合、高低价搭配等形式可提升直播间的转化效率。

（3）促进销售额增长

转化效率提升后，直播间的销售额也会随之有所增长。

4. 直播话术的作用

直播话术的作用：欢迎、宣传、互动、销售、活动、催单、引导、感谢。

5. 直播话术的分类

以下为直播话术的主要类别。

（1）欢迎话术

不能过于机械化，需要与用户进行沟通和互动。

（2）宣传话术

通过宣传直播时间、内容和主播相关信息等，让直播间的用户更熟悉和了解主播。

（3）销售话术

减少和用户之间的距离感，帮助用户进行决策。

（4）互动话术

让用户感受到被关注，解决用户的疑惑。

（5）催单话术

分析用户心理，把握饥饿营销的分寸。

6. 直播话术的禁忌

为了避免在直播过程中违反直播平台规则被处罚，还需要了解直播话术的禁忌。

（1）不要使用绝对化用语

不要在没有明确数据来源的情况下介绍商品“销量全网第一”，或者使用“全网最低价”“独家秘方”“最先进”等词语。

（2）不要虚假宣传

不要对所分享商品的信息及各项参数进行虚假、夸大描述；不要对商品效果过度承诺，进行效果性宣传；不要发布虚假活动信息或恶意贬低第三方或第三方商品等。

（3）不要进行效果性承诺或保证

每个人的使用感受和效果都不尽相同，不要随意承诺用了某种商品就会变得怎样，过度承诺很有可能会被判定为虚假宣传。

（4）不要宣传原价

涉及价格，避免宣传原价，建议用市场参考价、市场推广价等进行表述。原价有明确的法律定义，误用可能构成价格欺诈或侵害消费者权益。所以，直播平台不鼓励在直播推广、商品标题、图片及其他商品宣传中出现“原价”描述。

直播商品卖点提炼及话术设计

在进行直播销售前，不仅需要有针对性地进行选品，还需要提炼并梳理商品的核心卖点，并通过一定的推荐话术，在直播过程中有效传达给用户，激发用户的潜在需求，提升用户下单的意愿。本学习任务将以抖音直播平台为例，带领学生学习了解提炼商品卖点的重要性，通过不同角度进行商品卖点提炼，并带领学生进一步明确直播话术的类型和各自的设计要点。

任务操作

商品是直播电商的关键所在，在商品同质化的当下，直播运营者通过提炼商品的卖点，如功能、服务、价格等，并借助一定的话术进行宣传推广，可直接影响用户的购买决策，让真正质优价廉的商品被用户接受并进行口碑传播，提升直播间人气的同时进一步提升直播间销量，下面就其中的关键步骤展开讲解。

步骤1：明确提炼商品卖点的重要性

步骤1.1：分析提炼商品卖点对主播的影响。直播电商把传统电商的“人找货”模式转变为“货找人”模式，主播在其中扮演着重要的衔接角色，通过与用户的实时互动及商品卖点的生动展示，影响用户的购买决策。这个过程中，商品卖点的提炼是关键环节，对主播来说非常重要（见图3-3）。

图3-3　提炼商品卖点对主播的影响

步骤1.2：分析提炼商品卖点对直播间的影响。提炼商品卖点不仅使主播受益，对直播间也会产生积极的影响（见图3–4）。

图3–4　提炼商品卖点对直播间的影响

步骤2：直播商品卖点提炼

下面分别从不同角度讲解商品卖点提炼的方法和关键步骤。

步骤2.1：通过商家提炼商品卖点。绝大多数的抖音主播没有自创品牌，他们通过销售其他品牌抖音小店或精选联盟中的商品赚取佣金，因此可以通过商家提供的信息进行商品卖点的提炼。

步骤2.1.1：提炼品牌价值优势。品牌方面的卖点可以简单提炼，包括品牌历史、品牌知名度等，如苏州稻香村作为中华老字号，品牌知名度较高，在直播过程中就可以简单提及，依托品牌行业内良好的口碑吸引用户，提高品牌感染力。

步骤2.1.2：提炼商品核心卖点。

①功能价值。商品的功能价值是最重要的，需要提炼商品相比其竞品在功能上的核心优势。此外，为了在有限时间内传达给用户更有价值的信息，需要剔除非核心功能的详细介绍，避免商品详情页中有过多信息罗列。

主播可以通过现场演示来展示商品的功能（见图3–5），比如美妆产品的使用效果展示，水乳的水润程度、吸收效果等。

图3–5　商品功能展示页面截图

②质量。质量也是用户较为关注的，如果商品质量很好，可以提炼卖点进行宣传。主播展示商品的质量不能仅依靠话术，而是要化抽象为具象。如主播销售某款牛仔裤，以“高弹力”为卖点，主播试穿后可以展示一些下蹲、高抬腿或劈叉动作，让用户切实感受到牛仔裤的高弹力。

③原料或生产工艺。随着消费市场的升级，商品的原料也是用户极为关注的，尤其是食品类，如售卖坚果的某品牌保证生产原料为当季新鲜坚果。

生产工艺要么重点宣传传统，要么重点宣传先进，如某款藕粉宣传古法纯手工制作，纯正无添加；某款矿泉水宣传采用纳米级净化技术，保证饮水安全。

④价格。价格是影响用户决策的重要因素，可以提炼相较自身历史价格或其他同类商品价格的优势。例如，在直播过程中设置的低价秒杀、直播间价格、直降×元，×折购买等，巧用对比，这些价格优势就是在直播过程中非常有竞争力的卖点。

⑤服务体验优势。很多时候，服务也是用户下单前会考虑的因素。这里的服务包括现场的服务和售后服务，比如在直播过程中有用户提到说收到商品后不喜欢，主播可以回答：收到商品不喜欢，或者有任何质量问题都可以7天无理由退换货，以打消用户心中的疑虑，促成下单。

此外，也可提炼相比较同类商品的服务体验优势，比如就近仓库发货，保修期更长等，如主播推荐某款羊毛衫提到“1年水洗变形免费换”。

步骤2.2：通过消费市场提炼商品卖点。通过整合商品在各电商平台的销量数据、销量排名，证明其在多个平台被消费者信赖，如图3-6所示为某商品在某电商平台中的排名。

排行榜　入选7月『牛奶乳品金榜』TOP20　›

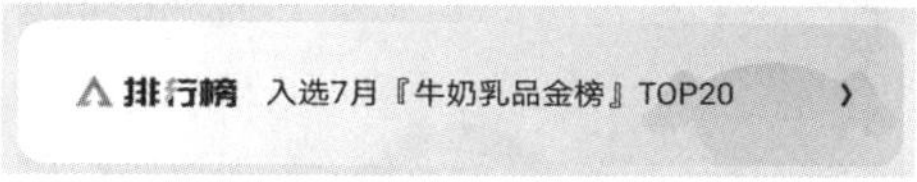

图3-6　某商品在某电商平台中的排名

步骤2.3：通过用户提炼商品卖点。总结提炼过往用户对商品的正面反馈，证明商品的优势。如表3-4所示，列举了用户对商品不同角度的正面反馈。

表3-4　用户对商品的正面反馈

角度	正面反馈
适用人群	如睡眠不好的人群反馈借助某款商品改善了睡眠质量；需要值夜班的人群反馈借助某款商品调整了生物钟，适应新作息
价格	用户反馈购买价格实惠，会再次购买
包装及外观	用户反馈包装实用或精美，适合长途携带或送礼；外观独特，引领潮流风格等
服务体验	用户反馈售后服务体验好

此外，主播也可以通过关注用户关于商品的各类疑问，包括商品是否具有×××功能，商品在某些场景下是否适用，商品是否具备××服务等来提炼卖点。

步骤2.4：通过主播与商品的关联性提炼商品卖点。通过收集主播自身或亲友使用商品的感受，辅助提炼商家或市场数据未提及的商品卖点。如主播自身体验，分享使用心得及新的使用方法，或列举身边亲友对该商品的正面评价，巧用例证。

电商思政小贴士

直播电商行业的健康发展，需要平台企业、消费者、监管者各方凝聚共识，一起推动规范经营。直播电商团队在设计直播话术时，要将直播电商销售过程中的真实分享内容与商业化广告进行区分，如果不明确直播电商销售过程中营销内容的广告性质，会让消费者误以为这是使用心得，从而产生误导性购买。

步骤3：进行直播话术设计

直播电商是以商品为核心的，在直播过程中，主播会进行详细生动的宣传推广，并通过与用户的互动，最终影响用户的购买决策。其中，影响用户的语言表达称为话术。主播的话术可以理解为“语言的艺术”。

步骤3.1：明确话术的作用。在进行话术设计前，首先需要明确直播间话术的作用，如在直播中提到“只有今天这次机会”，可向粉丝强调时间的紧迫；如提到“每周六7折，直播间等你”，可让粉丝养成每周六观看直播的习惯。直播过程中通过各类话术的设计，可起到宣传、催单等作用，如图3–7所示。

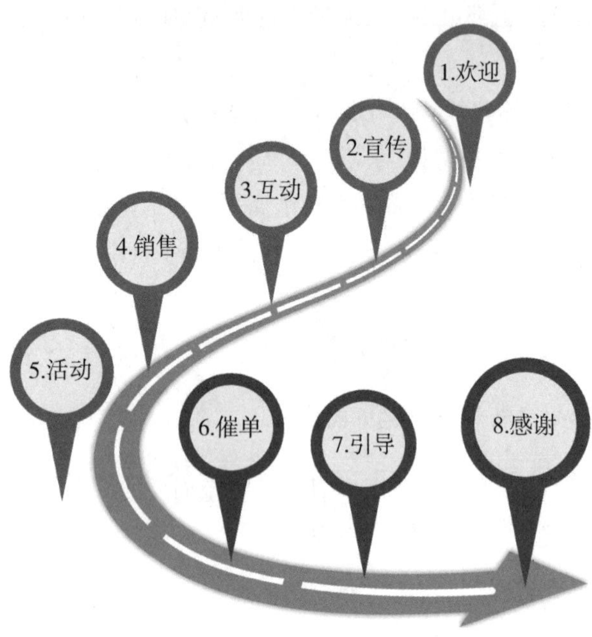

图3–7　直播话术的作用

步骤3.2：明确话术的分类。了解了话术的作用，还需要区分话术的类别，不同类别的话术有不同的设计要求，其主要类别如图3–8所示。

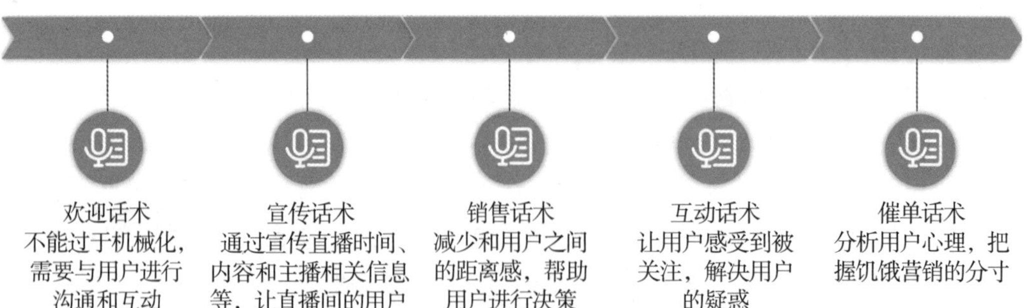

图3–8　直播话术的分类

步骤3.3：直播话术的设计。

步骤3.3.1：欢迎话术的设计。欢迎话术即在直播开场的前几分钟，对进入直播间的用户表示欢迎，活跃直播间气氛，开播的前几分钟对能否吸引大量潜在用户至关重要。

大多数主播的基础欢迎话术是“欢迎×××进入直播间”。这样显得太过机械化，可从以下几个方面进行欢迎话术的升级。

①表达欢迎和感谢：在直播开场时，表达对用户的欢迎和感谢是主播首先要做的事情，这样做主要是为了快速暖场，让自己和用户都进入直播的状态。

话术举例：欢迎大家来到直播间，点个关注不迷路，顺便加入左上角的粉丝团哦。

②寻找共同话题：即通过有趣味的共同话题拉近和用户之间的距离，促使用户驻足直播间并激发进行分享的兴趣。

话术举例：欢迎大家，最近外面天气很热，大家生活中有哪些避暑小技巧呢？我先来分享一下我的……

③传达直播间内容：除了直播间原有的用户，还有无意间进入直播间的新用户，为了留住这类新用户，主播在直播欢迎话术中可以加入介绍直播主题的环节，告诉用户直播间为大家准备的商品。

话术举例：欢迎大家进入直播间，今天直播间为大家分享的是关于护肤品选择（直播主题）的内容哦。敏感肌、油皮、干皮，宝妈、学生应该如何选择适合自己的护肤品？今天都会为大家详细介绍！感兴趣的一定点个关注，别错过哦。

步骤3.3.2：宣传话术的设计。宣传话术即宣传直播时间、直播内容、抖音小店等，让进入直播间的用户全面了解相关信息，为直播间后期引流和持续转化积累用户。

①宣传直播时间。

话术举例：非常感谢所有还停留在我直播间的家人们，我每天的直播时间是××—××点，风雨不改，如果有变动会提前通知大家，没点关注的朋友记得点关注哦。

②宣传直播内容。

话术举例：今天来给大家分享几个美妆小技巧及好用的美妆产品，学会了你一定会更加美丽动人！记得关注我，了解更多简单易上手的小技巧，总有一种适合你。

③宣传抖音小店。

话术举例：各位老板们，我家的小店产品均是纯手工制作，不仅价格合适，质量也有保证，商品有问题可随时退换。

步骤3.3.3：销售话术的设计。

销售话术是整个话术系统中最重要的，根据不同的商品可以设计不同的销售话术，如展示型销售话术、信任型销售话术、专业型销售话术，如图3–9所示。

了解了销售话术的分类，可以通过图3–10所示步骤完成一款商品的销售话术的设计。

展示型销售话术

主播在进行直播销售时，展示商品的功能，并分享使用感受，能够让用户最直观地看到使用效果

信任型销售话术

用户不能直接接触商品，主播要让用户对商品建立信任感，才能促成下单。通常，主播可用“自用款”“我也买了××”这一类话术打消用户顾虑

专业型销售话术

在推荐商品时，主播要能够从专业的角度出发，针对一个商品以及同类商品做讲解，并指导用户选择商品

图3–9　销售话术的分类

设置话题

结合消费场景提出消费的需求点，重点在于引起话题和共鸣，不要立即引入商品。

示例：大家日常生活中有没有遇到喜欢的白色T恤领口发黄的困惑

放大话题

放大话题是指要把问题隐患尽可能放大。

示例：为了避免影响美观，各种洗衣用品都用上了，可是洗完之后，我就总担心一些洗衣用品残留会对我的皮肤不好

引入商品

引入商品，以解决问题为出发点，解决之前提出的问题

示例：那大家洗衣服是用洗衣粉、洗衣液还是手工皂之类的商品？感觉哪种更实惠，更有作用呢

加强附加值

通过品牌、原料、售后等维度增加商品本身的附加值，可结合销售话术的三种方式及增加体验感，让用户产生购买心理

增强性价比

进行货品对比、价格对比，展示优惠政策等，缩短用户犹豫的时间

图3–10　销售话术的设计

步骤3.3.4：互动话术的设计。主播通过与用户互动，让用户感受到切实的服务，并且主播通过互动能够快速了解用户的诉求，对用户诉求进行回应。

互动话术可从以下几个角度进行设计，如表3–5所示。

表3–5　　互动话术的设计

分类	作用	示例
选择型互动话术	给用户提一个简单的选择题，让用户参与到直播互动中来	想要模特身上这一套衣服的扣“1”，想要我手里这套的扣“2”
提问型互动话术	答案肯定或者否定，快速增加互动性	这个洗面奶大家用过吗？ 刚才说的知识点大家听懂了吗？听懂的扣“1”
节奏型互动话术	主要是增强直播间节奏和氛围，对于新进入直播间的用户有留存作用	要不要免运费，扣“免”字的，全部免运费，公屏动起来

步骤3.3.5：催单话术的设计。催单话术可以制造紧迫感，话术中可以体现“抢购”“数量有限”“过时不候”“超值”“倒计时”等关键词。

示例：这个产品太超值了，还有最后10单，我们不会再进行返场了，还有最后5单，让我们开始倒计时……

通过本任务的学习，学生了解了直播卖点提炼对主播以及直播间的影响，提炼商品卖点的不同方法和关键步骤，直播话术的作用、分类、禁忌以及不同类别直播话术的设计要点，其中，需要重点掌握如何通过不同的角度提炼直播商品的卖点，并能够根据直播主题分别设计直播过程中的欢迎话术、销售话术、互动话术、催单话术等。

任务三　直播宣传素材的准备

小何在某公司直播电商部门负责运营工作，公司计划近期开展一场直播电商活动，对公司新品进行宣传和推广。

小何和同事已完成该场直播活动前期的商品卖点提炼、话术设计、直播脚本梳理等工作。在正式开播前，他们还需要准备相关的宣传素材。首先是直播间的封面，封面要做得清晰美观，富有设计感，让用户一眼就能看懂这场直播的主要内容是什么。此外，为了吸引用户点击进入直播间，小何他们准备在封面上设计宣传文案，体现此次直播活动的优惠力度。

因为是新品宣传，封面图选择了主推新品——奶酪米稀，暖色背景搭配包装精美的商品以及一碗冲调好的米稀，主题明确，光线明亮，给人一种温馨舒适的感觉。此外，用醒目的字体在封面留白部分写上文案“暖胃正当时，新品享优惠”，领导在当日的工作例会中肯定了小何和同事的设计。

通过阅读案例，思考并回答以下问题：

（1）在设计直播电商封面图时，有哪些注意事项？

（2）直播宣传素材除了封面图还包括哪些？

1. 直播封面图的设计规范（见表3-6）

表3-6　直播封面图的设计规范

文字要求	封面图要干净整洁，除标题文字之外，图片上不允许有其他任何文字
色彩要求	图片色彩不能太过冗杂，保持明亮就好，在色调上要能与直播内容相呼应，不可掺杂其他广告
不可以使用拼接图片及加边框图片	为了不违反直播间封面干净大气的原则，建议不要使用拼接图。此外，加了边框的图片也不可以用于直播间封面
不允许留联系方式	不允许封面加水印、表情包，不允许放置二维码、主播联系方式等
不允许使用没有版权的肖像	没有授权的明星、专家、网红照片，一概不允许使用
每次直播选用不同的封面图	为了提高点击率，尽量每次直播时选择不同的图片做封面图，以免让用户误认为每次直播内容相同

2. 直播标题的拟定要点

（1）把握标题字数

直播标题的字数不在于多，最好控制在10～20字，包括汉字、数字、英文字母、标点符号等在内，字数过多平台展示不出来，字数过少则表达不出主题，进而导致主题表达不清晰。

（2）精准描述内容

直播活动的标题必须与内容紧密相关，以抖音直播平台为例，该平台的分发系统会从标题中提取关键词，将其有针对性地推荐给用户，然后根据直播内容的播放量、用户停留时长、评论数决定是否继续向用户推荐。因此如果标题的关键词清晰简明，直播活动就更容易被算法识别，推送给目标用户。

（3）发挥数字的力量

在抖音平台，用户停留时长最能体现流量质量，据统计，相较于没有数字的标题，含有数字的标题可以让用户快速记忆，并增加用户停留时长。

（4）巧用标题格式

为了更快捷地拟定直播标题，还可以参考一些标题拟定格式。

①节日＋用户＋商品。在开展大型的促销活动时，这类标题比较适用，简单明了地

指出这一场直播的主题，方便目标用户对号入座。

②商品+利益点。标题直接把商品说出来，那么进来直播间的都是对商品感兴趣的用户。此外，直接把利益点摆出来，用户有了心理预设，就会快速下单。

③明星+商品。标题利用用户对于明星、网红或某个领域专家的信任来为商品背书，让用户对商品有一个期待值。

④节日+商品+利益点。这种标题形式适用于当季热销商品。

⑤客群+商品。即把商品的目标群体直接显示在标题中。

3. 了解直播禁用词

根据相关法律法规和违法广告典型案例，常见广告禁用词包括但不限于以下几类词汇。

（1）滥用极限用语和夸大对比的

①“最”类禁用词：最佳、最具、最赚、最优、最优秀、最好、最大、最大限度、最高、最高级、最奢侈、最低、最低级、最低价、最便宜、最流行、最受欢迎、最时尚、最先进、最新、最新科技、最新科学、最新技术、最先进加工工艺等。

②“一”类禁用词：第一、中国第一、全国第一、全网第一、排名第一、第一品牌、行业第一、NO.1、Top1、仅此一家、唯一、独一无二、一流、最后一波等。

③史无前例、前无古人、永久、无敌等。

（2）滥用权性和资质类表述

①“级”或“极”类禁用词：全球级、宇宙级、世界级、极品、极致、顶级、顶尖、尖端、顶级工艺、顶级享受、终极等。

②“首”或“独”类禁用词：首个、首选、独家、全网首发、全国首家等。

③其他权威性禁用词：领导人推荐、机构专供、特供、填补国内空白、国家××机关推荐/专供、中国驰名商标、质量免检、无须国家质量检测等。

（3）绝对化用语

毛衣绝对不起球、终身穿不坏、绝对摔不烂等。

（4）与品牌相关

领袖品牌、世界领先、缔造者、至尊、巅峰等。

（5）虚假承诺和高风险诱导类的

①包过、一本书学会、一套题学会、一次通过、一次通关、保过等。

②保值、升值、升值回报、立马升值、投资价值、投资回报等。

（6）涉迷信宣传的

旺夫旺子、带来好运气、增强第六感、逢凶化吉、避凶辟邪、防小人等。

（7）医疗器械/保健食品类商品

评比、排序、指定、选用、获奖、无效退款、保险公司保险、不反复、三天即愈、无效退款、根治、比手术安全、包治百病、一盒见效、彻底康复、无副作用、痊愈、立马见效、家中必备、100%有效、零风险、无毒副作用、无依赖、安全、热销、抢购、试用、家庭必备、免费治疗、免费赠送等。

直播宣传素材的准备

开展直播电商活动前，需要提前完善各类宣传素材，包括封面、标题等，好的宣传素材不仅可以吸引用户，增加直播间的流量，还有可能切中平台的推荐逻辑，让直播活动实现大范围传播。本学习任务将带领学生学习并掌握不同类型直播宣传素材的制作步骤、设计规范等，以保证后期直播电商活动的顺利开展。

任务操作

下面就各类宣传素材的制作步骤和要点展开讲解。

步骤1：设置直播封面图

直播封面图就好比直播间的“门面”，“门面”是否有吸引力，直接影响用户是否愿意“推门”进入直播间观看，即影响直播间的点击率，而点击率则决定直播广场的流量，所以直播运营者需要了解直播封面图的设计规范并完成设置。

步骤1.1：了解直播封面图的设计规范。在进行直播间封面图的设置前，首先需要了解封面图的设计规范，即符合平台的规范，包括尺寸、色彩等，具体内容详见表3-6。

步骤1.2：设置直播封面图。按照直播封面图的设计规范完成制作，随后就可以进行封面图的设置了，打开抖音App，随后点击“⊞”按钮，选择开直播，点击直播信息，就可以添加封面了，如图3-11、图3-12所示。

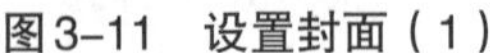
图3-11　设置封面（1）

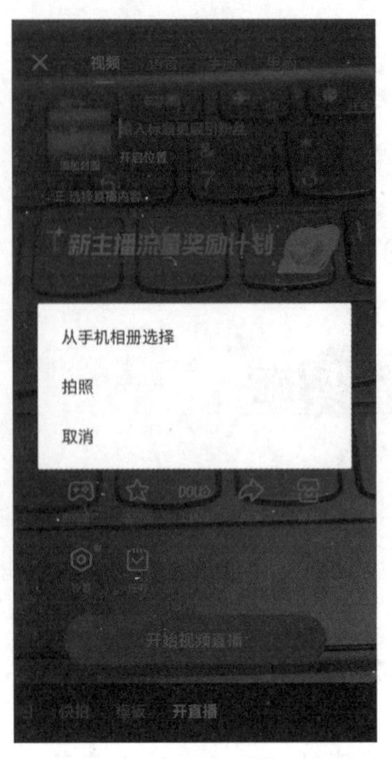

图3-12　设置封面（2）

步骤2：设置直播标题

封面图设置完成后，就需要进行直播标题的拟定了，一个好的直播标题要展示本场直播的利益点，吸引目标用户点击进入直播间。

步骤2.1：拟定直播标题要点。

（1）把握标题字数

直播标题的字数不在于多，最好控制在10～20字，包括汉字、数字、英文字母、标点符号等在内，字数过多平台展示不出来，字数过少表达不出利益点，进而导致主题表达不清晰。

进入抖音的直播广场，看到许多正在直播的窗口，窗口中显示的文字就是直播的标题，如图3-13所示，非常简短，因此需要在标题前面的几个字中放置利益点。

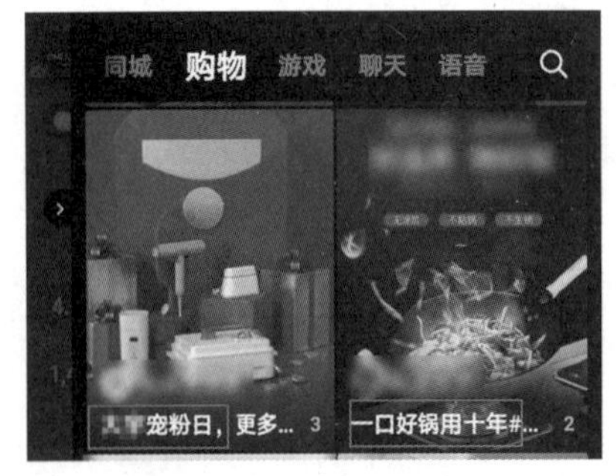

图3-13　直播标题

（2）精准描述内容

直播活动的标题必须与内容紧密相关，因为抖音平台的分发系统会从标题中提取关键词，将其有针对性地推荐给用户，然后根据直播内容的播放量、用户停留时长、评论数决定是否继续向用户推荐。因此如果标题的关键词清晰简明，直播活动就更容易被算法识别，推送给目标用户，如图3-14所示。

（3）发挥数字的力量

在抖音平台，用户停留时长最能体现流量质量，据统计，相较于没有数字的标题，含有数字的标题可以让用户快速记忆，并增加用户停留时长，如“反季清仓，低至3折”。

（4）巧用标题格式

为了更快捷地拟定直播标题，还可以参考一些标题拟定格式。

图3-14　精准描述直播内容

①节日＋用户＋商品。在开展大型的促销活动时，这类标题比较适用，简单明了地指出这一场直播的主题，方便目标人群对号入座。

示例：开学季中学生必备课外书。

三八女神美妆福利！

②商品＋利益点。标题直接体现了商品信息，那么进来直播间的都是对商品感兴趣的人。此外，直接把利益点摆出来，用户有了心理预设，就会快速下单。

示例：山羊绒衫1.5折。

猫山王9.9元秒杀。

③明星＋商品。标题利用用户对于明星、网红或某个领域专家的信任来为商品背书，让用户对商品有一个期待值。

示例：主播选品以严格著称，设置标题为“××推荐的×××”，就会让用户感觉产品质量可靠。

图3-15　设置直播标题

④节日＋商品＋利益点。这种标题形式适用于当季热销商品。

示例：夏季连衣裙29元秒杀。

⑤客群＋商品。即把商品的目标群体直接显示在标题中。

示例：学生党护肤品推荐。

萌娃汉服焕新福利。

步骤2.2：了解直播禁用词。抖音平台对直播禁用词有明确规定，在拟定标题前，还需要了解禁用词，避免直播被判罚或者封禁。

步骤2.3：设置直播标题。按照直播标题的设计要求及本次直播活动的目标完成标题的拟定，随后就可以进行标题的设置了，打开抖音App，随后点击“⊞”按钮，选择开直播，点击直播信息，就可以设置标题了，如图3-15所示。

电商思政小贴士

直播电商发展的底层逻辑是基于消费者的信任。增加消费者对直播电商的信任，才能真正发挥电商在提升交易效率、扩大交易规模、保障交易安全方面的优势，才会真正提升电商流量和交易规模，实现共赢。因此，直播电商团队无论是在选品还是设计宣传内容时，均要把好关，对“三无”“劣质”“虚假宣传”等底线问题采取零容忍态度。

步骤3：设置直播内容

相较于封面图和标题，抖音直播内容的设置也是不容忽视的，是定位直播间标签的一个重要因素，即让平台知晓直播间内容方向，以便平台推送更加精准的流量。

例如，某直播间是销售服装的，可以设置内容为“服饰”。选择精准的直播内容，可以使直播间获得更多兴趣相投的用户，用户精准了才能有效留存、积极互动并下单。设置直播内容如图3–16所示。

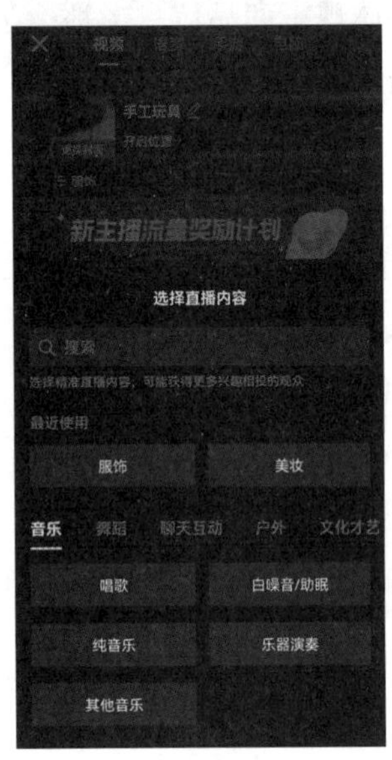

图3–16　设置直播内容

通过本任务的学习，学生了解了直播宣传素材如直播封面图的设计规范，拟定直播标题要点，直播宣传素材中需要规避的直播禁用词，并进一步掌握了直播封面图、直播标题、直播内容的设定步骤。其中，需要重点掌握直播禁用词，避免在宣传推广的过程中收到涉及夸大、虚假宣传的判罚或者投诉。

为直播电商筑牢诚信之基

直播带货作为互联网新经济业态，已经成长为我国电子商务市场最大增长点之一。与此同时，直播电商更高的流量吸引力与流量变现能力也带来一些问题，如虚假宣传、不退不换、假冒伪劣等。这些行为及其背后的诚实信用缺失，成为影响行业健康长远发展的重要因素，亟待规范和引导。

习近平总书记强调："对突出的诚信缺失问题，既要抓紧建立覆盖全社会的征信系统，又要完善守法诚信褒奖机制和违法失信惩戒机制，使人不敢失信、不能失信。"2021年8月18日，商务部就《直播电子商务平台管理与服务规范》向社会公开征求意见。征求意见稿提出"对直播营销人员服务机构、主播以及商家等建立信用评价体系，信用评价信息宜在平台进行公示"，从而引导和促进电子商务平台经营者依法履行主体责任，营造良好的电子商务消费环境。党的二十大报告中也指出要"弘扬诚信文化，健全诚信建设长效机制"。

近年来，国家相关部门对直播行业陆续出台了一系列规范，对维护消费者权益、规范直播电商市场发挥了重要作用。

随着直播电商的日益发展壮大，信用应该成为行业的准入门槛。一些电商主播拥有大量粉丝，所谓的"收割"流量、"赚快钱"等行为时有发生。将信用与直播权限相结合，是相关制度设计的一个出发点。征求意见稿针对互联网虚拟性特点，明确提出直播主体"不应是曾在虚假广告中作推荐、证明受到行政处罚且未满三年的自然人、法人或者其他组织"。这将对直播电商行业中存在夸大宣传和虚假宣传等问题的相关主体起到极大震慑作用。

信用的公开和共享是诚信联合惩戒机制的基础，主播、商家和直播服务机构的失信行为既要让社会大众看到，也要通过信用共享机制被各个平台看到。一方面，应让消费者的口碑和评价成为直播行业的指针。另一方面，有必要建立联合惩戒机制。对直播平台来说，应结合主播的信用等级，提供与之相适应的监管等级和权限，确保消费者的正当评价权利并纳入直播评价系统，同时在技术上确保信用等级和消费评价公开透明。

直播电商的健康发展，有助于培育壮大新型消费。只有进一步规范和明确直播电商中"人、货、场"之间的权责关系，才能促进直播电商健康发展，让大众真正享受到互联网带来的红利。

资料来源：人民网。

同步考核

扫码领取
★配套习题

一、单项选择题

1.结合直播目标、流程，对不同时间节点的流量、转化、粉丝活跃数据进行回顾分析，对后续直播活动进行调整优化，体现了直播脚本的（　　）价值。

A.目标管理　　B.话术管理

C.营销管理　　D.复盘总结

2.关于直播脚本的设计，下列说法错误的是（　　）。

A.直播脚本需要描述清楚团队每个人的分工、职能及相互配合的方式

B.直播脚本需要记录直播中将销售的每一个商品以及介绍该商品的方式

C.直播目标在直播脚本中没有必要体现，直播结束后进行复盘即可

D.直播脚本中需要规划直播的流程细节

3.关于直播话术，下列说法错误的（　　）。

A.直播话术中不要使用绝对化用语，如“独家秘方”“全网最好”等

B.涉及商品价格，建议使用市场参考价、市场推广价等进行表述

C.对所分享商品的信息及各项参数尽量夸赞，偶尔可进行夸大描述

D.欢迎话术尽量不要机械化欢迎，需要与粉丝有沟通和互动

4.抖音直播封面图的最小尺寸要求为（　　）。

A.800px ×600px　　B.1000px×1000px

C.750px×750px　　D.1024px×768px

5.关于直播间封面图，下列说法错误的（　　）。

A.直播间封面图不得含有危害未成年人身心健康，不利于未成年人健康成长的内容

B.为了加深粉丝印象，直播间封面图一旦设定就不能再进行更改

C.直播间封面图不得含有虚假宣传、违规营销等干扰平台运营秩序、侵犯消费者合法权益的内容

D.直播间封面图不得含有诱导消费者私下交易的内容

二、多项选择题

1.一份详细清晰可执行的直播脚本，需要具备（　　）等要素。

A.直播流程细节　　B.直播目标

C.促销方案　　D.商品及商品卖点

2. 直播商品卖点提炼对主播来说非常重要，主要体现在（　　）。

A. 增加主播对商品的熟知度，以便在直播中能灵活应变

B. 查漏补缺，通过提炼卖点完善主播对商品的介绍内容

C. 在主播进行商品效果性承诺时更有说服力

D. 筛查违规话术，避免触犯平台规则

3. 直播过程中的话术包括（　　）。

A. 欢迎话术　　B. 催单话术

C. 互动话术　　D. 宣传话术

三、判断题

1. 单品直播脚本即以单个商品为单位，规范商品的解说，突出商品卖点。（　　）

2. 抖音直播封面图的大小没有要求，像素越高越好。（　　）

3. 商品卖点是指可以提升用户的购买兴趣，满足用户的需求，促进商品销售的利益点。（　　）

4. 直播话术的作用包括欢迎、宣传、互动、销售、催单、感谢等。（　　）

5. 直播间商品卖点提炼可以围绕品牌价值、功能、原料、生产工艺等展开。（　　）

参考答案：

一、单项选择题

1～5：DCCCB

二、多项选择题

1～3：ABCD　ABD　ABCD

三、判断题

1～5：√　×　√　√　√

实训一　单品直播脚本设计

某服装企业近期计划开展一场春季直播专场，主推几款春季上新的单品，为了保证直播效果，该企业直播电商团队的运营人员需要针对这几款单品设计直播脚本，避免主播在介绍商品时混淆不清，并帮助主播精准、有效地给直播间用户传递商

品的特色和价格优势。

一、实训目的

1. 掌握单品直播脚本设计的要点。

2. 能够根据要求设计出条理清晰的单品直播脚本。

二、实训要求

这次主推的单品是一款春季女式可调节收腰休闲小西服，商品简介如表3–7所示，商品图如图3–17所示。

表3–7　商品简介

材质	经典精纺呢料，澳洲进口羊毛，结构紧密，干燥挺括，特殊剥鳞工艺，消除羊毛的刺痒感，加入涤纶成分，更易打理
衣领	V字领口，经典西装领型辅以东方感叠门襟式设计
衣袖	简洁直筒长袖袖型，辅以一颗同色袖口扣简约大气
口袋	两侧对称翻盖口袋设置，方便实用，同时增加层次感
版型	小宽松的西装外套舒适好穿，敞开门襟穿着更显帅气；腰部侧边纽扣可扣起调节腰围，扣起穿着其叠门襟式造型更显腰身
洗涤	专业干洗，低温熨烫，请勿水洗，悬挂晾干，不可烘干，不可曝晒
颜色	冰灰蓝色
优惠	电商平台旗舰店参考价499元，直播间399元

图3–17　商品图

三、实训内容

学生根据商品简介设计单品直播脚本，并将设计的内容填写在表3–8中。

表3-8　　单品直播脚本

商品名称		
讲解时间		
商品基础信息		
展示方式		
针对人群		
适用场景		
商品卖点		
利益点		
优惠价格	日常价格	
	直播间价格	
直播间注意点		

四、实训总结

对学生提交完成的单品直播脚本，教师根据脚本内容进行评价，其中重点考虑：

1. 学生是否掌握了单品直播脚本设计的要点；

2. 脚本撰写是否条理清晰。

实训二　单品营销话术设计

在直播的过程中，即便主播对商品再熟悉，但生硬地讲解商品各项信息用户不一定会下单购买，这就需要一定的营销话术来吸引并说服用户：为什么要买？为什么今天必须买？

一、实训目的

1. 掌握营销话术设计的要点。

2. 能够结合商品特性设计出具有吸引力和说服力的营销话术。

二、实训要求

1. 针对实训一中春季上新单品——女式可调节收腰休闲小西服设计营销话术，商品简介如表3-7所示。

2. 商品营销话术设计参考表3-9所示内容。

表3-9 营销话术设计

提出问题	提出问题后，便可导入用户为解决问题而产生的需求，从而为引入商品做好铺垫
引入商品	承接提出的问题，接下来引出要推荐的商品，以解决问题
商品详解	主播需说明这款商品为什么能够很好地解决问题，用户为什么要选择这款商品来解决问题等。在该环节中，主播可以围绕商品的属性、作用、益处进行详细介绍
促成下单	降低消费者购买商品的“门槛”，比价或限时限量

三、实训内容

结合商品简介完成单品营销话术的设计，设计的内容填写在表3-10中。

表3-10 单品营销话术设计

步骤	话术设计
提出问题	
引入商品	
商品详解	
促成下单	

四、实训总结

学生提交完成的单品营销话术，教师根据话术内容进行评价，其中重点考虑：

1.学生是否掌握了单品营销话术设计的要点；

2.设计的话术是否具有说服力和吸引力。

项目四　构建
——直播间场景

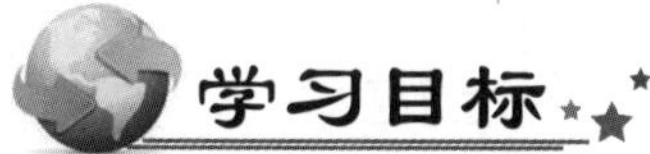

［知识目标］

1. 了解手机直播所需设备以及选择要点。
2. 了解电脑直播所需设备以及选择要点。
3. 熟悉直播所需的辅助设备。
4. 了解直播所需灯具。
5. 了解室内及室外直播场地规划的注意事项。
6. 熟悉直播间不同布光方式的作用和布置技巧。

［能力目标］

1. 能够根据自身需求完成直播设备以及灯具的选择。
2. 能够完成直播间实景背景以及绿幕背景的设置。
3. 能够根据不同的需求和特性完成直播间空间布置。
4. 能够完成直播间主光、辅助光、轮廓光等的设置。

［素养目标］

1. 踏实勤奋，精益求精，培养工匠精神。
2. 不媚俗，传播真、善、美的社会正能量。

- 构建——直播间场景
  - 任务一　直播设备的选择与场景搭建
    - 手机直播所需设备
      - 手机
      - 手机支架
      - 手机声卡
      - 麦克风
      - 监听耳机
      - 移动电源
    - 电脑直播所需设备
      - 电脑
      - 摄像头
      - 麦克风
      - 电脑声卡
      - 宽带
      - 监听耳机
    - 直播辅助设备
      - 如投屏转换器、投影仪、小黑板、计算器、倒计时秒表等
    - 直播所需灯具
      - 环形补光灯
      - LED板灯
      - 摄影棒灯
      - 摄影灯箱
  - 任务二　多类型直播场景的构建
    - 步骤1：直播间场地规划
      - 室外场地规划
      - 室内场地规划
    - 步骤2：直播间背景设置
      - 实景背景
      - 绿幕背景
    - 步骤3：直播间陈列柜或陈列架放置
    - 步骤4：不同类目直播间空间布置
      - 服饰鞋靴类
      - 美妆百货类
      - 食品类
    - 步骤5：直播间灯光布置

任务一　直播设备的选择与场景搭建

小李的家乡出产美味的山核桃和小香薯，往年小李的父母和周边农户都是采收后直接卖给来收购的客商，近年来受疫情的影响，来当地收购的客商锐减，并且将收购价压得非常低，小李的父母辛苦种植和采收，结果却收益微薄。

小李知道这些情况后，非常心疼自己的父母和周边的农户，他想帮助父母进行线上销售，思来想去，觉得做传统电商太复杂，从一开始的店铺装修、美工摄影、文案创作到后台客服等需要多个程序，自己一个人很难驾驭；直播电商就不一样，只要满足了平台的粉丝数、视频数要求，实名认证后，拿起手机就能直播。此外，农产品产地具有直播的天然优势，真实生动的现场采收或加工展示，观看人群容易被吸引，被感染，并对农产品产生购买欲望，消费者黏性极强。

小李开通了抖音小店，上架了几款农产品，随后准备直播设备：小李想直播父母采收山核桃，因为是户外直播，手机就可以实现，为了避免直播卡顿，小李选择了一款内存大、续航能力强、像素高的手机；此外，考虑到在户外直播手机收音的效果不好控制，小李还配备了一个动圈麦，它对于过滤环境噪声有不错的效果。

首次直播，小李就简单准备了这些设备，他打算后期进行室内直播的时候再逐步添加其他的设备。

通过阅读案例，思考并回答以下问题：

（1）手机直播和电脑直播所需的设备有什么不同？

（2）选择直播设备时有哪些注意事项？

1.手机直播所需设备

（1）手机

直播手机需要重点关注前置摄像头的像素和系统的运行速度这两个指标，前者能够保证直播间的画质，后者能让手机与直播软件更好地兼容，直播时流畅不卡顿。

（2）手机支架

手机支架分为桌面式和落地式，桌面式一般选择底座款，落地式一般选择三脚架。手机三脚架高度、角度等可以灵活调节，后续手机数据线连接、调整补光灯等都比较方便，此外，主播可根据自身直播需求选择不同机位的手机三脚架，如单机位、双机位、四机位等。

（3）手机声卡

手机声卡主要用于收音及美化音质，它连接着手机、耳机、麦克风等，可以随时调整音频，并且根据场景灵活选择互动音效，活跃直播间气氛（见表4–1）。

表4–1　手机声卡选择技巧

手机声卡选择技巧	（1）声卡要支持OTG①的数字信号传输，因为信号传输的稳定性更好，音损更小。 （2）声卡可以给48V的话筒提供电源供电，如内置幻象电源。 （3）声卡混响的大小可以调节。 （4）声卡的人声均衡、高中低音等均可以调节。 （5）声卡录音音量可以单独调节

（4）麦克风

麦克风可以分为两种类型：一种是动圈式麦克风；另一种是电容式麦克风。电商直播选择电容式麦克风更合适，其灵敏度高，收音清晰细腻。

电容式麦克风分为大振膜和小振膜，区别如下。

①大振膜：大振膜的麦克风尺寸比较大，振膜灵敏度比较高，对人声细节的部分捕捉效果更好，可提供丰富、细腻的声音。

②小振膜：小振膜麦克风不容易受环境噪声影响，适用于给人声添加效果，润色方面好一点，在捕捉高频声音信号方面比大振膜好。

（5）监听耳机

监听耳机可在直播过程中对直播间声音进行实时监听，以便及时做出调整。在选择监听耳机时需要考虑的参数包括频率范围、灵敏度、阻抗等，具体如表4–2所示。

① OTG是On–The–Go的缩写，该技术主要应用于不同设备之间的连接，进行数据交换，详见百度百科。

表4-2 监听耳机选择要点

频率范围	频率范围一般是20Hz ~20kHz
灵敏度	灵敏度是选择监听耳机的重要指标，灵敏度越高越好。例如，在同一声源情况下，灵敏度120分贝的耳机和60分贝的耳机相比，120分贝的耳机可以听到更多的细节
阻抗	耳机的阻抗就是交流阻抗的简称，单位一般为欧姆（Ω），一般来说，阻抗越小，耳机就越容易出声、越容易驱动

（6）移动电源

直播手机电量剩余50%左右时就必须开始对手机进行充电，以剩余电量的续航时间换取充电时间，满足后续直播用电，以免直播因电量不足而中断。

2. 电脑直播所需设备

（1）电脑

电脑直播要选择配置高的电脑，如CPU（中央处理器）、内存、主板、显卡等均需要满足自身直播需求，并且尽量选择台式电脑。

（2）摄像头（见表4-3）

表4-3 摄像头的选择要点

分辨率	理论上，分辨率越高，直播显示画面则越清晰细腻，但需要跟自身搭配使用的电脑、宽带相匹配，不然过高的分辨率直播时反而会出现卡顿的情况
镜头变焦方式	变焦方式分为光学变焦、混合变焦、数码变焦，从无损画面角度考虑，光学变焦能够最大限度体现物体原本的特征
帧率	帧率是用于测量显示帧数的量度，即每秒显示帧数，帧率越高，则对显卡的处理能力要求越高，一般摄像头为30帧或60帧，30帧就可以满足直播要求
镜头可视角度	可视角度是指摄像头的可视范围。镜头的直径越大，看得越远，对应可视角度会越小；直径越小，看得越近，可视角度就越大。例如，直播物品是珠宝首饰等小物件，可以选可视角度大的摄像头

（3）麦克风

电脑直播所需麦克风可与手机直播时选用的麦克风通用，在选择无线领夹式麦克风时，需要考虑是否与电脑适配。

（4）电脑声卡

电脑声卡有内置声卡和外置声卡之分。

①内置声卡安装在电脑内，通过软件使用，直播时较少使用。

②外置声卡可移动，即插型，通常为USB插口，直播声卡通常选择外置声卡。外置声卡细分为录音声卡和直播声卡，在购买时注意区分。

a. 录音声卡：强调“录制”，讲究声音的高还原度。部分支持直播功能，操作较为复杂。

b. 直播声卡：强调“声音美化”，附带直播互动功能，连接和使用方法简单，音效的切换通常用按钮即可完成。

（5）宽带

宽带要尽量选用高频宽带，如100Mbit/s的光纤宽带。光纤宽带可以实现上行速率与下行速率同步，而电缆传输宽带的上行速率往往只有下行速率的一半。

（6）监听耳机

与手机直播时选用的监听耳机可以通用。

3. 直播辅助设备

（1）投屏转换器+投影仪

有的主播为了更清晰地查看互动消息，配备了投屏转换器、投影仪，以便将手机屏幕上的内容投影到显示屏上。投屏转换器有苹果版、安卓版两个版本，显示屏、投影仪的价位也各有不同，主播可以根据预算和需求进行采购。

（2）小黑板

在电商直播间里，经常可以看到小黑板，小黑板可以帮助主播在直播过程中增加补充信息，如提示当日福利：9.9元秒杀原价89元的某产品；如服装类直播可以在黑板上帮助粉丝进行尺码选择，列明各区间的身高体重对应的尺码，减轻客服压力；如提供发货或特殊情况说明：预售××天或××天内完成发货。

（3）计算器

直播间会讲到商品的优惠价格，可以使用计算器替用户计算福利，并放在镜头前，让用户明显感觉到价格差异，有助于提升下单率。

（4）倒计时秒表

利用倒计时秒表可以营造直播间抢购的紧迫感。

4. 直播所需灯具

当前主播应用比较多的灯具包括环形补光灯、LED板灯、摄影棒灯，摄影灯箱等。其中，环形补光灯在直播中应用较多，摄影灯箱则更专业。

在选择灯具的时候，注意选择色温值可调节范围较广的。色温就是灯光的冷暖。色温值越低，灯光越暖，色温值越高，灯光越冷。

直播设备的选择与搭建

直播电商的重点虽然在商品，但直播过程中商品展示画面的清晰度、视频流畅度以及主播带给用户的观感等均影响着直播间的留存率、转化率，所以在进行直播前，需要根据自身的直播类型和风格选择合适的直播设备。本学习任务将带领学生了解直播不同设备的选择要点以及直播间灯光的布置技巧，确保在直播流畅进行的同时，增加用户对主播的好感。

根据直播终端的不同，直播可以分为手机直播和电脑直播。手机直播更为方便，随时随地都可以开播，比如开展农副产品的产地直播或其他类型的户外直播；电脑直播更专业，画质和续航更稳定，也方便主播查看互动信息。

两种直播方式各有其特点和优势，主播可以根据直播类型选择合适的直播方式。需要注意的是，两种直播方式的所需的设备略有不同，下面就各自设备选择的要点展开讲解。

步骤1：选择手机直播所需设备

手机直播需要保证直播画面的清晰和流畅，所需设备如图4-1所示，不同设备的选择要点如下。

图4-1　手机直播所需设备

（1）手机

我们在选择用手机直播的时候，需要重点关注前置摄像头的像素和系统的运行速度这两个指标（见图4–2），前者能够保证直播间的画质，后者能让手机与直播软件更好地兼容，直播时流畅不卡顿，主播可根据自身预算选择性能合适的手机。

图4–2　选择手机直播重点关注指标

（2）手机支架

为了保证直播画面的稳定清晰，还需要借助手机支架防抖。手机支架分为桌面式和落地式，桌面式一般选择底座款，落地式一般选择三脚架，其中，手机三脚架（见图4–3）应用范围较广。

图4–3　手机三脚架

手机三脚架高度、角度等可以灵活调节，后续手机数据线连接、调整补光灯等都比较方便，此外，主播可根据自身直播需求选择不同机位的手机三脚架，如单机位、双机位、四机位等。

（3）手机声卡

直播过程中，常常会发现有杂音，为了提升直播效果，还需要借助专业的声卡，而随着手机直播的盛行，市场上出现了专用的手机直播外置声卡，如图4–4所示。

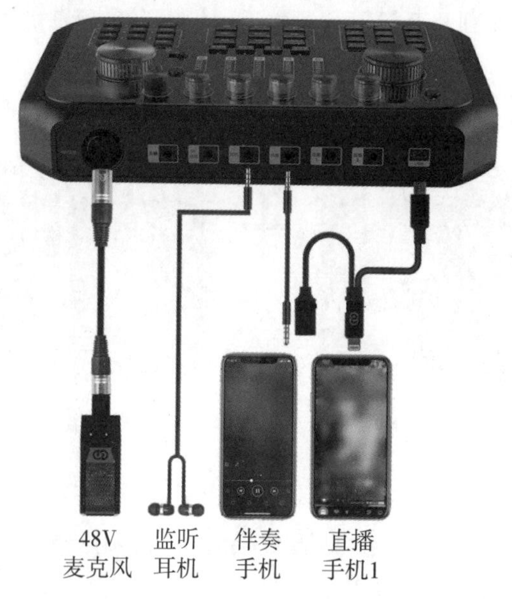

图4-4　手机声卡示例

手机声卡使用方便，可以随身携带，直播过程中，手机声卡连接着手机、耳机、麦克风等，主要用于收音及美化音质，可以随时调整音频，还可以根据场景灵活选择互动音效，活跃直播间气氛。

主播在选择手机声卡的时候除了根据自身预算，还可参考表4-1所示的技巧。

（4）麦克风

直播过程中想要高质量收音，就需要配置麦克风。麦克风可以分为两种类型：动圈式麦克风和电容式麦克风。电商直播选择电容式麦克风更合适，其灵敏度高，收音清晰细腻，如图4-5所示。

图4-5　电容式麦克风

需要注意的是，电容式麦克风分为5V和48V，5V电容式麦克风可直接连接声卡使用，48V电容式麦克风一般需要另外配置幻象电源连接使用，某些手机声卡内置幻象电源。此外，电容式麦克风还有大振膜和小振膜之分，二者区别如图4-6所示。电容式麦克风价格不一，从数百元到几万元不等，主播可根据自身预算搭配手机声卡进行选择。

图4-6　电容式麦克风大振膜和小振膜的区别

此外，如果直播过程中需要经常移动或保持中远距离，主播还可以选择无线领夹式麦克风，如图4-7所示，这类麦克风收音效果清晰，使用便携，信号传输稳定，接收距离较远且续航时间长，能够与多种设备适配。

图4-7　无线领夹式麦克风

（5）监听耳机

监听耳机可在直播过程中对直播间声音进行实时监听，以便及时做出调整。在选择监听耳机时需要考虑的参数包括频率范围、灵敏度、阻抗等，具体详见表4-2。

此外，监听耳机建议选择无线入耳式，并需要保持一定的无线传输距离，如10米，方便主播进行直播。

（6）移动电源

手机的便携性大大提高了直播效率，但通过手机进行直播时，对手机的续航能力是极大的考验，因此移动电源是手机直播必需的辅助设备。经实测，直播手机电量剩余50%左右时就必须开始对手机进行充电，以剩余电量的续航时间换取充电时间，满足后续直播用电，以免直播因电量不足而中断。

除了上述设备，在用手机直播时，还需要有信号良好、流畅稳定的无线网络，才能保证用户最佳的观看体验。

步骤2：选择电脑直播所需设备

相较于用手机直播，用电脑直播相对来说功能比较丰富，兼容性更强，比较适合企业或有经验的直播团队使用。电脑直播所需设备包括电脑、摄像头、麦克风、电脑声卡、宽带及监听耳机。不同设备的选择要点如下。

（1）电脑

电脑直播要选择配置高的电脑，如CPU、内存、主板、显卡等均需要满足自身直播需求，并且尽量选择台式电脑，相比于笔记本电脑，台式电脑更便宜，而且在相同配置下，台式电脑的性能要优于笔记本电脑。此外，台式电脑拥有内置声卡，运行也更加稳定。

直播的电脑显示器应该选择19～25英寸（1英寸=2.54厘米）的护眼系列显示器，这类显示器的屏幕足够大，并且不容易产生视觉疲劳。

（2）摄像头

选择用电脑直播，一款性能良好的外置摄像头必不可少，不仅可以提升主播形象，还能很好地呈现直播场景。

主播需要根据自身的直播类型选择合适的摄像头，选择要点详见表4–3。

（3）麦克风

与手机直播时选用的麦克风可以通用，但在选择无线领夹式麦克风时，需要考虑是否与电脑适配。

（4）电脑声卡

一般来说，电脑直播时使用的摄像头和麦克风都是通用的，可以与所有电脑兼容，声卡却需要根据直播选用的电脑进行配置。

电脑声卡可分为内置声卡和外置声卡，二者区别如图4–8所示。

图4–8　内置声卡与外置声卡的区别

外置声卡便携，即插即用，但又细分为录音声卡和直播声卡，在选用时注意区分，如图4–9所示。

图4-9　外置声卡的分类和应用

需要注意的是，有些声卡综合性能较强，不仅可以外置使用，还可以内置使用，甚至能通过转换线在手机上使用，主播在购买声卡前应该详细咨询客服。

（5）宽带

宽带要尽量选用高频宽带，如100Mbit/s的光纤宽带。光纤宽带可以实现上行速率与下行速率同步，而电缆传输宽带的上行速率往往只有下行速率的一半。

（6）监听耳机

与手机直播时选用的监听耳机可以通用。

步骤3：了解直播辅助设备

直播电商除了上述常用的设备，还可以根据主播直播过程中的个性化需求配备其他辅助设备，如投屏转换器、投影仪、小黑板、计算器、倒计时秒表等。

电商思政小贴士

直播电商加快了实体商业向数字化转型的步伐，无论是田间地头、大型商场还是精心布置的直播间，均可以开播销售商品。但在这个过程中，如何选用合适的设备呈现精美清晰流畅的直播画面，则需要直播团队的相关负责人员追求严谨认真、精益求精的工匠精神，将工匠精神渗透到平凡的工作中。

步骤4：了解直播所需灯具

为了顺利地开展直播电商活动，除了要准备上述各类硬件设备，"灯光"也是不容忽视的，恰到好处的灯光布置能够凸显并提升主播的形象，增加用户对主播的好感，此外，还可以展现商品的亮点并进一步改善直播氛围。

当前主播应用比较多的灯具包括环形补光灯、LED板灯、摄影棒灯，摄影灯箱等。其中，环形补光灯在直播中应用较多，摄影灯箱则更专业。

在选择灯具的时候，注意选择色温值可调节范围较广的。色温就是灯光的冷暖。色温值越低，灯光越暖，色温值越高，灯光越冷。色温在3300K以下为暖色光，与白炽灯相近；色温在3300～5000K为中性色，中性色光线柔和，容易使人产生愉快、舒适的感受。冷色光的色温在5000K以上，光源接近自然光，有明亮的感觉。

根据直播类目的不同，可以选择不同的色温。比如服饰类目，如果是欧美极简风或日系小清新风格，可以选择5700K的正白光；如果是民族风或田园风，可以选4000K偏暖一些的暖白光。而美妆类目要展示化妆效果，一般采用5700K的正白光。美食类目多用3000～4000K的暖色系灯光，类似餐厅的灯光会让人产生食欲。

此外，上述灯具在直播过程中不一定全部需要，可根据不同的布光方式有选择地应用。

通过本任务的学习，学生了解了手机直播和电脑直播各自所需要的设备，如手机、手机支架、手机声卡、移动电源、电脑、摄像头、麦克风等，并进一步了解了直播所需的各类辅助设备以及直播间灯具的选择。其中，学生需要重点掌握各类设备的选择要点并能根据直播类目确定直播间的灯光色温。

任务二　多类型直播场景的构建

小刘是土生土长的内蒙古人，和父母经营一家大型食品企业，主要生产牛肉干、奶酪制品等内蒙古特产，在当地颇有名气。随着直播电商的快速发展，小刘和父母也想尝试直播销售。

为了有好的销售业绩，小刘选择与专业的主播进行合作，主播的开播话术、产品讲解话术、催单话术等都经过系统化训练，能够较好地把控直播间的节奏，随后为了突出产地特色，在搭建直播间场景时，小刘搭建了仿真蒙古包，但是由于没法做到真实还原，导致用户对场景产生怀疑，进而影响直播的转化，虽然开播了16场，但总营收只有3200元。

后来，小刘听从专业人士的建议，重新搭建直播间场景。既然是原产地工厂直销，就要在直播的过程中展现这种真实特色。为了生产过程的安全，直播间不能直接搭建在工厂里，于是小刘请专业的团队在直播间中安装绿幕，直播时在绿幕上投放工厂的生产素材，让直播间用户可以看到真实的生产场景，此外，主播配合直播间场景，自身着装、妆容也更符合工厂环境特点。

通过直播间场景优化措施配合一系列的营销推广策略，该直播间的人气和销售业绩同步提升。

通过阅读案例，思考并回答以下问题：

（1）直播场景构建包括哪些内容？

（2）不同销售类目在构建直播场景时有哪些注意事项？

1. 直播间场地规划

（1）室外场地

室外场地比较适合直播架构或规模较大的商品，或者需要展示采收现场的商品，如农产品、海鲜等，其基本要求如表4–4所示。

表4–4　室外场地基本要求

室外的天气情况	一方面要提前考虑当地的天气状况，做好下雨、刮风等事件的应对措施；另一方面要制订室内直播备用方案，避免在直播中遭遇极端天气而导致直播受阻或延期。此外，如果选择在傍晚或夜间直播，还需要配置补光灯
室外场地环境要求	对画面美观度要求较高的室外直播来说，一定要保证室外场地的专业、整洁等，而且场地中不能出现杂乱的人流、车流等

（2）室内场地

室内场地的基本要求如表4–5所示。

表4–5　室内场地基本要求

室内场地大小	遵循饱满不拥挤的原则，直播间个人主播场地建议为3～12平方米，团队直播场地建议为20～40平方米。此外，细化到直播类目，美妆类、食品类直播场地建议5～10平方米，服饰穿搭类直播场地建议15平方米以上
室内场地环境	直播间场地环境要保持干净、整洁、明亮，切忌脏乱差，此外，需要提前测试直播场地的隔音和回音效果，避免选择隔音不好或回音太大的场地，以免在直播过程中带来杂音干扰

2. 直播间背景设置

直播间背景应用较多的是实景背景和绿幕背景。

（1）实景背景

实景背景总体要求干净明亮、整洁大方，建议选择浅色或纯色的背景墙纸。此外，为了避免直播间显得过于空旷，可以放置一些装饰性的盆栽、玩偶、风景画等，但不要太过复杂，简洁大方即可。

（2）绿幕背景

直播间背景还可以选择用绿幕搭建虚拟场景，虚拟场景是运用电影电视行业的色键抠像技术，将蓝、绿幕抠除，再实时置换成直播需要的理想场景的一种直播技术。

3. 直播间核心区域

直播间核心区域如表4-6所示。

表4-6　　直播间核心区域

主播展示区	主播展示区位于直播屏的中心位置，是用户进入直播间第一眼会注意到的区域，用于突出主播讲解及展示的商品
产品区	产品区是当前直播销售商品的展示区域，如果用户对主播正在讲解的商品不感兴趣，可以关注这个区域的其他商品，延长用户在直播间的停留时间，有利于提高直播间的转化率。 美妆、食品以及玩具直播间也可以在主播后面设置一个产品墙，放置直播中要展示的商品，吸引用户的关注
后台区	直播幕后工作人员所在区域，用于放置直播使用的提示牌、小黑板、计算器等辅助工具
方台	用于辅助主播展示商品，多用于服饰或鞋类

4. 直播间不同布光方式的作用和布置技巧

直播间不同布光方式的作用和布置技巧如表4-7所示。

表4-7　　直播间不同布光方式的作用和布置技巧

布光方式	作用	布置技巧
主光	主光是照射主播外貌和形态的主要光线，承担起主照明的作用，可以使主播脸部受光匀称，使面部表情显得更自然，并且具有美白的作用，是灯光美颜的第一步	主光灯应放置在主播的正面，与视频摄像头上的镜头光轴形成0～15°夹角（从这个方向照射的光充足、均匀）。不建议使用LED灯以外的主灯种，通常60～80W的LED灯就可以满足10平方米大的直播间使用需求

续 表

布光方式	作用	布置技巧
辅助光	辅助主光的灯光，可增加整体立体感，起到突出侧面轮廓的作用。主播被辅助光照到和未被照到的两个部分会产生光与暗的对比，从而使主播的造型看起来更加有立体感	辅助光可以从各个方向照向主播，包括左右两侧90°、左右前方45°和左右后方45°。 对于前置的补光灯与辅灯，最好选用能够改变光源强度的灯
轮廓光	又称逆光，使主播的形象相对突出，避免与身后的背景过度融合	为了营造逆光效果，灯源一般放于主播身后。使用轮廓光时，同样要让光线亮度保持适中，突出主播，减少背景的融入，使主播看起来更立体。有时候也会使用反光板代替补光灯，通过反射侧光或者主光的光线，营造出立体的效果
顶光	顶光是次于主光的光源，从头顶位置照射，给背景和地面增加照明，同时加强瘦脸效果，更好地塑造主播轮廓	顶光一般被置于主播上方两米以下的位置，使用时会给人以投影的感觉，并且会使主播眼睛与鼻子下方出现阴影
背景光	又称为环境光，主要作为背景照明，起到让直播间光线均匀的作用，但需要注意的是，背景光的设置要尽可能的简单，切忌喧宾夺主	背景光常使用低光亮、多光源的方式布置，均匀照射在直播间

多类型直播场景的构建

虽然主播和商品是直播电商活动中的主角，但是直播场景也会影响最终的转化效果。直播场景的合理构建，不仅可以营造购物氛围，让用户产生强烈的场景代入感，还可以很好地强化品牌调性，提升用户对品牌及相关商品的认知，促使用户下单购买。本学习任务将带领学生了解直播场景的构建要点，包括场地规划、背景设置、各类型直播间空间布置等，使得学生后期能够根据自身直播需求进行直播场景的构建。

在一场直播电商活动中，直播场景给用户带来最直接的视觉和声音体验，因此需要

重视直播间的场景构建。

需要注意的是，直播间的场景不是固定不变的，而是根据直播类型进行个性化构建，包括场地规划、背景设置、空间布置、灯光布置等，下面就各个步骤的要点展开讲解。

步骤1：直播间场地规划

直播场地分为室外和室内两种，场地不同，直播运营团队关注的要点也不同。具体的场地要求详见表4-4及表4-5。

步骤2：直播间背景设置

直播间背景应用较多的是实景背景和绿幕背景，下面就各自的设置要点展开讲解。

步骤2.1：实景背景设置。实景背景总体要求干净明亮、整洁大方，建议选择浅色或纯色的背景墙纸。其中，抖音直播间多以灰色系背景为主，灰色系比较简约，是一个可以和任何色彩搭配的中立色，且其在摄像头下不会过度曝光，视觉舒适，有利于突出服装、妆容或者产品的颜色。

此外，为了避免直播间显得过于空旷，可以放置一些装饰性的盆栽、玩偶、风景画等，但不要太过复杂，简洁大方即可。如果销售的是某个品牌的商品，则可以直接在背景墙上装饰品牌Logo。

步骤2.2：绿幕背景设置。直播间背景还可以选择用绿幕搭建虚拟场景，虚拟场景是运用电影电视行业的色键抠像技术，将蓝、绿幕抠除，再实时置换成直播需要的理想场景的一种直播技术。如图4-10、图4-11所示，虚拟场景换景更容易，可以根据直播商品实时切换，做到一物一景。

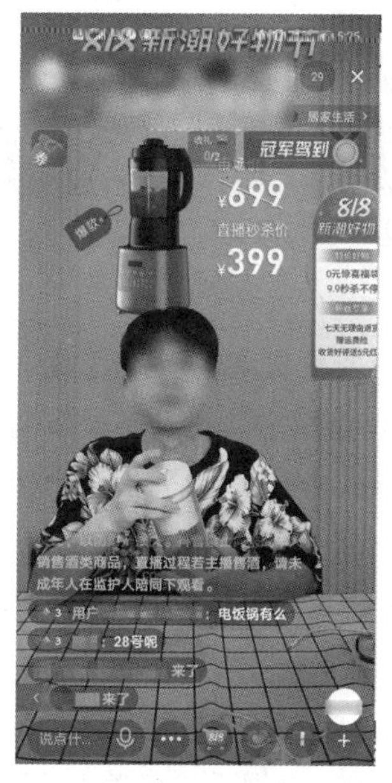

图4-10　直播间绿幕背景切换（1）

图4-11　直播间绿幕背景切换（2）

步骤3：直播间陈列柜或陈列架放置

如果直播间中销售的是美妆、饰品或百货类商品，可以设置陈列柜，如图4–12所示；服装类则可以放置陈列架，如图4–13所示。陈列柜及陈列架能让用户更清楚地看到商品，同时方便主播讲解。此外，柜中及架上商品摆放需要整洁有条理，方便主播快速找到相应的商品。

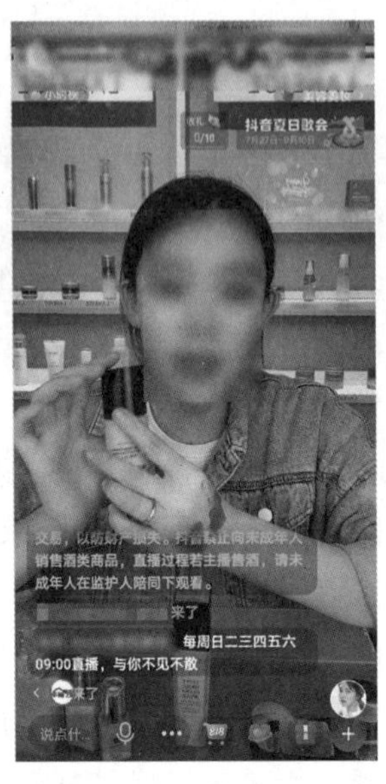

图4–12　直播间美妆陈列柜　　图4–13　直播间服装陈列架

电商思政小贴士

资本加持、平台扶持与政府引导，共同驱动直播电商行业向高效、有序、理性方向发展。在这个过程中，不能仅关注直播电商行业对于经济发展的积极影响，更要借助直播的特有优势，构建优质内容生态，探索正能量直播内容多元形式，履行传递正能量的社会责任。

步骤4：不同类目直播间空间布置

根据销售类目的不同，直播间空间布置有着非常大的差异。

步骤4.1：了解直播间核心区域。进行直播间空间布置前，首先需要了解直播间的核心区域，包括主播展示区、产品区、后台区、方台等，各个区域的特性详见表4–6。

步骤4.2：不同类目直播间空间布置。

（1）服饰鞋靴类直播间空间布置

服饰鞋靴类直播建议用墙角做景深效果，营造出比较高端的氛围。主播多采用站播的形式，主播展示区位于中心位置，产品区可用陈列架放置需要展示的所有服装，也可以用假人模特放置一两件主推商品。方台不是必需的，在展示长裙类或长筒靴类、高跟鞋类可配合方台使用，具体布置可参照图4–14。

图4-14　服饰鞋靴类
直播间空间布置

（2）美妆百货类直播间空间布置

美妆百货类直播建议用中景距离进行商品展示，需要准备专用的直播桌，主播多采用坐播的形式。此外，美妆百货类直播间要有产品堆砌感，而背景产品墙布置则要丰满有层次感，如图4-15所示。

图4-15　美妆百货类直播间空间布置

（3）食品类

食品类建议用前景做展示，把食品展现在用户面前，利用背景做活动展示，写清楚有哪些福利活动、优惠等，如图4–16所示。

图4–16　食品类直播间空间布置

步骤5：直播间灯光布置

直播场景的构建中，直播间的灯光布置也非常重要，下面就不同布光方式具体展开讲解。

步骤5.1：掌握直播间一灯布置。对于新人主播来说，在预算有限的情况下，直播间可以选择一灯布置，即以环形补光灯（大多数直播间使用较多的补光灯）作为主灯。

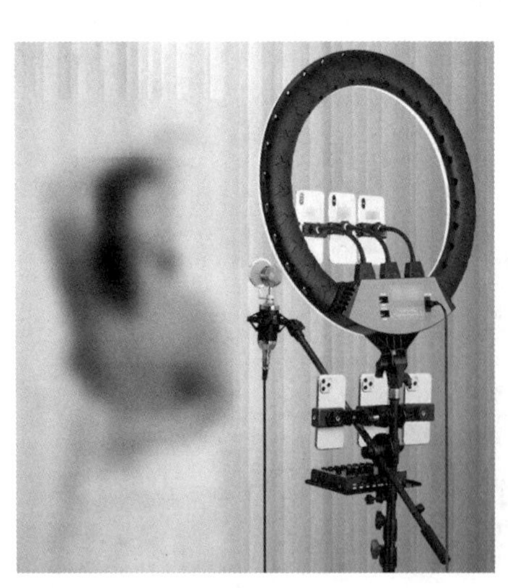

图4–17　直播间环形补光灯布置

环形补光灯操作简单快捷，可以通过调节色温和亮度来控制冷暖光。光效均匀柔和，从各个方向将柔光照射到主播脸上，达到补光、美颜效果，此外，还可以在主播的眼睛里形成一个环形的“眼神光”，让主播的眼睛变得灵动有神。在布置灯光时，灯光放在正前方，灯高于主播15厘米，主播与灯光距离在1米左右，其布置如图4–17所示。

步骤5.2：掌握直播间多种布光方式。当直播电商活动不再局限在主播脸上，甚至需要“全身直播”“全场景直播”时，一个主灯的布置已经不能满足直播需求，就需要使用多种布光方式，常用的包括主光、辅助光、轮廓光、顶光和背景光，这几种布光方式的作用和布置技巧详见表4–7。

通过本任务的学习，学生了解了室外场地和室内场地的不同要求，直播间实景背景和绿幕背景的区别，并进一步明确了直播间不同商品类目的空间布置技巧以及直播间的多种布光方式。其中需要重点掌握不同商品类目的空间布置技巧，并在后期的直播电商活动中进行实践运用。

以工匠精神筑梦新时代

在新时代大力弘扬工匠精神，对于推动经济高质量发展、实现“两个一百年”奋斗目标具有重要意义。2023年“五一”国际劳动节到来之际，习近平总书记指出，“希望广大劳动群众大力弘扬劳模精神、劳动精神、工匠精神，诚实劳动、勤勉工作，锐意创新、敢为人先，依靠劳动创造扎实推进中国式现代化，在强国建设、民族复兴的新征程上充分发挥主力军作用”。礼赞劳动创造，勉励劳动者不懈奋斗，习近平总书记关于劳动的重要论述鼓舞人心，催人奋进。

工匠精神作为中国共产党人在长期奋斗中形成的伟大精神，已被纳入中国共产党人精神谱系。2020年11月，习近平总书记在全国劳动模范和先进工作者表彰大会上精辟概括了工匠精神的内涵：执着专注、精益求精、一丝不苟、追求卓越。我们取得的伟大成就，离不开大国工匠的倾情奉献。劳动者脚踏实地把每件平凡的事做好，共同培育形成的工匠精神，是我们宝贵的精神财富。

精益求精，是高标准严要求，是好了还要更好。干一行钻一行。术业有专攻，精益求精是对品质的追求，对一流的追求。这种对极致的追求，也许是我们看得到的精雕细琢、巧夺天工，也可能是我们看不到的精密精准、胜在毫厘，于毫厘之间体现“如切如磋，如琢如磨”的精准。认真，就能做得更好；高标准，方能成为本领域的专家；深入钻研，才能不断提高技术技能水平。

一丝不苟，是严谨认真，是追求细节完美。失之毫厘，谬以千里。偏毫厘不敢安，做好一件事，必须从细节入手，从小事开始，在每个细节上做足功夫。古人云，天下难事必作于易，天下大事必作于细。优秀的工匠能从细处见大，在细节的追求上没有终点。坚持细致工作，从细节入手，才能汇涓涓细流成江海。

追求卓越，是不断进取，是敢于开拓创新。千万锤成一器。在工作中追求完美、追求卓越，要以创新求突破。广大劳动者要有强烈的创新意识，不断培育创新能力，超越自我、勇攀行业顶峰，这是工匠精神的必然追求。新时代要实现高质量发展，离不开勇于创新、追求卓越的干劲，离不开顽强拼搏、锐意进取的时代精神。

匠心筑梦。只要每一位劳动者都努力践行工匠精神，干一行爱一行专一行，爱岗敬业、精益求精，重细节求品质，敢创新求卓越，我们一定能以优秀的业绩奉献新时代、以出色的答卷回应时代主题。

资料来源：《光明日报》。

一、单项选择题

1. 在选择手机直播时，需要重点关注的内容不包括（　　）。

A. 手机的价格与主播的采购预算相匹配

B. 手机系统的运行速度

C. 手机的外观

D. 手机摄像头的像素

2. 下列不属于电脑直播所需设备的是（　　）。

A. 宽带　　B. 摄像头

C. 手机支架　　D. 麦克风

3. 凸显主播轮廓，使主播的形象相对突出，避免与身后的背景过度融合，这是（　　）的作用。

A. 背景光　　B. 环境光

C. 轮廓光　　D. 顶光

4. 直播间幕后工作人员所在的地方，并且用于放置直播使用的提示牌、小黑板、计算器等辅助工具的区域属于（　　）。

A. 休息区　　B. 后台区

C. 产品区　　D. 客服区

5. 关于室外场地规划，下列说法错误的是（　　）。

A. 室外场地需要提前考虑当地的天气状况，做好极端天气的应对措施

B.室外场地追求原生态，对场地环境没有要求

C.需要展示采收或加工现场的农产品，可以选择室外场地

D.即便选择了室外直播，也应设计室内直播备用方案，避免在直播中遭遇极端天气而导致直播延期

二、多项选择题

1.直播间核心区域包括（　　）。

A.主播展示区　　B.产品区

C.后台区　　D.物流区

2.直播间的布光方式包括（　　）。

A.主光　　B.轮廓光

C.背景光　　D.顶光

3.关于室内直播场地规划，下列说法正确的是（　　）。

A.室内直播场地需要提前测试直播场地的隔音和回音效果，以免在直播过程中形成杂音干扰

B.室内直播场地越大越好，这样主播可以陈列所有的直播商品

C.直播间场地环境要保持干净、整洁、明亮，切忌脏乱差

D.室内直播可以结合直播类目规划场地大小

三、判断题

1.绿幕虚拟场景换景较为容易，可以根据直播商品实时切换，做到一物一景。（　　）

2.如在直播过程中需要经常移动，主播可以选择无线领夹式麦克风，这类麦克风收音效果清晰，使用便携。（　　）

3.在选择直播灯具的时候需要注意色温值，色温值越低，灯光越冷，色温值越高，灯光越暖。（　　）

4.通过手机进行直播时，为了保证手机的续航能力，可以配备移动电源。（　　）

5.摄影灯箱在直播电商活动中应用最多，因为非常便携且比较专业。（　　）

参考答案：

一、单项选择题

1～5：CCCBB

二、多项选择题

1～3：ABC　ABCD　ACD

三、判断题

1～5：√　√　×　√　×

企业实训工单

实训一　配备直播设备

小月是一名美食达人，平日不仅喜欢全城搜罗各类美食小店，也喜欢在网上淘全国各地的美味零食，她还将这些都拍成生动有趣的短视频进行分享，积累了大量粉丝，有粉丝建议小月进行直播带货，小月心动了，决定将直播作为自己的新事业。

一、实训目的

1. 掌握直播设备选择的要点。
2. 能够根据预算选出合适的直播设备。

二、实训要求

小月想要通过直播销售各类食品，为了保证直播效果，小月对于直播设备的预算为10000元，请帮小月列出10000元以内的直播设备参考清单，可通过各大电商平台搜索相关设备的参数和价格。

三、实训内容

学生通过对比各种设备的性能，确定一套合适的直播设备，列出的直播设备参考清单包括设备名称、数量、参数说明、参考价格等，具体内容填写在表4-8中。

表4-8　直播设备参考清单

设备名称	数量	参数说明	参考价格

四、实训总结

教师就学生列出的直播设备参考清单进行评价，并挑选出最佳清单，以便其他同学参考学习。

实训二　食品类直播场景搭建

小月的直播设备已经确定了，开始直播前还需要进一步完成直播间场景的搭建。不同销售类目的直播间背景、场地规划、灯光布置是不同的，学生需要结合小月的销售类目进行场景搭建。

一、实训目的

1. 了解直播间场景布置的主要内容。

2. 能够根据商品类目完成直播间场景的布置。

二、实训要求

小月销售的类目是食品，多偏向即食类，无须再次加工，在搭建直播场景时考虑上述因素。

三、实训内容

在设计搭建方案前，学生可分小组，分别浏览三个知名食品类直播间的场景搭建，并分析其优点和缺点，将分析的内容填写在表4–9中。

表4–9　直播间场景对比

直播间名称	直播间场景（截图）	场景优点	场景缺点

小组成员结合其他优秀直播间的经验，讨论直播间的风格和定位，随后将设计的搭建方案以文字和图片的形式进行呈现。

四、实训总结

教师对学生小组提供的直播间场景搭建方案进行评价总结，随后选出一个可行性比较强的搭建方案进行布置。

项目五 预热

——直播预热及试播

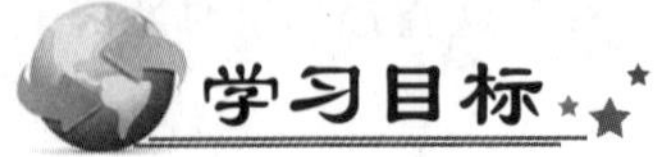

［知识目标］

1. 了解个人主页直播预热的要点。
2. 了解预热短视频的主题内容。
3. 熟悉预热短视频的常见形式。
4. 了解站外预热的多种途径。
5. 了解主播的职业能力要求。
6. 能区分不同类型的主播及了解其优势。
7. 了解主播在开播前需要准备的各类重要事项。

［能力目标］

1. 能够完成直播预热短视频的设计、制作和发布。
2. 能够根据微信平台特性完成微信直播预热策划。
3. 能够根据微博平台特性完成微博直播预热策划。
4. 掌握直播试播的流程和调试方法。
5. 能够根据品牌调性、产品属性等完成主播的选择。

［素养目标］

1. 增强专业能力，提升职业素养，成为一名合格且优秀的主播。
2. 不发布敏感、低俗信息，传播社会正能量。

预热——直播预热及试播

- 任务一　站内预热策划
  - 步骤1：个人主页直播预热策划
    - 个人昵称
    - 主页简介
  - 步骤2：直播过程中预热策划
  - 步骤3:短视频预热策划
    - 预热短视频的主题内容
    - 预热短视频的常见形式
    - 预热短视频设计
    - 预热短视频制作
    - 预热短视频发布
- 任务二　站外预热策划
  - 步骤1：微信预热策划
    - 朋友圈直播预热：预热海报及预热短视频分享
    - 微信订阅号预热
  - 步骤2：微博直播预热策划
  - 步骤3：小红书预热策划
  - 步骤4：社群预热策划
- 任务三　直播试播与效果调试
  - 步骤1：进行网络测试
  - 步骤2：确定摄像头摆放的位置最佳
  - 步骤3：调整直播光线
  - 步骤4：直播间测试
    - 直播画面、声音
    - 功能
    - 连麦
  - 步骤5：线的连接和归属
- 任务四　主播的选择与准备
  - 主播的职业能力要求
  - 主播的类型及其特点
  - 主播的选择
    - 步骤1：分析主播与品牌的调性、产品属性是否契合
    - 步骤2：分析主播的粉丝数量及垂直度
    - 步骤3：分析主播的专业能力
    - 步骤4：分析主播的口碑
    - 步骤5：分析主播的态度
  - 主播的准备
    - 步骤1：主播的形象准备
    - 步骤2：熟悉商品卖点、使用技巧等
    - 步骤3：培养和提升镜头感
    - 步骤4：了解粉丝特性

任务一　站内预热策划

小刘所在的直播运营团队近期计划开展一场关于花草茶、咖啡及果汁冲饮的直播专场销售活动，为了吸引更多用户进入直播间并提升直播销量，该运营团队计划在开播前进行直播预热。

首先小刘修改了账号简介，预告了直播的内容和时间，但仅这样还不够，小刘他们还策划拍摄了几个预热短视频，想要吸引其他非粉丝用户在刷短视频的时候能够关注到直播信息，从而进入直播间下单购买。

他们策划的第一个短视频是剧情反转，短视频中老板邀请几位员工下班去喝咖啡，结果员工都毫无兴趣，连连摆手拒绝，老板发火质问为什么，一员工回答："今晚没有时间，要摆设备，明晚饮品类专场直播，各种花茶、果茶、咖啡畅饮……"用剧情带出直播活动，最后以直播预告海报定格结尾，停留两秒以上。第二个预热短视频紧跟其后，主播出镜叙述自己是一个特别不喜欢喝水的人，接着手举放满各种茶饮的盒子说："但是，自从有了它们，我现在已经爱上了喝水，所以今天进行喝水好物分享。"随后主播展示制作的几款茶饮搭配，列举其中的配料并与实体店饮品价格进行对比，展示高性价比的同时留有悬念，吸引用户准时准点进入直播间。

这几个短视频的预热效果很好，用户纷纷留言想要，账号回复："7月4日晚8点直播间来囤货，优惠先到先得哦。"

通过阅读案例，思考并回答以下问题：

（1）站内直播预热包括哪几种形式？

（2）预热短视频的常见形式有哪些？

1. 个人主页直播预热

个人主页预热是指在直播前及时更改个人昵称、主页简介等进行预热。首先是个人昵称，可以修改为“名字+直播时间/内容”；其次是主页简介，主页简介一般以文案的形式预告直播开播时间，让用户了解主播的开播规律，以便准时进入直播间。需要注意的是，抖音平台个人昵称最多设置20个字符，简介最多设置242个字符。

2. 短视频预热

（1）预热短视频的主题内容

①展示即将直播的商品。

②突出商品的优势，包括品牌优势、质量优势等。

③明确用户来直播间会收获什么，包括价格优势、福利、赠品等。

④通知用户开播时间。

（2）预热短视频的常见形式

预热短视频的常见形式如表5–1所示。

表5–1 预热短视频的常见形式

方向	形式
商品方向	商品展示+使用场景
	商品展示+营销信息
	商品展示+微剧情
	商品展示+明星达人
营销方向	促销优惠
	促销剧情

（3）预热短视频开头设计技巧

预热短视频开头设计技巧如表5–2所示。

表5–2 预热短视频开头设计技巧

开头形式	句式
提问式开头	为什么+数字悬念 如何+××时间+理想状态

续 表

开头形式	句式
聊天式开头	悬念问候+实用价值包装 具体痛点+场景+你……
纠错式开头	你错了/你知道吗……竟然…… ……原来/竟然……才/就……
强调式开头	……种……尤其是……

（4）预热短视频制作

预热短视频的制作可以借助抖音官方推出的视频编辑软件——剪映，分为专业版、移动端、网页版、企业版（见表5-3）。

表5-3　剪映的各项功能及应用

功能	应用
剪辑功能	在剪辑中，我们可以对视频进行“分割”“变速”“音量”“动画”“编辑”“蒙版”“替换”等操作
音频功能	音频功能主要包括“音乐”“音效”“提取音乐”等操作，其中，“音乐”主要是抖音的相关音乐，可以根据视频内容进行添加；“音效”包括综艺、笑声、机械、BGM（背景音乐）等，方便对应不同的视频内容和体现不同的表达效果
文本功能	文本功能主要包括“新建文本”“识别字幕”“识别歌词”“添加贴纸”等，点击“新建文本”就可以手动输入想要的字幕，如果不想手动输入字幕，点击“识别字幕”也可以自动识别视频中的声音
滤镜功能	剪映中内置了多种风格的滤镜，可以满足大多数视频场景下的使用需求
特效功能	剪映中内置了多种特效供用户选择使用
比例功能	剪映中可以直接调整视频比例及视频在屏幕中的大小
背景功能	剪映把背景当成了视频的画布，用户可以调整画布的颜色和样式，也可以上传自己满意的图片当作背景
调节功能	用户可以通过调节亮度、对比度、饱和度、锐化、高光、阴影、色温、色调、褪色来优化视频
美颜功能	在剪映中，可以对视频进行磨皮和瘦脸操作

站内预热策划

主播在开展直播活动前，为了让粉丝能够准时进入直播间，并尽可能吸引新的用户观看，需要提前进行直播预热，即把具体的直播时间、直播亮点进行预告，如通过短视频预告直播过程中的优惠活动、热门商品等。本学习任务将带领学生了解站内直播预热的不同方式及预热方案的策划要点，并进一步掌握预热短视频制作和发布的关键步骤。

站内预热是指在抖音平台内部执行各类预热方案，其策划要点分别如下所示。

步骤1：个人主页直播预热策划

个人主页直播预热是指在直播前及时更改个人昵称、主页简介等进行预热，个人昵称及主页简介这两个区域是天然的直播预告公告板，可以让用户对直播活动的开播时间一目了然，并进一步了解主播的开播习惯。

步骤1.1：个人昵称及主页简介直播预热策划。首先是个人昵称，可以修改为“名字+直播时间/内容”，既可以直接预告直播时间，也可以在时间预告的基础上加上直播内容，如图5-1、图5-2所示。

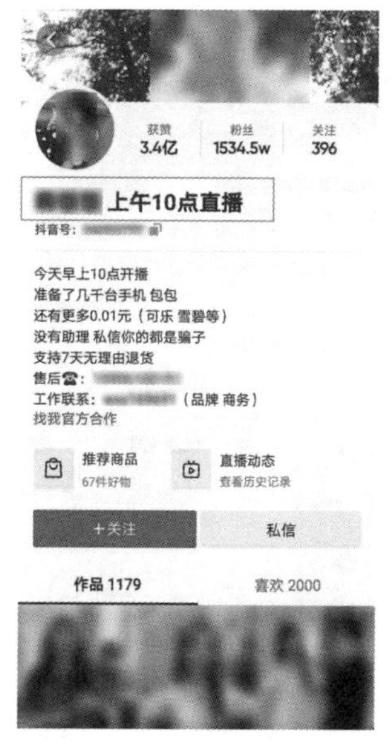

图5-1　个人昵称预热策划（1）

图5-2　个人昵称预热策划（2）

其次是主页简介，主页简介一般以文案的形式预告直播开播时间，让用户了解主播的开播规律，以便准时进入直播间。此外，也可以加上一些宣传文案，如直播活动中会有的福利及优惠活动，吸引更多用户，如图5-3、图5-4所示。

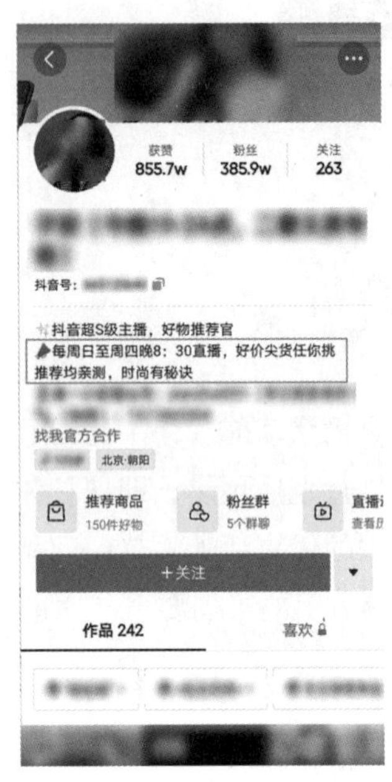

图5-3　主页简介预热策划（1）　图5-4　主页简介预热策划（2）

步骤1.2：个人昵称及主页简介设置。根据上述步骤完成个人主页预热内容策划后，就需要进行设置了，进入抖音App，点击“我”，随后点击个人主页的“编辑资料”，就可以进行个人昵称及简介的设置了，如图5-5至图5-7所示。

图5-5　编辑资料

图5-6　修改名字

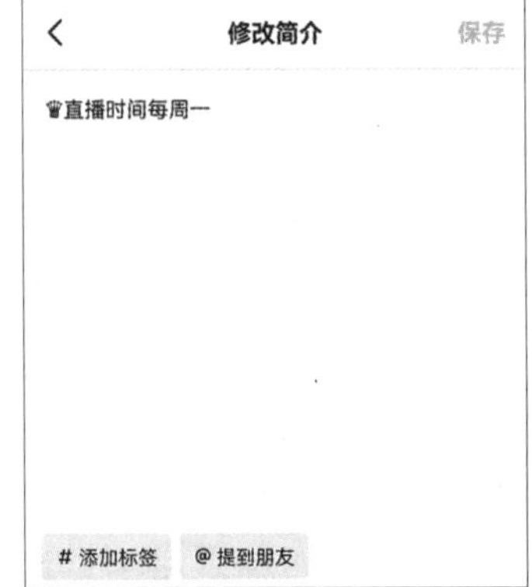

图5-7　修改简介

步骤2：直播过程中预热策划

如果主播已经具有一定的粉丝基础，在直播间预热是一种较为简单实用的方法。即在当次直播下播前，告知用户下次直播的时间，并预告会有的福利、赠品等，吸引用户准时进入直播间。

步骤3：短视频预热策划

短视频预热是各类主播应用较多的，一般在直播前2～3天发布预热短视频。此外，为了获取更多的流量，吸引更多精准用户进入直播间，预热要保持高频次，即在直播前1～3小时需要不断发布预热短视频，在短视频中展示该场直播的亮点，并植入直播的时间、主题，进行福利预告等。

步骤3.1：明确预热短视频的主题内容。在策划预热短视频前，需要明确预热短视频的主题内容，如图5-8所示，后期拍摄时围绕这些主题展开，才能进一步达到预热引流的目的。

图5-8　预热短视频的主题内容

步骤3.2：了解预热短视频的常见形式。结合主题内容，预热短视频可以有不同的展现形式，常见的形式如表5-4所示。

表5-4　预热短视频的常见形式

方向	形式	优势
商品方向	商品展示＋使用场景	更直观地展示商品，更容易获得用户的信任感
	商品展示＋营销信息	在充分展示商品的基础上暗示了价格便宜，性价比高
	商品展示＋微剧情	可以在剧情中隐秘地植入商品广告；适时地植入商品可以更好地达到种草的目的；可以多讲述一些利益点
	商品展示＋明星达人	借助明星效应进行传播

续　表

方向	形式	优势
营销方向	促销优惠	用惊叹语气引出直播优惠，随后展示赠品或数量优势，结尾进行直播信息引导
	促销剧情	促销微剧情素材大多设定为“老板/主播—顾客”的对话模式，通过非常简单的对白引出价格优惠或数量优势。需要注意的是，整个剧情设置不宜过长，而且要注意语速

预热短视频除了上述几种形式，如果主播本身有一定的知名度，还可以直接采用口播的形式进行预告，无须展示商品，也不需要设计剧情。需要注意的是，无论预热短视频采用的是哪种形式，一定不要忘记在视频中加入开播信息。

步骤3.3：预热短视频设计。为了使预热短视频吸引更多粉丝及路人用户耐心看完，可根据以下步骤结合主题内容完成设计。

步骤3.3.1：短视频开头设置吸引点。短视频的开头非常重要，短短几秒即可决定用户是否愿意继续观看，为了让视频更加具有吸引力，可从以下角度设置短视频开头，如表5-5所示。

表5-5　**短视频开头设计技巧**

开头形式	句式	示例
提问式开头	为什么＋数字悬念 如何＋××时间＋理想状态	（1）为什么1块钱还包邮？ （2）如何3秒叠衣服？
聊天式开头	悬念问候＋实用价值包装 具体痛点＋场景＋你……	（1）宝妈，如何让宝宝好好吃饭？ （2）你怎么在火车上吃泡面，热量高还没营养……
纠错式开头	你错了/你知道吗……竟然…… ……原来/竟然……才/就……	（1）你知道吗？削皮刀竟然不是这么用的。 （2）原来这样晒被子的方法才是正确的，那样只会让被子越晒越脏
强调式开头	……种……尤其是……	2022年流行以下几种穿搭，尤其是最后一种，简直太美了……

步骤3.3.2：进行直播商品输出。结合短视频的不同形式，可以进行全场好物预告；也可以挑选其中的热门爆款商品进行介绍，可以多商品、多角度制作多个预热短视频，在直播前2～3天、1～3小时分别发布。

步骤3.3.3：直播间亮点输出。直播间亮点包括品牌、折扣价格、秒杀福利、红包福利、免费送等，让用户在进入直播间之前，了解部分而不是全部的福利亮点，激发用户的好奇心，吸引用户进入直播间并进行停留。

步骤3.3.4：明确指引进入直播间。这是预热短视频中的重要部分，即反复强调直播时间，包括具体日期、具体时点等，提醒用户准时进入直播间。

需要注意的是，预热短视频时间不宜太长，需要在15秒内释放关键信息，引导用户进入直播间下单。

步骤3.4：预热短视频制作。预热短视频的制作可以借助抖音官方推出的视频编辑软件——剪映，用户可以根据自身需要选择不同的版本。

这里以移动端为例，预热短视频拍摄完成后，打开剪映App，点击开始创作，导入拍摄的视频，就可以进行视频的"分割""变速""倒放""定格"等各类操作，也可以在视频中添加文字，如直播时间，秒杀福利等，如图5-9、图5-10所示。

图5-9　开始创作

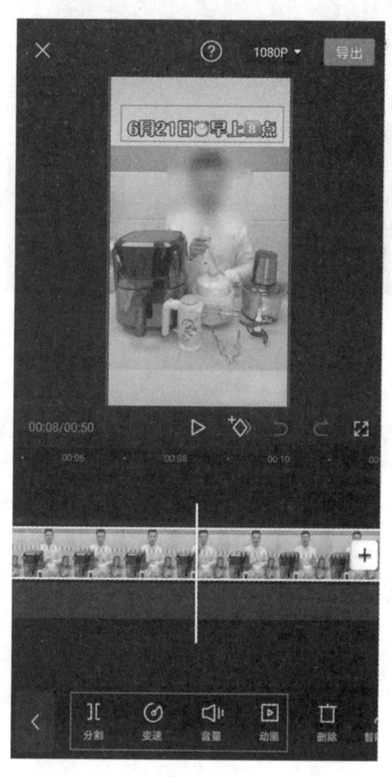

图5-10　视频剪辑及文字添加

剪映功能强大，想要通过剪映更快更好地剪辑出想要的视频，需要了解各项功能，以便在需要的场景下进行应用，详见表5-3。

步骤3.5：预热短视频发布。视频剪辑完成后，点击"导出"，即可保存到相册，并且可以直接分享预热短视频到抖音等平台，如图5-11所示。随后编辑视频标题，开启同城可让更多用户观看到视频，点击发布按钮即可完成预热短视频的发布，如图5-12所示。

图5-11　预热短视频分享

图5-12　预热短视频发布

从本质上来说，直播电商的基础是“流量红利”，流量很重要，但厘清直播电商的“流量逻辑”更为关键。纵观那些高质量直播，它们的特色不单单在于追求传统的传播量、曝光量、销售量，还在于蕴含信息的承载量及含金量。因此，直播电商团队无论是在策划前期的直播预热内容还是进行系列宣传，均应倡导文明风尚，让直播空间充满正能量，杜绝虚假信息，这样才能走得更好、更远。

任务小结

通过本任务的学习，学生了解了站内直播预热的三种途径，并进一步掌握了如何进行抖音个人主页预热策划、直播过程中预热策划、短视频预热策划、短视频剪辑工具的应用等，学生在课后可以自行设定直播主题，随后结合所学选择一款商品策划不同形式的预热短视频并进行拍摄。

任务二　站外预热策划

小刘所在的直播运营团队近期计划开展一场关于花草茶、咖啡及果汁冲饮的直播专场销售活动，为了吸引更多用户进入直播间并提升直播销量，该运营团队在开播前进行了站内直播预热。

虽然站内直播预热效果不错，但是小刘他们深知，流量不会集中在单一平台上，需要将站外其他渠道的分散流量都引导到直播平台。因此，小刘他们计划利用自身账号的新媒体矩阵如微博、微信公众号等继续进行直播预热，为直播间引流。

微博的优势在于信息能够实时快速地进行传播，并且内容追求短小精悍，小刘他们设计了简短的文案并精心设计了几张海报，展示了多款性价比非常高的茶饮商品图片，并在海报中将直播间名称、直播时间以醒目的字体凸显。为了吸引更多用户积极转发，小刘他们在微博中还设置了“关注＋转发”的抽奖活动，由于抽奖名额多，奖品又比较有诱惑力，激发了用户转发的意愿，传播效果非常好，进而提升了直播间的流量。

通过阅读案例，思考并回答以下问题：

（1）站外预热渠道包括哪些？

（2）不同渠道在进行直播预热时有哪些注意事项？

1.微信预热

定位于熟人社交的微信是一种强调传递信任感、影响力的“强关系”社交媒体。微信侧重的是人际传播和群体传播，这一点从微信朋友圈和微信群两个分享入口可以显见，受众在使用微信时会获得更强的心理认同感。因此，微信预热引流的效果虽然范围不够广，但信息传达率和接受程度较高。

（1）微信朋友圈预热

①直播预热海报。直播预热海报需要有较强的视觉冲击感，预热文案可以直接点明直播主题及时间，并可根据直播主题配上一些简洁精练的文案内容，激发用户对直播的兴趣，拉近与用户之间的距离。

②预热短视频分享。发布在抖音的预热短视频，也可以分享在微信朋友圈中进行预热引流，但还应注意其1分钟的时间限制。

（2）微信订阅号预热

相较于微信朋友圈，微信订阅号能展现的内容更丰富，不仅支持图文，还支持语音和视频，并且能够将不同展现形式的内容混合编辑。虽然微信订阅号每天只能发送一次，但一次可以发送多篇文章，在进行直播预热策划时，可以策划不同的直播预热主题。

2. 微博预热

微博因为信息的“公共性”而具有强大的大众传媒属性，此外，因其操作简单、成本低廉、互动性强，展现形式多样、信息传播速度快等优势，也适用于进行直播预热。

微博内容越精练，越能够吸引用户，因此，在微博进行直播预热时，可用简短的文字告知直播时间、直播主题，并搭配长图展示直播商品，可以告知直播间惊喜价，也可以留有悬念。此外，微博可以附带直播链接，最好附加上转发能够抽奖的促销活动，此处的促销活动并不是直播间内的促销活动，而是独立于直播间为引流而设计的促进转发及评论的活动，主要用于放大社交平台的裂变效应。

3. 小红书预热

小红书的用户较为精准，集中在以女性为主的中等消费及以上的人群，是高活跃度、高用户黏性的分享社区。小红书的博主在笔记中分享服饰搭配、美妆教程、美食测评等内容，并将产品品牌和信息完整地呈现给粉丝，吸引粉丝产生购买欲望进而消费。

小红书直播预热内容可以发布图文笔记，也可以发布短视频。注意小红书一次最多只能发布18张图片。

4. 社群预热

在社群进行直播预热可以充分发挥私域流量的优势，尤其是在活跃度比较高的社群，可以吸引较为精准的用户进入直播间。

社群较为常见的有微信群、腾讯QQ群等，其差异如表5-6所示。

表5-6　　微信群与腾讯QQ群的差异

功能＼分类	微信群	腾讯QQ群
群规模	3～500人	3～2000人
建群要求	直接拉人或者面对面建群，超过40人时再邀请需要对方同意	需要填写群的分类以及群名 “普通用户”可以创建200人及500人群 “年费会员”可以创建1000人群 “超级年费会员”可以创建2000人群
群显示入口	（1）消息列表显示； （2）保存的群可以在通讯录中查看	（1）消息列表直接显示； （2）消息列表—群助手中显示； （3）联系人中查看
群消息显示入口	（1）设置群屏蔽； （2）设置群置顶	（1）接收消息且提醒； （2）接收消息但不提醒； （3）收进群助手且不提醒； （4）屏蔽群消息
群名称	任何人都可以修改	只有创建人可以更改
群公告	2000字符，单次只显示一条	15～500字符，允许多条，可设置置顶。支持文字、表情、图片、视频
入群验证	可以设置群主同意后进群	（1）允许任何人进群； （2）需要身份验证； （3）需要回答（正确）问题； （4）付费入群； （5）不允许任何人加群

站外预热策划

为了提升直播间的人气，促进转化，仅依靠站内预热是不够的，还需要借助站外平台进行多渠道预热及引流，如微信订阅号、微博、小红书等。需要注意的是，不同的渠道各有其特性，在进行直播预热策划时需要综合考虑渠道特性。本学习任务将带领学生了解不同渠道直播预热策划的要点及注意事项，以便在之后的直播电商活动中展开应用。

在开展直播电商活动前，直播电商团队除了借助抖音平台资源进行内部预热，还可以通过建立自媒体矩阵进行站外预热，实现多渠道引流。在预热引流的过程中，可结合不同渠道特性进行创新性内容策划，但切记要避免虚假宣传。下面将结合不同渠道的特性展开直播预热策划，其关键步骤如下所示。

步骤1：微信预热策划

微信用户基数大，并且在私域流量具有较为明显的优势，借助微信进行直播预热，不仅成本低而且可持续性强，能够为直播间吸引较为精准的用户。

步骤1.1：朋友圈直播预热策划。没有开通订阅号的新人主播可以借助朋友圈进行直播预热，如直接发布直播预热海报，也可以将抖音中的预热短视频在朋友圈进行分享。

（1）直播预热海报

直播预热海报需要有较强的视觉冲击感，预热文案可以直接点明直播主题和时间，此外根据直播主题配上一些简洁精练的文案内容，激发用户对直播的兴趣，拉近与用户之间的距离，如某直播间的海报文案，“基本上不赚钱，交个朋友”，就让用户感觉非常亲切，如图5-13所示。

图5-13　直播预热海报示例

直播预热海报的制作可以借助图怪兽、创客贴等工具，操作简单快捷并且有丰富的素材模板可供参考，如图5-14所示即为图怪兽的海报模板。此外，也可以根据自身需求进行海报创意设计。

图5-14　图怪兽海报模板示例

因海报所能传达的信息有限，也可以搭配相应的文案强调直播时间、主题、福利等。

（2）预热短视频分享

对于在抖音发布的预热短视频，也可以分享在微信朋友圈中进行预热引流。打开抖音，点击发布的预热短视频，随后点击右侧的“…”，如图5-15所示，可以点击“保存本地”下载到手机相册中随后发布在朋友圈，也可以直接分享到“朋友圈”。

图5-15　抖音短视频分享到朋友圈

步骤1.2：微信订阅号直播预热策划。相较于微信朋友圈，微信订阅号能展现的内容更丰富，不仅支持图文，还支持语音和视频，并且能够将不同展现形式的内容进行混合编辑，如图5-16所示。虽然微信订阅号每天只能发送一次，但一次可以发送多篇文章，在进行直播预热策划时，可以策划不同的直播预热主题。

图5-16　微信订阅号多种形式内容编辑

以某电商主播为例，每次直播前都会提前在订阅号发布多篇预热图文，对直播的商品、亮点、活动福利等进行预告，如图5-17、图5-18所示。

图5-17　微信订阅号直播预热策划示例（1）

图5-18　微信订阅号直播预热策划示例（2）

需要注意的是，不仅可以在微信订阅号文章中进行直播预热，还可以在评论中进行互动，如强调直播信息、解答用户疑问、告知直播调整信息等，如图5-19所示。

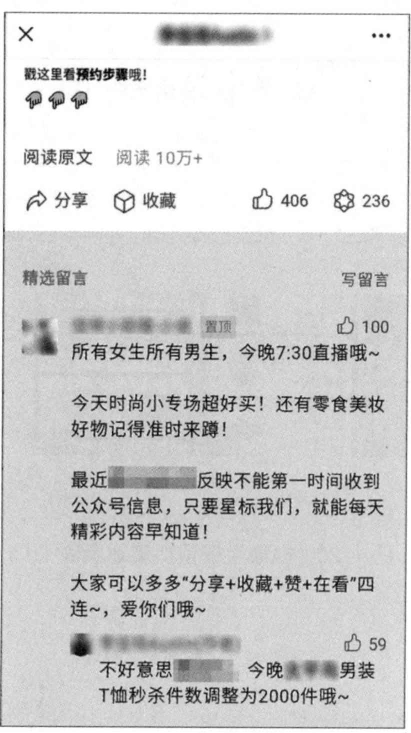

图5-19　微信订阅号评论互动

在编辑微信订阅号的预热图文时，需要重点关注标题的编写和封面的选择，这是吸引用户点开文章的关键所在，并提前规划好选题，如表5-7所示。

表5-7　微信订阅号直播预热文章规划

时间	文章数（篇）	标题	内容备注
8月16日	2	（1）8月16日早秋福利节，超多爆款好物，买到就是赚到 （2）提前剧透 | 不用不知道，原来这么多年的防晒涂错了	（1）第一篇文章强调当天的直播时间和红包福利，并提前剧透部分商品 （2）第二篇文章剧透明天直播的秒杀爆品，持续引流
⋮			

步骤2：微博直播预热策划

微博因其操作简单、成本低廉、互动性强，展现形式多样、信息传播速度快等优势，也适用于进行直播预热。

微博内容越精练，越能够吸引用户，因此，在微博进行直播预热时，可用简短的文字告知直播时间、直播主题，并搭配长图展示直播商品，可以告知直播间惊喜价，也可以留有悬念，如图5–20、图5–21所示。

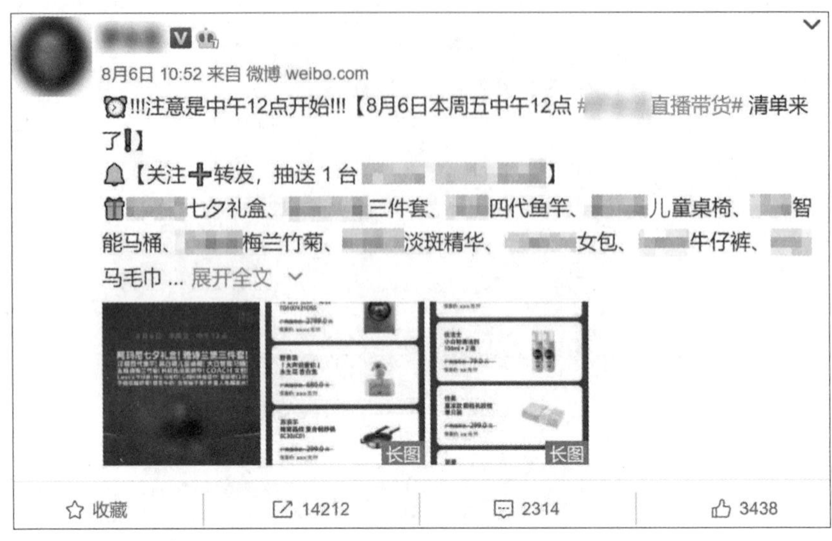

图5–20　微博直播预热策划示例（1）

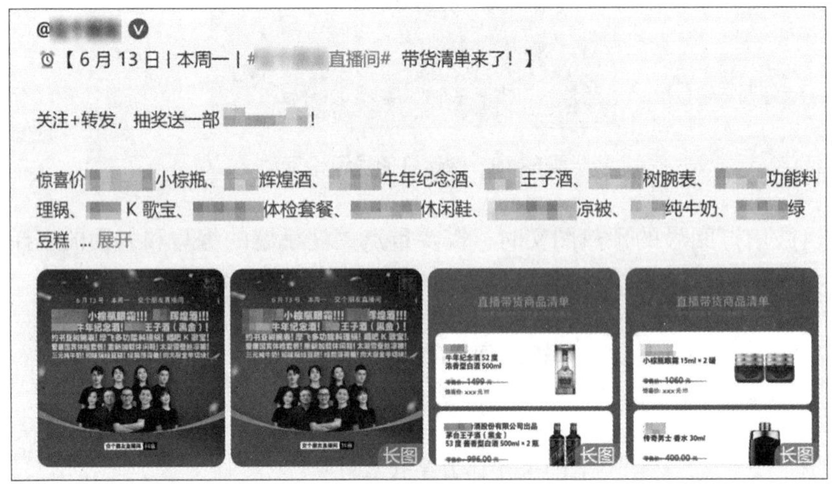

图5–21　微博直播预热策划示例（2）

微博的一大优势在于传播速度快，为了尽可能吸引更多的用户，可在预热微博中设置“关注+转发”的抽奖活动，可以是实物奖励，也可以是现金红包，激发用户转发的意愿，进而形成一传十、十传百的传播效果，提升直播间流量。

步骤3：小红书预热策划

小红书的用户较为精准，集中在以女性为主的中等消费及以上的人群，是高活跃度、高用户黏性的分享社区。小红书的博主在笔记中分享服饰搭配、美妆教程、美食测评等内容，并将产品品牌和信息完整地呈现给粉丝，引导粉丝种草进而消费。

在小红书进行直播预热，首先需要考虑自身直播销售的商品是不是与小红书主流用户群体的需求相匹配，否则即便发布了预热笔记也可能收效甚微，达不到直播间预热引流的目的。

预热内容可以发布图文笔记，如图5-22所示，也可以发布短视频。注意小红书一次最多只能发布18张图片，并且在发布时视频会合成一段，因此预热视频不用发布太多，时间也不宜太长。

图5-22　小红书直播预热示例

电商思政小贴士

直播电商是当下经济发展的重要引擎，但需要明确的是，直播电商行业确实存在多种乱象，这些乱象和直播电商活动中参与的各方主体都有关系。相关法律法规均对直播电商活动中的价格不透明、虚假宣传、货不对板、欺骗消费者等行为进行了明确的禁止。

步骤4：社群预热策划

相较于其他预热渠道，在社群进行直播预热可以充分发挥私域流量的优势，尤其是在活跃度比较高的社群，可以吸引较为精准的用户进入直播间。

社群聚集的人群有着较为一致的兴趣爱好、诉求等，即所谓的“同好”。新人主播前期可能无法建立有效的社群，可以通过寻找“同好”加入已存在的社群，并通过积极互动制造影响力，慢慢蓄积自己的社群池。

社群较为常见的有微信群、腾讯QQ群等，其差异详见表5-6。没有自身社群的新人主播可以让某个社群的好友或管理员邀请自己进群，也可以搜索主题申请入群，如各类腾讯QQ群，如图5-23所示。

图5-23　社群搜索

对于已经建立社群的主播，可以在社群中发布直播预热的各类信息，吸引社群成员的注意。此外，通过透露直播福利，如“直播一小时后抽取大奖”等调动群内成员的互动热情。

通过本任务的学习，学生了解了可进行直播站外预热的不同平台，包括微信、微博、小红书、腾讯QQ群等，并进一步明确了如何根据不同平台的特性策划不同形式的直播预热内容，进而将所有渠道的流量引流至直播平台。学生在课后可加强对上述平台特性的学习与了解，以便后期需要时能够策划并发布恰当的直播预热内容。

任务三　直播试播与效果调试

小何的父母经营着一家牛肉干加工厂，虽然在当地口碑不错，但销量有限，头脑灵活的小何想通过直播电商将自家的牛肉干销往全国各地。

因为平时喜欢看抖音直播，也经常买主播推荐的商品，小何选择在抖音平台开通小店进行直播销售。开播前他特意观摩其他直播间主播是如何讲解牛肉干的，又是如何跟观众互动的，学习了一段时间后，小何觉得自己已经不惧怕面对镜头了。

简单搭建了直播场景后，小何开始了首场试播，并邀请亲戚朋友进直播间进行观看。直播中小何发现自己不能如计划中那样侃侃而谈，不但经常忘词，表情僵硬，而且直播的过程中还会时不时掉线，出现画面、声音卡顿的状况，这些都是小何始料未及的。下播后，小何及时总结出现的各类问题并寻找改善措施。

试播几次后，小何觉得自身对产品已经非常熟悉了，并能自如地与观众进行互动，还掌握了一定的催单技巧。直播间出现的画面、声音卡顿，光线不足等问题也得到了有效解决，正式开播后，小何自信大方，再加上销售出去的牛肉干品质不错，很快直播间积累了不错的带货口碑分。

通过阅读案例，思考并回答以下问题：

（1）直播前进行试播是否有必要？

（2）直播过程中画面、声音可能出现哪些问题？其对应的解决方法有哪些？

1.直播间画面、声音测试

（1）直播画面、声音试播需要关注的问题

①测试账号开播，查看用户端是否可以正常看到直播。

②测试主播活动中会用到的直播间功能，观察直播基础功能是否正常。

③测试主播露出人像，观察直播清晰度（关注环境光线和画质）是否满足直播活动需求。

④测试主播说话、放音乐，观察直播声音（关注音量、音质）是否正常。

⑤主要网络和备用网络切换1次，观察直播间是否有卡顿，容灾效果是否可接受。

⑥当前直播测试状态保持10分钟，含前序步骤，观察直播是否有卡顿现象。

（2）直播画面、声音可能出现的问题及解决方法

①问题：直播画面不断闪烁。

解决方法：检查网络稳定性并重启直播程序。

②问题：直播画面卡顿、突然黑屏、画面变得模糊。

解决方法：a.可能因为内存过高导致，需要在后台结束其他运行中的应用，尽量保证只运行抖音。

b.可能因为其他程序干扰，如消息推送、弹窗等，可尝试关闭其他设备通知。

c.可能因为手机设备过热，在直播过程中注意保持手机通风散热，必要时可在手机背面使用“退热贴”。

d.可能因为电话来电，应注意使用无电话卡手机直播。

如果不存在上述问题，需要检查网络稳定性并重启直播程序。

③问题：直播画面饱和度偏低。

解决方法：对拍摄设备的相关参数进行调整。

④问题：直播声音卡顿、声音与画面不同步、突然没有声音。

解决方法：检查麦克风等收声设备以及声卡。

2.功能测试

①问题：直播时无法开启直播镜像。

解决方法：升级直播程序。

②问题：开启美颜功能之后，入镜人员的某些身体部位被虚化。

解决方法：检查拍摄设备，调整相关参数。

3. 连麦测试

（1）连麦测试需要关注的问题

①主播连麦是否可以正常连接，无黑屏、连麦失败等问题。

②连麦双方下麦一次，再重新连线，观察是否有卡顿。

③双方测试主播露出人像，观察连麦清晰度是否满足直播活动需求。

④双方测试主播对话，观察直播声音是否正常，关注音量、回声等。

⑤保持当前连麦测试状态10分钟，观察连麦是否有卡顿现象。

（2）直播连麦可能出现的问题及解决方法

①问题：在连麦的过程中，实际上已经断开了，但程序还是提示连接成功。

解决方法：关闭并重启直播程序。

②问题：主播与其他人连麦成功后，只能看到主播，看不到其他人。

解决方法：检查网络稳定性并重启直播程序。

③问题：粉丝申请与主播连麦，但主播无法看到任何申请信息。

解决方法：检查网络稳定性并重启直播程序。

直播试播与效果调试

直播前的各项工作准备完毕后，就需要进行直播试播，及时发现直播过程中可能出现的各类问题，如网络方面的问题，画面、声音方面的问题，功能方面的问题，设备方面的问题等，及时修正，以免影响直播效果。本学习任务将带领学生了解直播试播的关键步骤，并进一步掌握各类问题的解决方法，以便在直播电商活动中进行应用。

主播在直播前进行试播，不仅可以提前熟悉直播流程，还能及时发现各类问题，避免在直播过程中出错，影响直播效果。其关键步骤如下所示。

步骤1：进行网络测试

直播前首先需要进行网络测试，网络测试既要测试网络连接的稳定性，又要测试网络传输速度，可使用测速网（https://www.speedtest.cn/）提前测试网速，如图5-24所示为测速网首页截图。

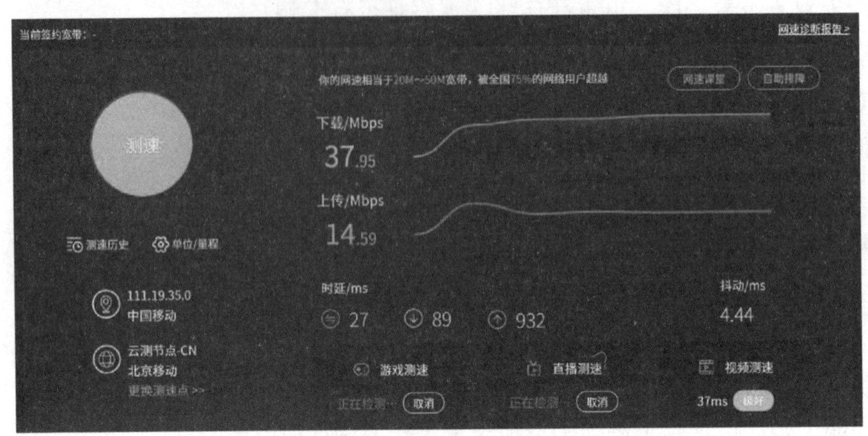

图5-24　测速网首页截图

直播前可使用其他账号进行开播测试，并且直播中可尝试Wi-Fi和移动网络互相切换，以便Wi-Fi出现问题时能够及时切换移动网络，避免直播画面卡顿、延迟，保证直播顺畅进行。

步骤2：确定摄像头摆放的位置最佳

因为直播销售的商品类别不同，主播有时需要进行全景直播，有时需要近景直播，为了保障成像效果，需要通过查看观众端的直播画面，找到摄像头的最佳摆放位置。

步骤3：调整直播光线

通过试播查看光线是否充足，如主播脸上的阴影是否太过明显，暗角是否过多等。并进一步分析主光、辅助光、轮廓光、顶光、背景光哪方面出现了问题，结合之前项目中所学的布置技巧进行调整。

电商思政小贴士

直播间要重视安全问题。直播间一般陈列大量商品，且摆放大量设备，存在一定的安全隐患。直播间物品的摆放要井然有序，电气路敷设要规范，不存放易燃易爆危险品，保持安全出口和逃生通道的畅通及消防设施器材运行良好。

步骤4：直播间测试

直播间测试包括直播画面测试、声音采集效果测试等，其中可能出现的问题及解决方法分别如下所示。

（1）直播画面、声音方面的问题

直播画面和声音是直播过程中需要重点关注的，需要测试的内容已在前文介绍。

（2）功能方面的问题

功能方面可能出现的各种问题及解决方法如表5-8所示。

表5-8　直播功能可能出现的问题及解决方法

问题	解决方法
直播时无法开启直播镜像	升级直播程序
开启美颜功能之后，入镜人员的某些身体部位被虚化	检查拍摄设备，调整相关参数

（3）连麦方面的问题

在进行连麦测试时，需要一名测试人员与主播连麦，并从以下几个方面分析试播效果，如图5-25所示。

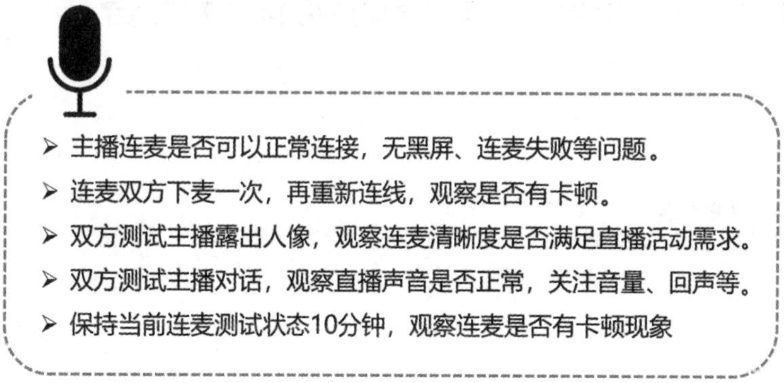

- 主播连麦是否可以正常连接，无黑屏、连麦失败等问题。
- 连麦双方下麦一次，再重新连线，观察是否有卡顿。
- 双方测试主播露出人像，观察连麦清晰度是否满足直播活动需求。
- 双方测试主播对话，观察直播声音是否正常，关注音量、回声等。
- 保持当前连麦测试状态10分钟，观察连麦是否有卡顿现象

图5-25　直播连麦测试

连麦方面可能出现的各种问题及解决方法如表5-9所示。

表5-9　直播连麦可能出现的问题及解决方法

问题	解决方法
在连麦的过程中，实际上已经断开了，但程序还是提示连接成功	关闭并重启直播程序
主播与其他人连麦成功后，只能看到主播，看不到其他人	检查网络稳定性并重启直播程序
粉丝申请与主播连麦，但主播无法看到任何申请信息	检查网络稳定性并重启直播程序

步骤5：线的连接和归置

确保电源线、网线、音控线等可以正常连接，同时做好线缆归置，避免对主播、助播等人员在直播间的正常活动造成不良影响。

除了上述问题，在试播的过程中还可能会碰到许多意料之外的问题。在无法自行解决的情况下，直播团队也可以与直播平台的客服联系，请对方协助解决问题。

通过本任务的学习，学生了解了直播试播需要关注的内容，包括网络的稳定性和传输速度、摄像头的摆放位置、直播光线、直播画面与声音、直播连麦等，并进一步了解了直播过程中出现上述相关问题的解决方法。学生可以将所学运用在之后的直播电商活动中。

任务四　主播的选择与准备

某女装品牌创立于2006年，主打优雅、自信、自然的风格，产品注重款式细节的设计，整体色彩的搭配、融合以及款式的组合，通过不同的搭配方式来满足用户各种场合的需求，体现快乐、精致、时尚的穿着理念。

与众多试水抖音直播电商的商家一样，该品牌前期选择与自身品牌形象相契合的达人主播进行直播销售，因达人主播本身的用户画像和属性，能够减少品牌与消费者的沟通成本，有效拉动销量。此外，该品牌还与明星红人合作专场直播，打响知名度后逐步开始尝试招聘培养主播进行自播。

该品牌的相关负责人深知主播的经验至关重要，是品牌销量的基本保证。因此该品牌招聘的都是在其他电商平台具有2年以上直播经验的主播。经验丰富的主播不仅能够专业地讲解货品，而且控场能力极强，能对直播间出现的问题做出及时判断和反应，还能通过与后台操控人员的配合，为产品打造出更多的购物情景，活跃直播气氛，提升整个直播间的效率和效果。

其中，品牌培养的主播思思，以60秒为一个时间单元，对流量进入、停留、转化采取三个阶段的讲解策略。前20秒给予产品视觉停留点，中间20秒强调产品卖点，后20秒采取限时限量改价等营销策略提升转化。同时结合用户评论，对产品产地、材料、工艺、定位、特性进行挖掘，以闺蜜口吻介绍产品差异点，分享凸显身材的穿搭技巧，激发用户对产品的认同感，使得人均看播时长达1分36秒，为品牌自播提供了人气和销量保证。

通过阅读案例，思考并回答以下问题：

（1）在直播电商活动中，对主播的职业能力要求有哪些？

（2）商家选择主播时有哪些注意事项？

1. 主播的职业能力要求

一名优秀的主播需要具备以下职业能力。

（1）形象打造能力

形象包括外在形象和内在人格魅力。首先，主播要找到合适的定位，塑造鲜明的人设，并进行服装、妆容的搭配，与塑造的人设契合，并创造具有自我特色的话术、直播风格等，以体现差异性。其次，展现独特的人格魅力，提高自己的辨识度。主播人格魅力是指主播所具有的能够留存老用户、维持交易流量的能力、品质等，主要包括真诚、耐心、细致、为用户着想等。主播的人格魅力能够拉近主播与用户的距离，增强用户黏性，培养用户的忠诚度，维持交易流量。

（2）选品、议价能力

主播能够根据自身人设特点、粉丝特点选择适合自己的直播商品。

选品能力是指主播选择合适的直播商品的能力，主播在选品过程中需要考虑商品是否与自己的人设相符并且适合自己直播间的观众，产品性价比如何以及商品是否存在任何质量问题等。

议价能力是指主播能与品牌商就商品价格、合作模式进行谈判的能力，为用户争取最优惠的价格，从而提高直播商品对用户的吸引力。主播的议价能力取决于主播的既有粉丝力量与现场直播能力，比如名人型主播往往得益于其庞大的粉丝群体而具有很强的议价能力，往往能为直播间的粉丝争取到实惠的价格。

（3）商品讲解能力

主播需要具备的商品讲解能力包括以下几个方面。

①了解商品的相关信息，清楚商品的卖点，能在直播中对商品进行详细的讲解和展示。

②具备良好的语言表达能力，讲解商品时语速得当，具有感染力。

③能使用逻辑性强、具有技巧性的语言激发用户购买商品的欲望。

④懂得如何在镜头前将商品的最佳状态展现出来，凸显商品的特征，激发用户产生下单购买的欲望

（4）社交互动能力

社交互动能力，主要包括主播在直播间的气氛营造能力、灵活应变能力与控场能力。即主播要善于营造直播间的氛围，知道在什么情况下需要主动活跃气氛，调动用户的积极性，主动引导用户评论、点赞等，此外，能够灵活应对直播中遇到的突发情况，控制直播效果。

（5）心理承受能力

主播要有强大的心理承受能力，面对用户负面、消极的声音时能够理智、冷静应对，并且能够快速调整自己的心态，积极进行自我疏导。

2. 主播的类型及其特点

随着直播电商的快速发展，主播的类型也越来越多样，除了知名的达人主播，商家员工、企业家、主持人等纷纷入局，其优点和缺点如表5-10所示。

表5-10　主播的类型及其优缺点

主播类型	特性	优点	缺点
专业电商主播	早期由电商平台培养的专业的电商主播	（1）专业度高； （2）商品转化率较高	直播的商品种类繁杂，有些主播的售后服务难以保障
网络达人	在抖音、快手等短视频平台上活跃的达人，前期先通过短视频创作吸引和积累粉丝，待粉丝达到一定规模后进入直播电商领域	（1）镜头感较强； （2）善于和粉丝互动	通常对直播中的商品不太了解
商家员工	商家的电商客服人员或线下导购	（1）依托品牌知名度，品牌有一定的忠诚用户； （2）直播场次多； （3）熟悉商品	（1）员工直播专业度不高； （2）商品转化率不稳定
名人	大部分将直播电商作为副业，通常会涉及淘宝直播、抖音直播、快手直播等多个直播平台	（1）自带流量，具有一定的影响力； （2）直播销售的同时还可以为商品进行推广，提高商品的知名度	（1）通常对商品缺乏详细了解，缺乏专业的直播技能； （2）商品的转化率不稳定

续　表

主播类型	特性	优点	缺点
企业家	商业领域中某个行业较为成功的人士，通常是某企业/品牌的创始人、管理者	（1）具有一定的知名度，自带流量，容易让人信服； （2）对商品比较了解	缺乏镜头感和专业的直播技能，直播时最好配置副播
专家	某个领域或行业的专业人士	掌握某个领域或行业的专业知识，在直播中销售与其专业领域相关的商品更具说服力和影响力	缺乏镜头感和专业的直播技能，直播时最好配置副播
主持人	专业的主持人，如新闻主持人，掌握专业的主持技巧	具有镜头感，掌握专业的播音技巧	通常对商品缺乏详细的了解，缺乏专业的直播技能

3. 主播的专业能力

专业能力即直播销售能力。对于整个直播电商环节而言，主播专业能力的重要性不言而喻。专业能力主要体现为主播的镜头表现能力、口头表达能力、沟通技巧、操作技能（直播设备、开播流程、挂商品、送优惠等直播实时操作细节）以及特殊情况的应变能力等，都是决定直播电商活动最终销售转化的关键。

4. 主播培养和提升镜头感的方法

（1）镜头练习

可以采用照镜子和自拍的方式来练习镜头感，利用一面比较大的镜子，进行自我观察，找到最合适的角度，然后对着镜子反复练习表情和肢体语言等，这样以后在面对镜头时就会更加自信和从容。

（2）目光技巧练习

日常录屏回看，找到直播时的焦点。注意当看摄像头的时候，主播是直面直播间用户的；当看手机屏幕的时候，是在观察整个直播间的状态、商品细节展示情况等，这两种是可以交替进行的。

（3）巧用道具

主播在直播的过程中巧妙运用与商品相关的一些道具，一方面能够缓解在镜头前的紧张感，另一方面这些道具也可能成为直播间的记忆点。

主播的选择与准备

开展直播电商活动，除了选品、卖点提炼、脚本梳理、预热等重要环节，主播选择也是不容忽视的。商家可以招聘新人主播进行自播，两者是雇佣关系，主播对商品较为熟悉并且商家的可控性更强，此外，还可以提升品牌效应，沉淀私域流量。但对于自身资源有限且没有直播经验的商家来说，招募直播团队，培养新人主播需要花费大量的时间和精力，不但成本较高而且周期比较长，有可能转化效果也一般，因此这类商家可以选择成熟的达人主播进行合作，利用达人主播积累的流量提升自身产品的销量。本学习任务将带领学生了解选择主播需要注意的问题，并进一步熟悉开播前主播需要准备的重要事项，以便在之后的直播电商活动中进行应用，保证直播电商活动的顺利开展。

1. 主播的选择

无论是品牌自己招募主播还是寻找达人主播进行合作，在选择主播时，需要注意多方面的问题，可通过以下步骤展开。

步骤1：分析主播与品牌的调性、产品属性是否契合

商家需要明确自身的品牌定位及产品属性，以服装类目为例，产品的定位有高端化、平民化；年龄层次上有儿童、青年、中年、老年的差异；款式有职业、潮流、二次元的分别，这些差异使得直播间对主播的气质、性格要求是不同的。如图5-26、图5-27所示，分别为某潮牌服饰直播间和中老年女装直播间的主播，两位直播的气质差异明显。

此外，不同的产品属性对主播的形象和气质要求也是不同的，如服装类目，对于主播的形象要求就高一些，因为形象好的主播试穿效果好，用户观感就好一些；如果是食品饮料类目，用户关注的是吃什么，主播试吃食品时是否让人有食欲。

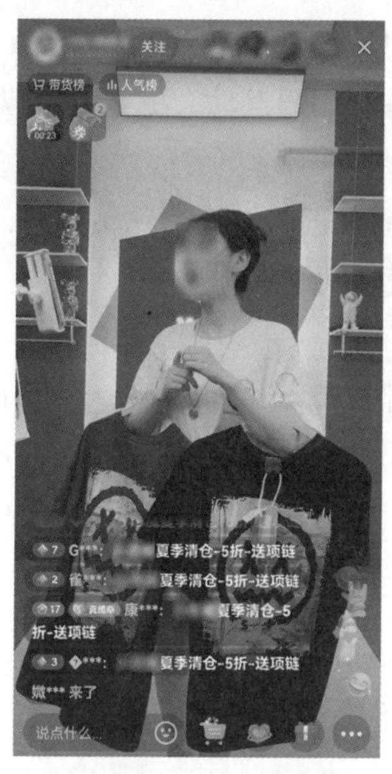

图5-26 主播气质及形象示例（1）

图5-27 主播气质及形象示例（2）

步骤2：分析主播的粉丝数量及垂直度

在选择合作的达人主播时，当然是粉丝数量越多越好，但需要注意的是，粉丝数量越多并不一定意味着销售效果越好，还需要考虑主播的粉丝画像与企业目标客户是否吻合，即分析主播的垂直度。如某主播深耕母婴产品领域，粉丝数量多，过往直播销售成绩也很好，但近期为某家具品牌进行直播销售，销量惨淡。

如果是商家自己招募主播，则要考虑主播的生活阅历和工作经验，比如做母婴产品的商家，选择一名已婚已育的女性比选择一名刚毕业的年轻女性直播效果要好，因为已婚已育的女性具有丰富的育儿经验，在推荐产品时更能切中用户需求，容易使用户产生共鸣，如图5-28所示为母婴产品主播选择示例。

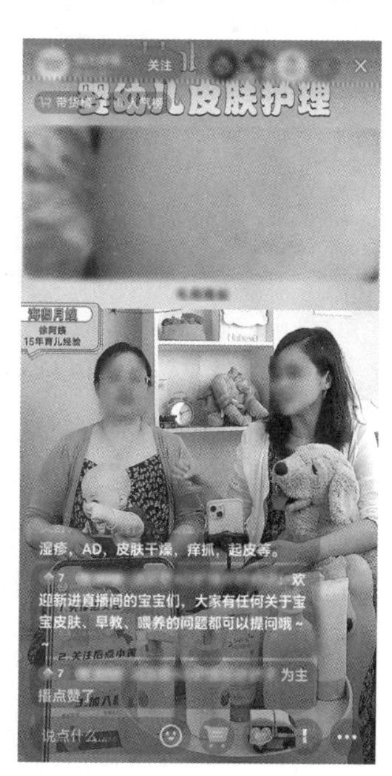

图5-28 母婴产品主播选择示例

步骤3：分析主播的专业能力

专业能力即直播销售能力。对于整个直播电商环节而言，主播专业能力的重要性不言而喻。专业能力主要体现为主播的镜头表现能力、口头表达能力、沟通技巧、操作技能（直播设备、开播流程、挂商品、送优惠等直播实时操作细节）以及特殊情况的应变能力等，都是决定直播电商活动最终销售转化的关键。

在选择达人主播时，最好亲自观看三场以上的直播过程，还应考察主播的直播效果和专业能力，如是否能随时调节现场的气氛并和用户互动，更重要的是能否有节奏地引导用户去下单购买。

想要自己招募主播的商家，可以考察主播是否能够快速熟悉产品，提炼产品卖点，熟悉直播流程，并能积极与用户互动，调节直播间气氛等。

步骤4：分析主播的口碑

选择主播时，主播的口碑也很重要。主播口碑，一方面可以参考同行的评价，另一方面可以参考平台评分，如抖音就有主播“带货口碑分”，如图5-29所示，这是抖音平台基于主播分享商品的用户评价、售后、投诉等多个维度综合计算的，主播“带货口碑分”越高，平台的自然流量加权越大。

图5-29 抖音主播“带货口碑分”示例

步骤5：分析主播的态度

主播的态度也是选择主播时不可忽略的，良好的心态和专业的状态是主播的必备要求，一旦开始直播就要马上进入状态，以最专业的水准去面对用户的问题，不断解决问题，提升销售量。此外，在直播间看到任何自己不喜欢或者不礼貌的话语，要及时调整好心态，不要情绪失控与用户产生冲突，让直播间受到平台处罚，影响最终销量。

选择主播除了要注意上述问题外，还可以考虑主播的专业度，如有产品的相关专业知识，获得营养师资格证、高级化妆师资格证以及为服装设计专业毕业等都是加分项，此外，是否有产品的相关工作经验，如从事多年奢侈品导购工作，曾经是面点师、高级厨师等。

电商思政小贴士

主播是一场直播能否成功的关键，主播的选择至关重要。主播除了具备一定的专业能力，还需要有一定的专业素养，坚持公认的商业原则，诚实守信，切实保护消费者的合法权益。

2. 主播的准备

商家或品牌通过上述步骤选择了合适的主播后，在直播电商活动开始前，主播还需要进行相应的准备工作，具体如下所示。

步骤1：主播的形象准备

主播的形象影响用户的第一印象，因此，在开播前，主播需要进行自我形象管理，包括服装的选择，妆容的搭配，形象的设计等，以得体、简洁、自然大方为原则，并且需要与直播间的整体风格统一，如图5-30所示，某食品销售直播间为了突出工厂直发特色，不仅直播间以食品加工现场为背景，主播的穿着与工人也保持一致。

图5-30　直播间主播穿着示例

步骤2：熟悉商品卖点、使用技巧等

主播想要在直播的过程中做到游刃有余，首先需要熟悉各个商品的卖点和使用技巧等，便于直播的过程中向用户进行充分展示。这些需要主播提前进行准备，提前试用，避免直播的过程中因不熟悉商品的具体情况而遭到用户质疑。

步骤3：培养和提升镜头感

一名优秀的主播，好的镜头感是必不可少的，主播镜头感的好坏与主播的表情、眼神和肢体语言等息息相关。

为了培养和提升镜头感，主播需要不断在练习和实践中找到最佳上镜状态，将自己最自然、生动的状态展现给观众。

步骤4：了解粉丝特性

为了在直播的过程中将商品更好地介绍给粉丝用户，满足粉丝的核心需求，主播在开播前需要了解自己的粉丝特性，进而在直播的过程中进行具有针对性的输出，满足粉丝需求，增加粉丝黏性的同时提升直播间的销量。

粉丝特性包括粉丝的性别、年龄、区域、兴趣偏好、关注的话题、购物偏好、消费承受力等，这些数据有助于主播深入洞察粉丝的特征，便于选择拟售卖的商品类型，提前掌握这些信息，有助于避免粉丝只看不买的情况。例如，主播的粉丝多为宝妈群体，在进行童装带货时，需要明确宝妈比较注重服装面料的安全性和穿着的舒适性，在进行直播时，可以就商品的这几点展开重点讲解。

通过本任务的学习，学生了解了主播的职业能力要求，不同类型主播的特性及其优缺点，主播选择需要注意的各项问题以及主播开播前的各项准备工作。其中需要重点掌握如何结合品牌调性、产品属性、主播粉丝数量和垂直度、主播口碑等选择合适的主播，并进一步掌握主播开播前需要进行的各项准备工作。

直播电商要彰显责任担当

直播电商自出现以来，无疑为行业带来了新的活力，一场场数据优异的带货直播，彰显这种新兴销售形式的庞大经济价值。然而，直播电商所带来的不应只是经济价值，还应该有社会价值。2022年3月，国家互联网信息办公室、国家税务总局、国家市场监督管理总局三部门联合制定了《关于进一步规范网络直播营利行为促进行业健康发展的意见》，肯定了直播行业对稳就业、促消费发挥了重要作用，同时指出网络直播平台、网络直播服务机构以及主播要依法规范开展生产经营活动、积极承担社会责任。

党的二十大报告强调，要采取多惠民生，暖民心举措，着力解决好人民群众急难愁盼问题。作为直播电商，必须立足岗位，在助力“三农”、乡村振兴方面发挥更大的作用，以切实的行动为人民服务，助农增收，打开乡村振兴工作新局面。

近年来，各类直播电商企业不断探索履行社会责任，纷纷投入助力乡村振兴和共同富裕、产业带帮扶、老字号传承创新、优秀文化传承、公益捐赠等方面，不断扩充直播电商企业的社会责任边界。

2023年5月11日，人民日报发布了一篇题为《深耕直播行业，共建公益品牌》的文章，其中特别关注了李佳琦在直播电商领域的杰出表现。作为直播行业的领军者，李佳琦通过美腕直播间在扶贫、助农等方面展现了积极影响力。他们积极开展公益直播，帮助农产品拓宽销售渠道，推动农村经济的发展，2020年以来，美腕旗下直播间售出近千万件助农产品，云南宁蒗的苦荞茶、新疆喀什的枣、西藏日喀则的青稞面……众多特色产品受到市场欢迎。不仅如此，他们还关注儿童教育、妇女健康、环境保护等领域，并通过实际行动帮助偏远地区的孩子和妇女，推动社会的公平与进步。这些举措不仅推动了乡村经济的振兴和社会问题的改善，也体现了李佳琦及美腕公司在社会责任履行方面的积极作为，为整个行业树立了良好的榜样。

正所谓“能力越大，责任越大”，直播电商企业及主播在拥有广泛影响力的同时，理应肩负起相应的责任，认真贯彻落实好党的二十大精神，服务好国家的战略方针，以创新为动力，不断满足人民对更加美好生活的期待，加强建设网络强国、数字中国。

资料来源：《人民日报》、电商头条、搜狐网。

一、单项选择题

1.抖音平台个人昵称最多设置（　　）个字符。

A.242　　B.20

C.10　　D.50

2.关于直播试播，下列说法错误的是（　　）。

A.直播试播时需要根据主播讲解商品时的活动动线，找到摄像头摆放的最佳位置

B.直播试播时观察直播清晰度是否满足直播活动需求

C.直播试播时需要关注主播说话、放音乐时的音量、音质是否正常

D.直播试播时进行网络测试，仅测试网络传输速度就够了

3.关于主播的选择，下列说法错误的是（　　）。

A.商家选择的主播其形象与气质需要与品牌调性相契合

B.主播的粉丝数量越多意味着后期直播销售的销量越高，商家选择主播时重点关注主播粉丝数量即可

C.主播的口碑商家可以参考平台的“带货口碑分”

D.商家选择的主播需要具备一定的心理承受能力，面对用户负面、消极的声音时能够理智、冷静地进行应对

4.品牌选择自家员工作为主播，直播过程中的优势不包括（　　）。

A.主播自带流量，具有一定的影响力

B.能够依托品牌知名度，品牌有一定的忠诚用户

C.对直播中的商品较为了解

D.直播场次有保障

5.主播能与品牌商就商品价格、合作模式进行谈判，为用户争取最优惠的价格，这体现了主播的（　　）。

A.议价能力　　B.讲解能力

C.选品能力　　D.社交能力

二、多项选择题

1.预热短视频的主题内容包括（　　）。

A.通知粉丝开播时间

B.突出商品的优势，包括品牌优势、质量优势等

C.展示即将直播的商品

D.明确用户来直播间会收获什么，包括价格优势、福利、赠品等

2.“带货口碑分”是抖音平台基于主播所分享商品的（　　）等多维度数据综合计算的评分等级。

A.投诉　　B.售后

C.数量　　D.评价

3.主播的商品讲解能力体现在（　　）。

A.具备良好的语言表达能力，讲解商品时语速得当，具有感染力

B.能使用逻辑性强、具有技巧性的语言激发用户购买商品的欲望

C.懂得如何在镜头前将商品的最佳状态展现出来，凸显商品的特征

D.清楚商品的卖点，能在直播中对商品进行详细的讲解和展示

三、判断题

1.使用剪映剪辑预热短视频，如果不想手动输入字幕，可以点击“识别字幕”自动识别视频中的声音。（　　）

2.在进行个人主页直播预热时，主页简介可以通过文案的形式预告直播开播时间，让用户了解主播的开播规律，注意简介最多设置200个字符。（　　）

3. 为了吸引更多精准用户进入直播间，预热短视频必须在直播前1天才能发布。 （　　）

4. 社群直播预热可以充分发挥私域流量的优势，尤其是在活跃度比较高的社群，可以吸引较为精准的用户进入直播间。 （　　）

5. 与微信相比，微博定位于“熟人社交”，更加适用于进行直播预热。 （　　）

参考答案：

一、单项选择题

1 ~ 5：BDBAA

二、多项选择题

1 ~ 3：ABCD　ABD　ABCD

三、判断题

1 ~ 5：√　×　×　√　×

实训一　拍摄预热短视频并进行投放

某食品类直播间计划在9月5日开展中秋节专场活动，直播间不仅有热门品牌的月饼，更有各类热销休闲零食，如粗粮饼干、巧克力燕麦酥等，并且有惊喜优惠，请协助运营人员完成预热短视频的拍摄及投放。

一、实训目的

1. 能够完成预热短视频的策划以及拍摄。

2. 能够通过剪映App剪辑出完整的、具有吸引力的预热短视频。

二、实训要求

分别策划三种不同形式的直播预热短视频，可以是主播出镜口播预告直播时间，也可以是微剧情或者商品展示+营销信息的方式进行预热。

三、实训内容

步骤1：预热短视频策划。

学生以小组形式，分别完成三种形式预热短视频的内容策划，策划内容简单概括即可，填写在表5–11中。

表5-11　　预热短视频策划

视频形式	视频内容

步骤2：拍摄预热短视频。

使用手机完成上述三类预热短视频的拍摄，其中一名学生可以扮演主播，如果剧情需要其他同学也可以出镜表演。注意无论是何种形式的预热短视频，一定不要忘记在视频中加入开播信息。

步骤3：剪辑预热短视频。

完成短视频的拍摄后，使用剪映App对拍摄的短视频进行剪辑，展现形式不做限制，有创意，内容有吸引力即可。

步骤4：发布预热短视频。

通过抖音发布短视频，要求设置标题、添加话题和定位。

四、实训总结

学生以小组形式将拍摄的预热短视频进行投屏播放，教师对学生拍摄的预热短视频进行评分总结。

实训二　站外直播预热策划

近几年，全国各地新冠病毒感染疫情频发，对于时令性强的农产品销售造成了一定的阻碍。

山东某地的黄金蟠桃即将上市，因为果型大，口感好，并且营养价值丰富，往年可谓供不应求，但2022年受疫情的影响收购客商较少，农户纷纷犯难，再不采摘，桃子熟透了就要烂在田间地头，但采摘下来又无处销售。当地政府联系某知名团队的直播间准备开展一场助农直播。

一、实训目的

1.掌握微博、微信订阅号直播预热信息策划的要点。

2.能够根据需求完成微博预热内容的编辑与发布。

二、实训要求

7月中旬是采摘黄金蟠桃的最佳时期，为了保证用户能够吃到最新鲜的蟠桃，该直播间计划在7月10日晚8点进行直播预售，分为两个规格：5斤精选装40元，5斤实惠装30元（个头较小）。为了给直播间增加热度，提高销售量，该团队计划进行站外引流，分别在微博、微信展开直播预热。

学生以小组形式，收集黄金蟠桃各项信息的同时，完成微博、微信直播预热的策划。

三、实训内容

小组成员根据微博的传播特性设计预热内容，包括发布时间、设计初衷、内容设计等，填写在表5-12中，随后将策划的微博预热图文进行发布并截图展示。

表5-12　　微博预热内容策划

发布时间	设计初衷	内容设计	截图展示

随后，小组成员进行微信订阅号的推文策划，微信订阅号推送的文章标题非常重要，直接影响用户是不是愿意查看推文详情。小组成员结合实训要求策划微信订阅号的推送文章，重点列出推文标题，推文内容简单概括即可，策划的内容填写在表5-13中。

表5-13　　微信订阅号文章策划

发布时间	文章标题	内容概括

四、实训总结

教师对学生策划的站外预热内容进行评分总结，其中需要重点考虑：

1. 预热内容发布的时间节点是否合理。

2. 预热内容是否概括清晰，具有吸引力。

项目六　进行
——直播过程中的控场

［知识目标］

1. 了解直播开场话术设计的要点。
2. 熟悉直播开场互动的技巧。
3. 了解建立用户信任的方法。
4. 熟悉直播间常用的促单技巧。
5. 了解直播设备故障的处理技巧。
6. 明确直播过程中出现失误的危机公关管理原则。

［能力目标］

1. 能够运用不同的形式增加直播间互动，实现转粉、提升营销转化率、复购的目的。
2. 能够根据自身需求完成直播间福袋的设置。
3. 能够借鉴FAB法则迅速传达商品的有效信息。
4. 能够对直播过程中出现的设备故障、个人失误、用户无理要求、商品质疑等进行灵活的应变。

［素养目标］

1. 培养爱岗敬业、诚实守信的职业道德。
2. 维护良好的直播消费环境，倡导绿色、理性的消费价值观。

- 进行——直播过程中的控场
  - 任务一　直播互动与交流
    - 步骤1：直播间开场互动
      - 开场话术
      - 开场互动
    - 步骤2：直播过程中的互动
      - 互动目的
        - 转粉
        - 提升营销转化率
        - 复购
      - 互动方式
        - 弹幕及话题互动
        - 关注互动
        - 点赞互动
        - 评论互动
        - 分享互动
        - 直播PK互动
  - 任务二　直播销售促单
    - 步骤1：深挖用户痛点
    - 步骤2：迅速传达有效信息
      - 借鉴FAB法则
    - 步骤3：消除用户疑虑，建立信任
    - 步骤4：积极促单，吸引用户下单
      - 赠品
      - 限时限量抢购
      - 演示下单流程
  - 任务三　直播应变与救场
    - 直播设备故障
      - 直播卡顿
      - 直播闪退
      - 直播中断
    - 直播过程中出现失误
      - 主播口误
      - 链接问题
    - 用户对主播提出无理要求并给出负面评价
      - 主播处理原则
    - 用户在直播间质疑商品

任务一 直播互动与交流

某零食品牌入驻抖音直播，并且从线下直营店挑选了几名优秀的导购作为线上主播。虽然主播在直播间非常卖力地进行产品讲解，但用户停留时间非常短，这也导致直播间的转化率较低。

该品牌直播电商部门的运营人员分析最近的几场直播，发现主播与进入直播间的用户互动不足，控场能力差，整场直播绝大部分时间都是主播在进行单向输出，需要通过有效的互动留住用户。

运营人员与主播进行复盘，共同确定了相应的改进措施，在最近一场的直播电商活动中，主播在直播的过程中实时关注新进入直播间的用户，主动打招呼，让用户有“被关注”的感觉；积极引导刷屏互动，如“如果是新来的朋友没买过也没吃过，打个‘新来’”，有效锁住新用户；此外，为了进一步增加用户在直播间停留的时间，主播进行了高频、实时且明确的活动预告，增加福利秒杀及实物福袋发放环节，如主播会反复提醒“点击关注，加入粉丝团，整点抽88元现金红包”“已经拍了的朋友不要走，点赞到12万，再额外加赠一套限定水杯”。活动尽可能丰富化，不但增加了用户停留时间，还可以有效沉淀粉丝至账号。

通过阅读案例，思考并回答以下问题：

（1）主播可以通过哪些措施提升直播间的互动率？

（2）如何在直播间进行福袋的设置？

1. 直播间开场互动

（1）设计开场话术

开场的首要目标就是热场，调动直播间的气氛，吸引用户留存。直播间开场话术可以参考以下内容：①我是谁？②我的优势是什么？③我的直播间卖什么商品（预告）？④我的直播间今天有什么活动（预告）？

（2）设计开场互动

主播除了根据直播主题设计开场话术，还需要设计一些开场互动，让用户有参与感并且感觉被重视。

①点名用户，引发好奇与互动。直播开场不仅是主播的个人秀，可以适当地让用户参与进来，尤其是在一开始直播间在线人数有限的情况下，主播可以点用户名，引发用户的好奇，并让用户感觉被重视，能继续留在直播间。

②设计问题并互相提问，让用户有参与感。除点用户名之外，也可以通过设计问题让其他用户有同样的参与感。主播要根据主题需求，找到合适的时机，设计一些问题，并确保能够掌控问题，调动直播间气氛的同时推动直播内容的展开。

2. 直播过程中的互动

（1）互动目的

转粉：互动越多，直播间热度越高，有助于提升直播间同时在线人数及用户停留时长，引发关注。

提升营销转化率：如果用户在直播中参与感强，并且通过长时间的停留增强了对商品的了解，就容易触发下单转化。

复购：通过多种形式的互动，用户被主播吸引，增强了对主播的信任感，进一步提升了用户黏性，有助于推动复购。

（2）互动方式

①弹幕及话题互动。

在直播的过程中如果单纯地讲解商品，容易很快就讲完了，因此可以时刻关注直播间弹幕区域的用户发言内容。如主播可以在介绍完商品后，留出一段时间，专门解答用户提出的具有代表性的问题，因为用户的问题往往是根据自身需求提出的，解答该类问题也算回答了其他有类似需求的用户，让用户感受到切实的服务态度。

②关注互动。

关注度是衡量主播价值的重要指标，也是影响直播间推荐度的关键要素。因此，主播在直播过程中一定要隔一段时间就提醒用户关注直播间，因为固有粉丝比流动用户更有价值。

如可通过“关注有礼”的互动设置，提升直播间涨粉能力，如发送店铺粉丝券或借助抖音官方提供的抽奖工具——超级福袋进行福利设置。店铺粉丝券是主播在直播间进行发放的，仅限粉丝领取的一种定向优惠券，有助于商家官方账号在直播时将直播间用户转化为自己的粉丝，提升直播间涨粉能力，通过发放粉丝专享福利，增强粉丝黏性，提升下单转化。超级福袋是一款电商场景下的专有营销互动工具，帮助主播实现抽奖流程规范化。支持将抽奖活动以商品的形式在直播间挂车，配合主播的口播引导用户通过完成不同任务（看播时长/指定口令等）获取抽奖资格（见表6–1）。

表6–1　　超级福袋的使用门槛及适用范围

开通门槛	奖品设置
创作者等级为L2级及以上+创作者口碑分为4.4分及以上+绑定官方店铺（即“人店一体”的创作者，包括店铺授权号）	开通后可使用： （1）自己店铺奖品； （2）采买无忧奖品池奖品； （3）通过门槛校验后由合作店铺分配的部分类目奖品，在直播间进行抽奖活动
创作者等级为L1级及以上+绑定官方店铺（即“人店一体”的创作者，包括店铺授权号），但未同时满足口碑分4.4分及以上+等级L2级及以上门槛的	开通后仅可使用： （1）采买无忧奖品池奖品； （2）通过门槛校验后由合作店铺分配的部分类目奖品，在直播间进行抽奖活动

③点赞互动。

让直播间获得更多点赞，能够让直播间得到更多平台流量曝光，加大用户进入直播间的可能性。为了吸引用户进行点赞互动，主播可以利用一些小技巧，如设计点赞数量触发福利，即当点赞数量达到一定数额时就给用户发放一些福利，如秒杀福利或截屏抽奖等。

④评论互动。

主播也可以主动提出问题让用户评论增加互动率，问题可以是选择型问题也可以是节奏型问题。

a.选择型问题：给用户提一个选择题，答案很简单，让每个人都积极参与进来。

b.节奏型问题：通过统一屏幕留言，使得直播间人气高涨，对新粉的留存有帮助作用。

⑤分享互动。

即引导用户转发分享直播间，吸引更多新用户进入直播间。为了提升用户的分享热情，可以采用分享奖励的方式，吸引用户主动分享拉新，如复制口令分享到站外，邀请成功后，活动面板会显示已完成邀请，并提供一定奖励。

⑥直播PK互动。

直播PK是抖音官方推出的互动玩法，尤其适合新人主播，如直播间没人气或者直播尴尬没话题，可通过PK带动直播间的互动氛围。目前抖音直播PK有两种：一种是随机匹配进行PK，另一种是邀请自己的在线好友进行PK。

直播互动与交流

在直播的过程中，主播需要积极与进入直播间的用户进行互动，增强直播间看点的同时增加用户停留时长，并通过与停留用户的持续互动，吸引用户的关注，提升直播间的转化率。本学习任务将带领学生了解直播互动的重要性，并进一步掌握如何通过合适的开场互动调动直播间气氛，以及在直播过程中通过哪些形式和福利设置与用户进行持续互动，以达到涨粉、促进转化的目的。

任务操作

在用户进入直播间后，主播首要的任务是吸引用户停留，因为用户在直播间停留的时长是决定直播成效和用户转化的重要因素。

用户能否在直播间长时间停留依赖于直播间优质的商品、主播专业的展示和讲解、有吸引力的福利活动等，在这个过程中，需要通过设计丰富的互动内容吸引用户积极参与，提升直播间热度的同时进一步增加用户停留时长，而用户停留的时间越长，主播向用户介绍和展示商品的机会和时间越多，以达到用户转粉和销售转化的目的。

需要注意的是，在直播电商活动中，互动是一个持续性行为，从直播开场主播就要有意识地进行设计并引导用户积极参与，下面就其中的关键步骤展开讲解。

步骤1：直播间开场互动

（1）设计开场话术

开场是直播的重要环节，首要目标就是热场，调动直播间的气氛，吸引用户留存，此外，直播间用户不是在固定时间统一进入的，直播间随时都会进入新用户，如何让每个走进直播间的用户迅速了解直播间就显得至关重要，因此，针对直播间的这种进入机制可设计相应的开场话术。

主播通过预告直播产品和活动，可以激发用户的好奇心，吸引用户停留。热场开场白在30秒~1分钟，平均5~10分钟就要介绍一次。

示例：①欢迎新进店的"宝宝"，这里是××直播间，我们所有的商品都是一手货源，工厂直接发货，一件也是批发价，过去你们在店里四五百买的衣服今天在我们直播间均不超过百元，并且还有不定时惊喜秒杀活动，"宝宝"们期待吗？

②大家好，欢迎来到我的直播间，5分钟后我们就进行第一波抽奖，抽中10位用户，我把手中的××送给你。

（2）设计开场互动

主播除了根据直播主题设计开场白，还需要设计一些开场互动，让用户有参与感并且感觉被重视。

①点用户名，引发好奇与互动。

示例：欢迎×××进入我们的直播间，你好像是第一次来哦，我们今天会有……

②设计问题并互相提问，让用户有参与感。除点用户名之外，也可以通过设计问题让其他用户有同样的参与感。主播要根据主题需求，找到合适的时机，设计一些问题，并确保能够掌控问题，调动直播间气氛的同时推动直播内容的展开。

示例："宝宝"们都是哪个城市的？你们那边的天气怎么样？有"宝宝"说自己所在的城市最近降温了，早上上班脖子冷飕飕的，正好，我们今天准备了几款好看又保暖的丝巾……

需要注意的是，在提问用户的同时，主播也要给用户提问的机会，在一来一往中增加互动，提升直播间热度。

示例：a.大家有什么问题或建议可以弹幕刷出来哦！

b.有"宝宝"问我今天的口红色号，其实我是将两种颜色叠涂的，就是我们直播间的……

电商思政小贴士

热闹纷呈的电商直播间里，以内容为主的形式渐成主流，层出不穷的直播内容创新，正成为其发展的新引擎。这就要求在设计直播电商活动内容时，直播电商团队的相关工作人员要爱岗敬业，各司其职，不仅关注在线用户、销售量等核心数据，更要不断深耕内容，赋予直播更多的价值与意义。

步骤2：直播过程中的互动

完成了开场互动，还需要在直播过程中与用户持续互动，提升各类互动指标，包括用户停留时长、关注、评论、点赞等，从而达到转粉、提升营销转化率、复购的目的，如图6–1所示。此外，互动指标体现的是用户对于直播内容的兴趣度，进而影响直播间的热度以及系统基于直播间热度进行的推荐，常用的互动方式其操作和注意事项如下所示。

转粉

互动越多，直播间热度越高，有助于提升直播间同时在线人数及用户停留时长，引发关注

提升营销转化率

如果用户在直播中参与感强，并且通过长时间的停留增强了对商品的了解，就容易触发下单转化

复购

通过多种形式的互动，用户被主播吸引，增强了对主播的信任感，进一步提升了用户黏性，有助于推动复购

图6–1 直播互动目的

（1）弹幕及话题互动

如图6–2所示，主播在弹幕区发现有用户指出“酱油不满瓶”，就及时解答商品是在直播过程中拆封的，不满瓶是商家为了防止液体受热后溢出，用户得到满意的解答后随即进行了下单。

图6–2 直播弹幕示例

主播也可以结合当下的一些实时热点话题去跟用户进行互动，拉近彼此之间的距离。此外，可以围绕商品分享生活经验、生活趣事等用户感兴趣的话题，激发用户停留的兴趣，同时也让直播间不冷场。

（2）关注互动

关注度是衡量主播价值的重要指标，也是影响直播间推荐度的关键要素。因此，主播在直播过程中一定要隔一段时间就提醒用户关注直播间，因为固有粉丝比流动用户更有价值。

示例： 新进来的“宝宝”点点关注，关注主播不迷路。

为了提高直播间的关注度，主播不仅可以口播提醒，还可以设置贴纸或借用小道具提醒观看直播的用户进行关注并加入粉丝团，如图6–3所示。此外，通过“关注有礼”的互动设置，提升直播间涨粉能力，如发送店铺粉丝券或借助抖音官方提供的抽奖工具——超级福袋进行福利设置，如图6–4、图6–5所示。

图6–3 主播提醒关注

图6–4 直播间店铺粉丝券（粉丝专享券）

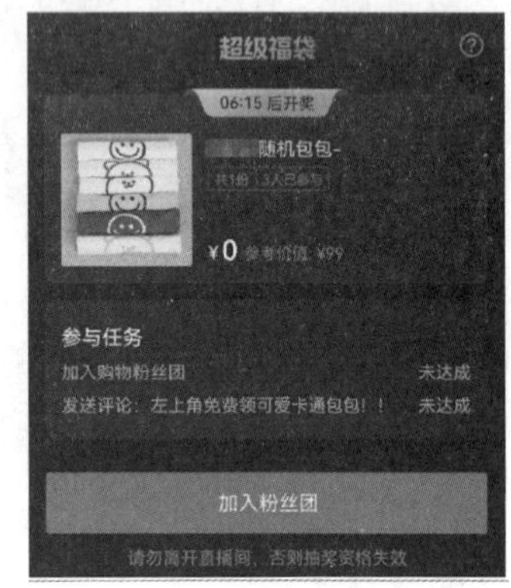

图6–5 直播间超级福袋

其中，店铺粉丝券是主播在直播间进行发放，仅限粉丝可领取的一种定向优惠券，有助于商家官方账号在直播时将直播间用户转化为自己的粉丝，提升直播间涨粉能力，通过发放粉丝专享福利，增强粉丝黏性，提升下单转化。

创建店铺粉丝券的商家可以登录抖音小店后台（https://fxg.jinritemai.com/），随后点击“营销”—“营销工具”，点击“营销工具”下的“优惠券”，进入页面后点击“新建优惠券”，随后根据自身营销需要设置店铺粉丝券，如图6–6、图6–7所示。

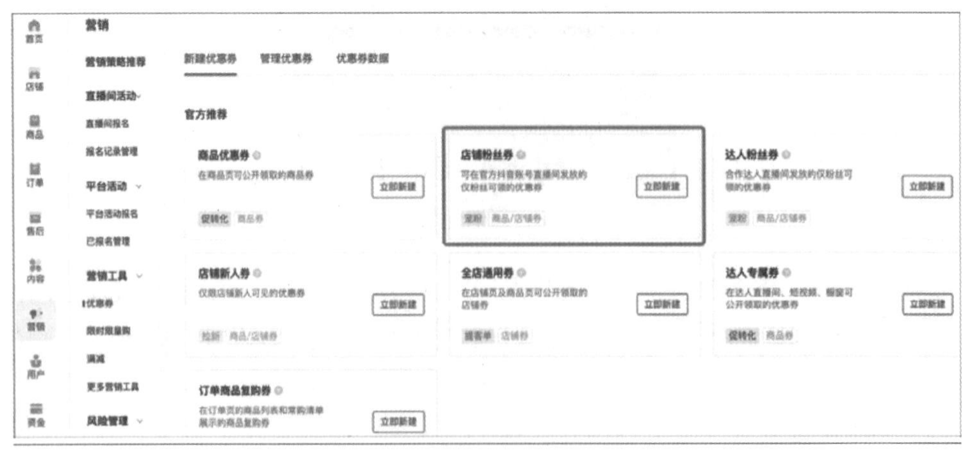

图6–6 店铺粉丝券设置（1）

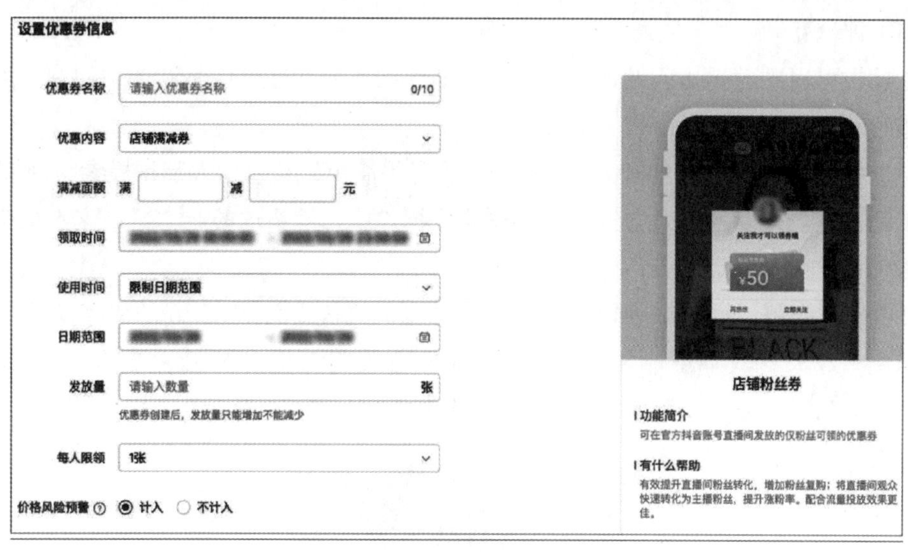

图6–7　店铺粉丝券设置（2）

（3）点赞互动

让直播间获得更多点赞，能够让直播间得到更多平台流量曝光，加大用户进入直播间的可能性。

为了吸引用户进行点赞互动，主播可以利用一些小技巧，如设计点赞数量触发福利，即当点赞数量达到一定数额时就给粉丝发放一些福利，如秒杀福利或截屏抽奖等，如图6–8所示，主播隔一段时间就进行口播提醒："满10万赞低价秒煎炒奶锅三件套。"并在绿幕背景板上进行投影，借此增强直播间的互动性，活跃直播间的气氛，增加账号权重。

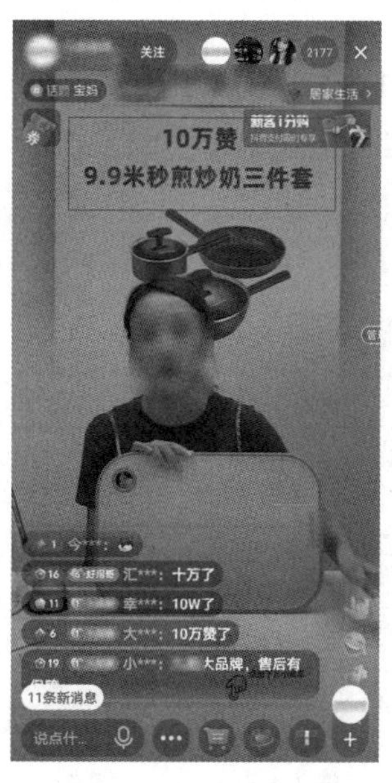

图6–8　直播间点赞互动

（4）评论互动

主播也可以主动提出问题让用户评论增加互动率，问题可以是选择型问题也可以是节奏型问题。

①选择型问题：给用户提一个选择题，答案很简单，让每个人都积极参与进来。

示例：这款是直播间的老产品了，买过的扣“1”，没买过的扣“2”，家人们告诉我一下是“1”还是“2”！

②节奏型问题：通过统一屏幕留言，使得直播间人气高涨，对新粉的留存有帮助作用。

示例：今天这款市场价××元的产品咱们直播间只要××元，是不是超级给力？想要的家人们，回复“要”，让我看到你们的热情。如图6–9所示。

图6–9 主播问答互动

为了提升用户评论的积极性，可以借助抖音官方提供的福袋发送福利，并设置参与条件，如“评论”或“加入粉丝团+评论”，如图6–10、图6–11所示。

图6–10 抖音超级福袋（1）

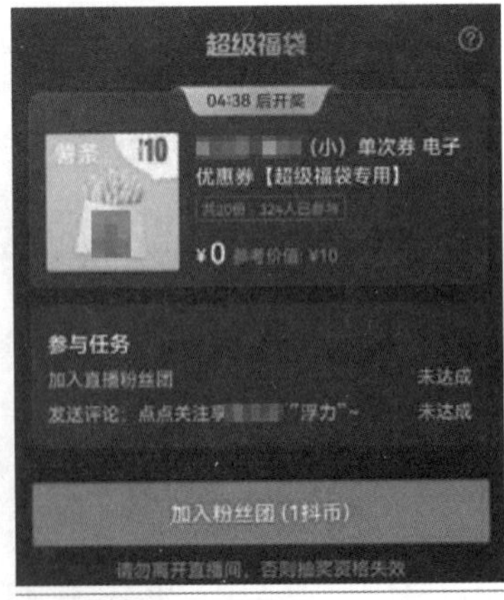

图6–11 抖音超级福袋（2）

超级福袋是抖音官方提供的免费抽奖工具，主播可通过超级福袋发放实物奖品或抖币和用户进行互动，增加直播间人气，活跃直播间气氛。用户在中奖后会收到平台推送的站内信，通过站内信跳转即可上传自己的地址等信息。主播在发放超级福袋后可在主播中心的自定义超级福袋选项内查看所有中奖观众的信息，并上传快递单号完成发货。主播在设置超级福袋时需要注意以下事项，如表6–2所示。

表6–2 超级福袋设置注意事项

超级福袋设置注意事项	（1）编辑的奖品名称需要是非常具体的“××产品”，让用户一眼能看到自己能得到什么； （2）超级福袋提交审核时大概会有3分钟左右的审核时间，需要主播把控好节奏； （3）法律规定直播抽奖的奖品价值不能超过5万元； （4）超级福袋审核通过后，会直接出现在直播间左上角，不会有提示，主播需引导用户参与福袋领取； （5）中奖用户需7天内填写收货信息，不填写视为放弃，但如遇客户咨询需主播或客服回复用户进行说明； （6）客户填写收货信息后主播应在3个工作日内发货并上传快递单号，7天内显示物流流转信息

了解了超级福袋设置的注意事项，就可以进行超级福袋的设置了。以商家为例，需要满足一定的要求才能开通超级福袋功能，详见表6–1。满足要求的商家登录巨量百应，点击“直播管理”—“营销管理”—“超级福袋”，开通超级福袋功能，如图6–12所示。开通成功后，点击页面上的“奖品池”—“创建奖品”创建超级福袋奖品，进入奖品创建页面，如图6–13所示。选择新建自定义奖品，可创建满足平台商品及类目的发布、推广要求的商品，创建后需经商品审核，创建奖品成功后，点击页面上的“抽奖活动”—“创建活动”创建超级福袋抽奖，设置完抽奖信息后即可发布抽奖，如图6–14所示。

图6–12 超级福袋设置（1）

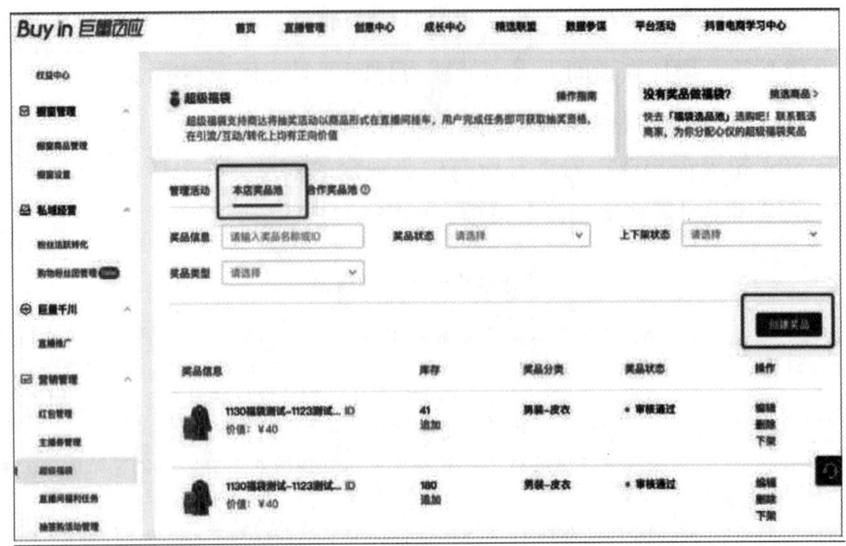

图6-13 超级福袋设置（2）

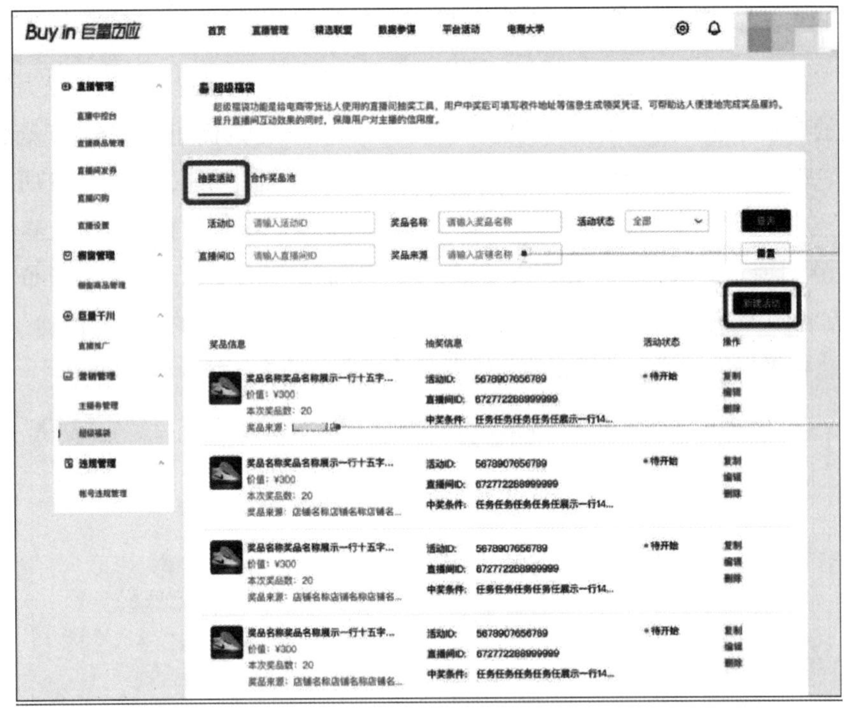

图6-14 超级福袋设置（3）

主播通过设置多个超级福袋，可拉长用户整场的停留时间，并且超级福袋礼品越丰厚，越能吸引用户停留。

（5）分享互动

即引导用户转发分享直播间，吸引更多新用户进入直播间。为了提升用户的分享热情，可以采用分享奖励的方式，吸引用户主动分享拉新，如复制口令分享到站外，邀请成功后，活动面板会显示已完成邀请，并提供一定奖励。其关键步骤如图6–15至图6–17所示。

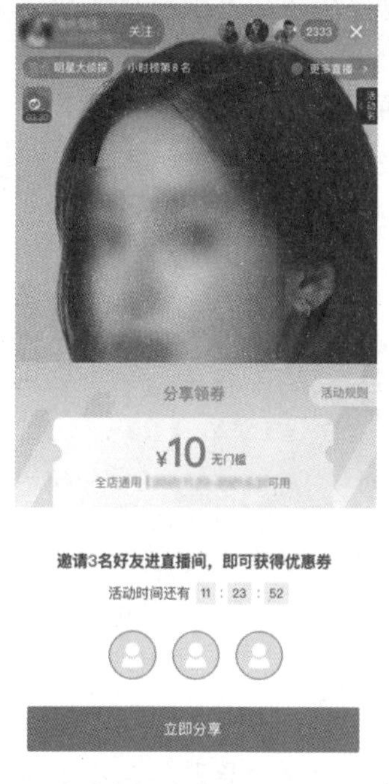

图6–15　分享互动（1）

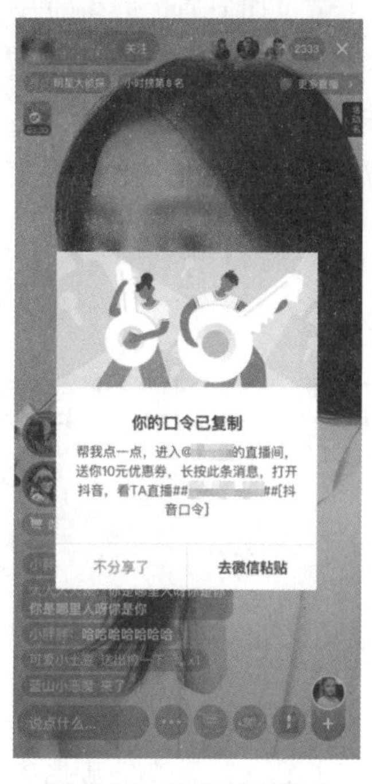

图6–16　分享互动（2）

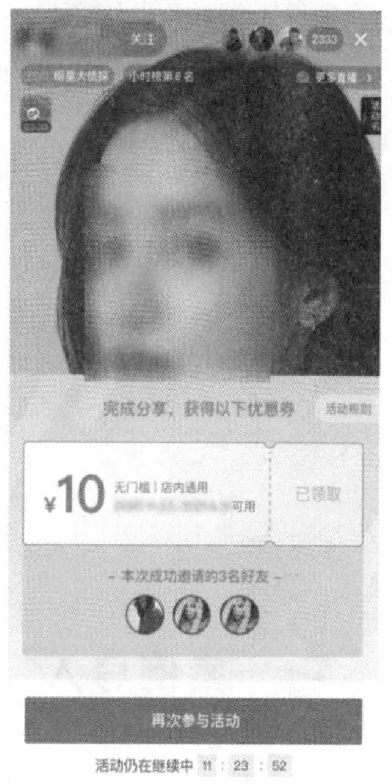

图6–17　分享互动（3）

此外，也可以采取实物奖励，如主播可以口播提醒："点完赞的'宝宝'记得转发一下直播间，转发的'宝宝'截图联系小助理，会给大家送上一份精美的礼品。"

（6）直播PK互动

直播PK是抖音官方推出的互动玩法，尤其适合新人主播，如直播间没人气或者直播尴尬没话题，可通过PK带动直播间的互动氛围。这个功能能够聚集两个直播间的粉丝人气，起到1+1>2的效果。

开启直播后，点击下方的PK/连线按钮就能进行相应的操作。目前抖音直播PK有两种：一种是随机匹配进行PK，另一种是邀请自己的在线好友进行PK。具体PK场景如图6–18所示。

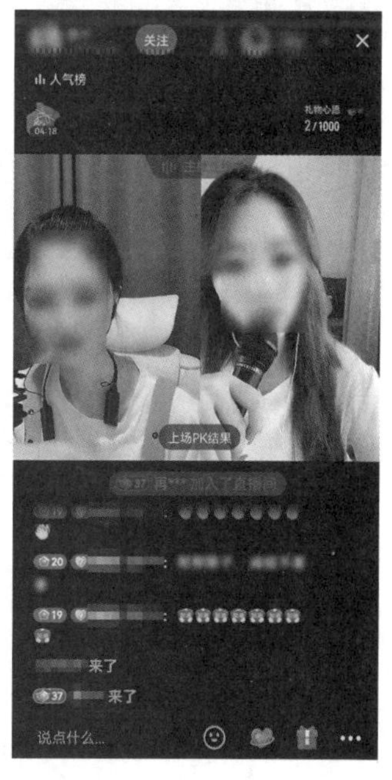

图6–18　抖音直播PK示例

通过上述多种方式，主播可以很好地活跃直播间的气氛，增进与用户的互动和交流，但具体的互动环节需要根据直播主题和自身资源进行灵活设置。

通过本任务的学习，学生了解了如何通过恰当的开场白及互动环节调动直播间气氛，并且在直播过程中通过多种互动形式如弹幕及话题互动、关注互动、点赞互动、评论互动、分享互动等与进入直播间的用户进行持续互动，从而达到直播间转粉、提升营销转化率、复购的目的，其中需要重点掌握店铺粉丝券、超级福袋设置的注意事项。

任务二　直播销售促单

某零食品牌入驻抖音直播，并且从线下直营店挑选了几名优秀的导购作为线上主播。前期用户留存率非常低，经过一系列改进措施，目前直播间用户互动率和留存率均有所提升，但是转化率提升不明显。

为此，运营团队配合主播继续进行促单话术的练习和促单技巧的改善。主播对同行优秀主播话术进行摘录，不断模仿，进而输出适合自己直播间的促单话术模板，此外，通过倒计时、限制上架单数、低价秒杀等方式制造紧迫感，推动直播间用户的下单转化，提升商品购买率。

比较典型的促单技巧是倒计时，主播在商品上架或加库存前，先进行一番介绍或试吃，引导粉丝刷屏评论“想要”，聚集一大波人气。再配合倒计时营造多人抢购的氛围，加快抢购节奏。这个过程中，主播的话术通常是“限量100份有没有想要的朋友，没吃过的回复‘想要’啊！一会介绍完给大家上秒杀链接……开始倒计时了，‘5秒’扣起来，‘4秒’扣起来，‘3秒’扣起来，2，1！上链接！大家快去拍，拍到的扣‘拍了’！”此外，在商品即将下架前，再次进行倒计时，强调限时限量，营造过时不候的紧张气氛，主播的话术通常是：“倒计时，3、2、1，没有了，没秒到的家人打上‘没有’两个字，人多我再上一波！来，运营再加50单，10秒钟我就过品了！”

除了上述促单技巧，主播在讲解商品时，还会使用品质对比法、组合计价法等方式传递商品的品质及价格优势，从“种草”到“拔草”一气呵成。

通过阅读案例，思考并回答以下问题：

（1）直播销售促单的技巧都有哪些？

（2）在讲解商品卖点时，如何迅速传达有效信息？

1. 用户痛点挖掘

痛点即用户未被满足的刚性需求或未被发现的隐性需求，挖掘痛点是销售的第一步。从用户痛点出发，让用户相信你的商品能够真正帮助他解决实际问题。

在直播间进行销售时，要尽可能从用户痛点的角度制造场景，并将场景中的事实演变成问题。可参考如下步骤：制造场景→挖掘痛点→将事实演变成问题→放大问题。

2. 有效信息传达

有效信息传达，即主播要在直播过程中快速讲解商品的卖点，再结合商品进行展示。在讲解商品的卖点时，主播不能仅机械地读出商品说明书内容，而是应该分析用户购买心理，把符合用户要求的商品利益向用户推介，并结合场景辅助卖点的解说，有效触动用户，这样才能进一步转化成用户的购买动机。在这个过程中，可以借鉴FAB法则。

F（属性）：即商品的基本性能和特点。

A（作用）：商品在使用过程中能起到什么作用。

B（益处）：用户使用这个商品能得到什么好处。

3. 建立用户信任

（1）设定价格锚点，进行直播比价

主播需要根据自己直播间的销售场景，明确用户看到商品后会联想到什么，或者是会拿什么东西作为直播间商品的参照物，据此设定一个锚点，通过价格比较，合理地影响用户的内心认知，切实地让用户感觉到实惠，从而辅助完成商品促单。例如，线上商品和线下商品的价格对比、套餐A与套餐B价格的对比等。

（2）信任背书，进行多维度佐证

价格之外，商品质量和使用安全问题也是直播间用户关注的重点，此时，主播可以借助品牌影响力、专利证书、明星背书、其他电商平台用户评价、过往销量等进行多维度佐证，提升商品价值的同时赢得用户对主播和商品的信任。

（3）进行售后保障

针对用户的售后疑虑，可以口播向用户解答退换货以及运费险的相关政策。此外，也可以在绿幕背景上设置售后的相关信息，让直播间用户一目了然。

4. 促单技巧

（1）通过赠品吸引用户下单

结合用户讲究实惠的心理，主播可以通过提供虚拟赠品如现金优惠券、满减券等，实物赠品如产品配套小工具、搭配饰品、零食等，吸引用户下单。

（2）开展限时限量抢购

适当在直播间内开展限时限量抢购活动，营造出紧张氛围，让用户知道，这款商品只有今天在直播间才能有这个价格，错过就再也没有了，可以达到对新老用户促单的目的。

（3）讲解并演示下单流程

在促单的过程中，为了避免用户不熟悉操作而流失订单及引导观望的用户下单，主播需要在直播过程中穿插讲解并演示下单流程。

直播销售促单

在直播销售的过程中，促单是其中非常重要的环节，巧妙的促单技巧及话术，不仅可以有效提高成交转化率，还可以给用户留下良好的印象进而转粉，为之后的复购做好铺垫。本学习任务将带领学生了解促单的不同技巧和实施过程中的注意事项，并对其中的关键话术进行示例，以便学生后期在设计直播内容时能够借鉴并加以运用。

下面就直播中如何进行销售促单展开讲解。

步骤1：深挖用户痛点

痛点的本质，是用户未被满足的刚性需求或未被发现的隐性需求，挖掘痛点是销售的第一步（从用户痛点出发，让用户相信你的商品能够真正帮助他解决实际问题）。

由此，在直播间进行销售时，要尽可能从用户痛点的角度制造场景，并将场景中的事实演变成问题。

示例：现在正好是下班时间，很多"宝宝"们经过长时间的伏案工作后会有颈椎疲劳酸痛的感觉，想让专业的理疗师帮忙按摩放松一下，但无论是时间上还是空间上都没那么方便，而且说实话，现在生活成本这么高，我们的钱包也不允许经常去理疗室消费。

先说出"颈椎疲劳酸痛需要按摩放松"的事实，再制造出"时间、空间上不允许的"问题，此外，为了进一步激发用户的兴趣，还通过"钱包不允许"来放大问题。

步骤2：迅速传达有效信息

在制造出问题之后，就要以解决问题为出发点引入商品，并迅速传达有效信息，即主播要在直播过程中快速讲解商品的卖点，再结合商品进行展示。

其中，在讲解商品的卖点时，主播不能仅机械地读出商品说明书内容，而是应该分析用户购买心理，把符合用户要求的商品利益向用户推介，并结合场景辅助卖点的解说，有效触动用户，这样才能进一步转化成用户的购买动机。在这个过程中，可以借鉴FAB法则。

示例：难道就没有方便实惠的按摩方式了？当然有的，看看我们这款时尚又好看的颈椎按摩仪，它就是一个移动的理疗师，可以提供4种按摩模式9挡力度，像是日常理疗中的按压、捶打、揉捏等手法均可以实现，此外，还具有热敷功能，就像给脖子上敷了一条热毛巾，非常舒服，另外，咱们的按摩仪可以一键滚动调节模式和力度，平时无论是工作、学习还是追剧，还是骑行、搭乘公交地铁，随时随地都能使用……（主播配合话术进行试用展示）

需要注意的是，在进行卖点宣传的时候要注意措辞，避免因使用违禁词而被判定违规。

步骤3：消除用户疑虑，建立信任

通过主播的讲解和展示，用户即便已经了解了商品的各项信息，但因为接触不到实际的商品，总会有着这样或者那样的疑问，从而在下单前有所顾虑，犹豫不决。针对这种情况，主播可提前列出用户可能会担心的问题，如价格、质量、售后等问题，并准备好答复方案。

（1）设定价格锚点，进行直播比价

直播电商最大的优势就是价格实惠，但用户总担心买贵了，主播需要根据自己直播间的销售场景，明确用户看到商品后会联想到什么，或者是会拿什么东西作为直播间商品的参照物，据此设定一个锚点，通过价格比较，合理地影响用户的内心认知，切实地让用户感觉到实惠，从而辅助完成商品促单。例如：线上商品和线下商品的价格对比、套餐A与套餐B价格的对比等。

示例：像是我之前因为颈椎问题去线下门店找人按摩，单次上百的价格实在是让人心疼，关键按摩一次还不能有效缓解。后来，使用了咱们的颈椎按摩仪，感觉很好，现在我自己和家人就经常使用，诚意推荐给大家，而且今天直播间特价只要×××元，相当于两三次线下按摩的价格，只要×××元就相当于拥有了一个移动理疗师……

（2）信任背书，进行多维度佐证

价格之外，商品质量和使用安全问题也是直播间用户关注的重点，此时，主播可以借助品牌影响力、专利证书、明星背书、其他电商平台用户评价、过往销量等进行多维度佐证，提升商品价值的同时赢得用户对主播和商品的信任。

示例：①咱们的产品是品牌独家授权的，绝对正品，看看，这里是品牌授权书……（主播展示授权书）

②咱们的这款产品在××、××等平台热销，荣居月度热销榜……

（3）进行售后保障

针对用户的售后疑虑，可以口播向用户解答退换货以及运费险的相关政策。此外，也可以在绿幕背景上设置售后的相关信息，让直播间用户一目了然，如图6–19所示。

图6–19　直播间售后信息

示例：有宝贝说如果颈椎按摩仪买回去发现效果不如预期的好怎么办，不用担心，咱们是支持7天无理由退货的，不喜欢可以随时退，点关注还送运费险哦。此外，一年内出现质量问题，以换代修，大家可以安心下单。

电商思政小贴士

在直播电商活动中，成交依赖于商品本身，因此直播电商团队在选品时要杜绝“三无”产品，警惕小作坊贴牌产品，不售假，做到诚实守信，但需要明确的是，即便选品很好，依然有无人问津的情况发生，尤其对于新人主播来说，还没有足够的粉丝积累，一场直播中的在线人数常常寥寥无几。在直播电商活动中，无论是新人主播还是有固定粉丝群体的成熟主播，选品固然重要，但主播的销售促单技巧也是非常重要的影响因素。但是，在销售促单的时候要警惕“演戏”式砍价，“演戏”式砍价的本质是虚构价格等信息，涉嫌违反价格法、广告法、电商法、明码标价规定等多项法律法规，是监管部门明令禁止的违法行为。

步骤4：积极促单，吸引用户下单

通过了上述步骤的铺垫，主播就要积极促单，与助理配合进行氛围营造，引导犹豫观望的用户下单，避免流失订单。

（1）通过赠品吸引用户下单

结合用户讲究实惠的心理，主播可以通过提供虚拟赠品如现金优惠券、满减券等，实物赠品如产品配套小工具、搭配饰品、零食等，吸引用户下单，如图6-20所示。

示例：①为什么说要今天买，今天不仅是直播间专属特价，而且买正装送多件小包装，相当于一件的价格买两件正装。

②下单的前10位朋友额外有超值礼品赠送，并且加入粉丝团优先发货哦。

（2）开展限时限量抢购

适当在直播间内开展限时限量抢购活动，营造出紧张氛围，让用户知道，这款商品只有今天在直播间才能有这个价格，错过就再也没有了，可以达到对新老用户促单的目的。

此外，对不同商品设置不同的库存，如对某款商品设置浅库存，通过迅速卖完商品，营造直播间抢购的氛围。

示例：①这款商品限时优惠，官方旗舰店售价×××元，今天直播间只需要×××元，直降200元！这是以前没有过的优惠。现在我帮你们拿到了！

图6-20　直播间通过赠品吸引用户下单

②这个价格只卖一天，直播一结束，马上恢复原价！需要的朋友赶紧下单购买！

③刚才错过的小可爱们，现在下单还来得及啊！特地为你们开了一个末班车，下手要快，错过真没了。

④先付先得，最后5件，最后4件……

（3）讲解并演示下单流程

在促单的过程中，为了避免用户不熟悉操作而流失订单及引导观望的用户下单，主播需要在直播过程中穿插讲解并演示下单流程。

通过本任务的学习，学生了解了如何在直播销售的过程中进行用户痛点挖掘，商品及促销信息的有效传达以及如何建立用户信任，并进一步掌握了如何有效促单，引导犹豫的用户下单。学生在后期实践的过程中可以灵活运用上述技巧。

任务三　直播应变与救场

某位知名达人主播在直播销售的过程中把“阳澄状元”大闸蟹误说成了“阳澄湖的大闸蟹”，随后被直播间下单用户质疑虚假宣传，并在网络媒体发酵。

该主播没有放任不管，而是和团队工作人员积极回看直播视频进行核查，核查清楚后，该主播在随后的一场直播活动中进行公开道歉：“近日，我们收到部分消费者反映的售后问题，并被质疑虚假宣传，原因是本月9日，在直播间介绍产品过程中出现失误，把‘阳澄状元’大闸蟹说成‘阳澄湖的大闸蟹’，经核查是我们团队在解读商家提供的信息时出现了偏差，也说明我们团队在管理上存在漏洞，导致对消费者产生一定误导，为此我们深表歉意。我们一向重视维护消费者的利益，就该产品后续出现的任何售后问题，消费者可直接与客服联系，我们将协同商家负责到底，确保消费者利益得到保障。”

主播真诚的道歉以及恰当的处理措施获得了直播间粉丝的谅解，纷纷刷屏“接受主播的道歉，下次注意就好”。为了表明诚意，该主播在下播后再次发布致歉微博：“再次向消费者们致歉，百密难免一疏，我们将引以为戒，日后在选品、推荐和售后等环节进一步加强管理，也真诚希望消费者和社会媒体对我们进行监督。”至此，该主播的负面舆情并没有扩大，及时得到了控制。

通过阅读案例，思考并回答以下问题：

（1）直播销售的过程中会出现哪些突发情况？

（2）面对直播失误，主播应该如何积极应变？

1.直播设备故障

（1）直播卡顿

直播流畅、不卡是一场直播的基础，直播卡顿会造成直播的画面不流畅、画面和声音不同步的现象，这往往会让用户感觉不悦，进而退出直播间。

造成直播画面卡顿的原因通常为两种。一是网络较差，此种情况下，需要直播团队预先改善网络环境，建议采用50兆及以上的光纤宽带，同时一个Wi-Fi建议只供给一台直播设备；二是直播设备配置较差，无法带动直播。此时，商家需要更换配置更高的设备来支持直播。

（2）直播闪退

闪退是指直播过程中软件意外自动关闭，或者打开软件就自行关闭。导致闪退的原因可能是设备内容被其他程序占用，也可能是设备本身内存空间不足。面对闪退，比较好的处理方法就是退出当前直播然后再次登录。

直播闪退的情况一般会出现在直播App更新后，可以重新打开程序，尝试恢复直播。若还是频繁闪退，就需要将有关问题及时反馈给直播平台方，寻求解决方案。

（3）直播中断

一般来说，造成直播中断的原因有两种：一是网络问题，二是直播内容违规，被直播平台中断了。

商家要先检查直播间所使用的网络是否运行正常，如果是因为网络不稳定造成的直播中断，商家将直播间切换到网络稳定的区域进行直播就可以了。在条件允许的情况下，商家最好为直播间单独配置一条专用网线，以保证直播网络的畅通。

如果商家检查网络后确定不是因为网络问题造成的直播中断，就要考虑是不是直播中出现了违规内容被平台中断了，商家可以登录直播账号进行确认，然后根据具体提示寻找解决方法。

2.直播过程中出现失误的危机公关管理

为了避免在直播过程中因各类失误造成严重影响，直播电商活动需要进行危机公关管理。危机公关是指企业为避免或者减轻危机所带来的严重损害和威胁，从而有组织、有计划地制订和实施一系列管理措施及应对策略。企业通过这些措施和策略来挽回社会公众对企业、主播的信任，获得公众谅解，从而化解危机。危机公关管理的原则（“5S”原则）如表6-3所示。

表6-3　　危机公关管理的原则（“5S”原则）

原则	内容
承担责任原则	危机发生后，两方面的问题一般最容易受到公众关注：一是利益问题，如谁为受害者负责、责任方是谁；二是感情问题，公众很在意自己的感受是否受到关注。关注公众深层次的心理、情感问题，赢得公众的理解和信任对于解决危机至关重要。因此，当危机发生时，处理危机的主体是否能够表现出将公众的利益放在第一位的态度、达到公众对危机事件处理的心理预期至关重要
真诚沟通原则	危机发生了，虽然危机事实不可改变，但可以改变的是公众对危机的看法。危机公关的作用是帮助公众更好地理解危机，并做出理智的决定。因此企业或团队必须真诚主动地与公众沟通，向公众说明事实真相，促使双方相互理解，以达到消除公众的疑虑与不满的效果
速度第一原则	从传播的视角来看，危机是从少数人知道到多数人知道的过程。而从管理的角度讲，危机是从量变到质变的过程。因此，危机处理主体必须迅速反应、当机立断、果断行动，主动与媒体和公众沟通，以达到迅速控制事态和信息发布主动权的效果，否则就会扩大危机的影响范围，甚至可能丧失对全局的控制。因为危机发生后处理危机的关键就是能否在第一时间控制住事态，避免事态扩大、升级和蔓延
系统运行原则	危机管理不可顾此失彼，必须系统运作。只有系统运作才能透过表面现象看到本质问题，创造性地解决问题，趋利避害。危机公关的系统运作有利于第一时间发现、收集信息，并对信息进行归类、整理、评估、记录，向各个部门提供客观的、关键的信息，并上报决策层，从而开展有效的、系统的公关活动，加强与公众间的交流沟通
权威证实原则	在危机发生时，危机处理主体要请权威性的第三方来说话，帮助澄清事实，消除公众的怀疑心理，赢得信任。例如，可以发挥和运用新闻媒体的权威传播功能，争取权威机构出来发言

3. 用户提出无理的要求或给出带有攻击性的恶意评价

面对这种状况，主播的应变技巧如表6-4所示。

表6-4 主播的应变技巧

技巧	内容
保持情绪稳定	这种极端的情况，主播不要情绪失控和用户在直播间进行对骂，这样做不仅不能解决问题，还会造成不良的影响，给自己带来更大的损失
有理有据地进行回应	如果直播间其他用户也被带偏，开始对这种恶意评价有所回应，主播就不能逃避或拖延了，而是应该主动出击，有理有据地进行回复，但记住绝不恋战，干脆利落地进行反击之后，还是要回到自己的直播节奏里
联系官方或者平台进行处理	这是最为快捷的处理方式，可以快速维护直播间的秩序，但注意要截屏保留证据

直播应变与救场

在直播的过程中，难免会出现各种意外状况，如设备出现故障、主播口误导致用户起哄、用户提出无理要求等。面对这些突发事件，主播必须学会随机应变，尽可能避免直播间负面影响扩大化，带来不必要的损失。本学习任务将带领学生了解直播间各种突发状况的临场应变和救场技巧，以便在后期的直播活动中遇到相似的情况能够沉着、理性应对。

随着直播电商的快速发展，相关配套政策的不断完善，直播电商行业逐渐规范化、专业化，但在实际的操作中，难免会有各种突发状况，有客观的直播设备故障，也有主观的主播失误等，因此主播不仅要提高自身的职业技能和职业素养，更需要掌握一定的应变技巧，减少负面影响，具体操作如下所示。

1. 直播设备故障

无论是手机直播还是电脑直播，声卡、补光灯等必不可少，丰富的直播设备虽然提升了直播效果，但同时也增加了设备出现故障的可能性。

多数主播都曾遭遇过直播间设备故障，如直播突然中断、卡顿、闪退或者是连麦出现问题。这种“技术型”问题需要根据故障的处理难度进行灵活应对。

（1）较好处理且不影响直播的故障

对于这类故障，需要排查故障现场快速解决，主播可以在信号恢复之后及时在直播间表达一下自己的歉意，也可以使用幽默的语言来稳定直播间的气氛。

示例： 大家太热情了，我们直播间的声卡都不堪重负想休息一下，为了感谢大家的热情，我们接下来发一波红包。

需要注意的是，想要快速解决设备故障，主播及相关工作人员应当提前学习相关知识，对直播软硬件设备、网络设备等有一定的了解，这样才能临危不乱。

（2）难以处理无法继续直播的故障

如果直播设备故障非常严重，已经无法继续直播，主播可以在粉丝群说明原因，暂时关闭直播间，并在之后的直播中进行原因说明，向用户致歉的同时避免各种不必要的猜测。

为了避免出现这种严重故障，在条件允许的情况下，可以准备一些备用设备。一旦出现问题可以在短时间内切换到另外一套设备，这样就能有效避免直播间因为设备故障而不得不被动关闭。

2. 直播过程中出现失误

即主播在直播过程中出现各类失误，包括各类口误、商品链接失效等。

（1）主播口误

主播口误包括说错品牌方的名字、商品报价错误等，面对这些情况，首先应该诚挚道歉。如某直播在直播中将“极米投影仪”误说成了“坚果投影仪”，经身旁的工作人员提醒后，该主播立马起身鞠躬道歉。

此外，对于比较严重的直播失误，即便现场做出了有效的处理，但为了避免事件发酵，主播还应该在粉丝群里与大家再次道歉并说明原因。需要注意的是，在致歉声明中一定要表现出诚恳的一面，而不是过多为自己的失误辩解。

（2）链接问题

链接问题是指在直播过程中，上架至直播间的商品链接出错、失效，或商品链接中的价格、优惠券标注错误等。

处理此类问题最常见的做法就是先将商品链接下架，告知直播间的用户不要购买，向已经下单购买的用户表示歉意，并为他们办理退款。与此同时，主播与品牌方进行沟通，修改商品链接，待商品链接修改好后再重新上架，并告知用户可继续购买。如果商品链接无法及时得到修复，主播可以直接将此款商品下架，并向用户解释原因和表示歉意，然后继续后面商品的直播。

为了避免在直播过程中因各类失误造成严重影响，直播电商活动中需要进行危机公关管理。在直播出现失误时，我们可以参考使用危机公关“5S”原则，帮助团队转危为安，详见表6-3。

3. 用户对主播提出无理要求并给出负面评价

观看直播的用户素质参差不齐，绝大多数的用户都是尊重主播工作并以积极正面的态度进行互动交流的，但难免会有一些用户出于个人的意愿提出各种无理要求甚至进行负面评价。面对这种状况，主播要顾全大局，因为直播间面对的不是单一客户，需要对其他大多数用户负责，因此在遇到此类突发情况时，可坚持以下处理原则，如图6-21所示。

图6-21　主播处理原则

此外，根据不同的状况，主播可以有不同的应变技巧。

（1）用户提出不合理但没有恶意的要求

面对这种状况，主播应巧妙应对，如模棱两可地表示“主播会考虑考虑”，并感谢用户的关注，提醒用户直播间将会有一波福利，调动起其他用户的互动热情，巧妙地让这个话题就此打住。

（2）用户对主播进行负面评价，但不影响名誉及直播进展

面对这种状况，主播可以选择自我调侃，幽默带过，如果用户依然刷屏进行负面评价，主播可以将相关用户禁言。

（3）用户提出无理的要求或给出带有攻击性的恶意评价

面对这种状况，主播有3种应变技巧，详见表6-4。

4. 用户在直播间质疑商品

有时用户会在直播间针对主播正在讲解的商品进行评价，为了避免影响其他用户下单，可以针对不同情况进行灵活应变。

（1）无端抹黑商品

针对无端抹黑商品的情况，主播一定不能选择无视，首先应该有依据地进行澄清，此外为了避免之后进来的用户不明所以被误导，可以主动刷屏进行评论覆盖并且在后台设置屏蔽词。

（2）进行差评反馈

对于个别用户的差评，主播首先应该对用户进行回应并让助理核对信息，让客服联系用户，本着积极的态度解决问题。随后可在直播间从工厂生产有残次率、碰巧有个别不好商品等角度向其他用户解释，并保证有质量问题7天无理由退换货，打消其他用户对商品的疑虑。

（3）坦然讲明商品缺陷

没有商品是十全十美的，如果商品确实存在某方面的缺陷或者与客户的需求不匹配，主播可以直接讲明而不是进行遮掩，把知情权和选择权留给直播间的客户。

电商思政小贴士

当下，电商平台对各类直播都明确了相应的管理规章，但与此同时，直播相关人员仍要学习相关法律法规，形成内心的“守则”，不侵犯、泄露他人隐私，不诋毁、谩骂他人，不引起恶性争端等，“有度”开播，维护好直播间的生态和秩序。

通过本任务的学习，学生了解了直播设备出现故障如直播卡顿、闪退、中断等情况的处理方法，以及直播过程中由主播或商家造成的失误该如何应对，并进一步掌握了用户对主播提出无理要求或质疑商品时的应变技巧，其中学生需要重点掌握直播过程中出现失误的危机公关管理，避免造成更严重的影响。

让绿色消费蔚然成风

党的二十大报告指出，倡导绿色消费，推动形成绿色低碳的生产方式和生活方式。培育绿色理念，促进绿色消费，是推动经济高质量发展的内在要求，对实现碳达峰碳中和目标具有重要意义。新征程上，我们要从培养绿色消费的思想观念、落实绿色消费的具体行动等方面下足功夫，全方位助推绿色消费发展升级，大力促进绿色发展。

绿色消费是各类消费主体在消费活动全过程贯彻绿色低碳理念的消费行为。思想决定行为，绿色消费要从培养消费者的思想观念入手。直播电商平台应该利用其优势，推广绿色、环保消费理念，扩大绿色产品销售，鼓励消费者开展绿色消费，以实现社会绿色发展。

例如，2023年3月6日至20日，菜鸟联合淘宝直播举办了首届“绿色回收节”。头部主播和消费者共同努力，菜鸟15天内共回收快递包装230多万个。据中环联合认证中心单包裹减碳量测算数据推算，这批回收的快递包装预计累计减碳约85000千克，相当于10000多棵树一年吸收的二氧化碳量。

“绿色回收节”是全网第一个以绿色回收作为核心主题的购物节，也是淘宝直播3月绿色直播月的核心组成部分。平台多位头部主播参与绿色回收，环保帆布袋等绿色福利悉数登场，号召直播间网友，积极参与快递包装回收，践行低碳行动。

参与该活动的主播表示，网购已经成为生活中不可或缺的一部分，作为主播应当承担更多的社会责任，发挥自己的公益影响力。

目前，直播已成为电商标配的内容营销工具，而在“双碳”政策背景下，头部主播的积极参与，也有助于向更多人普及绿色环保的消费理念，也能让普通消费者意识到，每次绿色消费都可以为“双碳”大目标贡献“小力量”。

资料来源：《深圳商报》《重庆日报》。

一、单项选择题

1. 抖音主播在直播间进行发放，仅限粉丝可领取的一种定向优惠券称为（　　）。

　A. 商品优惠券　　B. 店铺粉丝券（粉丝专享券）
　C. 全店通用券　　D. 自有渠道券

2. 主播在直播间遇到带有攻击性的恶意评价应该如何处理（　　）。

　A. 情绪剧烈波动　　B. 激化矛盾
　C. 保持情绪稳定　　D. 起身离开直播间

3. 在一场直播活动中，最核心的要素是（　　）。

　A. 直播内容　　B. 直播间的空间布置

C.直播间的音乐　　D.直播间的背景设置

4.下列能够反映主播的直播控场能力的是（　　）。

A.熟练运用专业词汇讲解商品　　B.建立个人IP

C.营造直播间氛围　　D.突出商品亮点

5.主播在直播销售的过程中，为了有效传达商品的关键信息，可以借鉴FAB法则，其中“A”是指商品的（　　）。

A.作用　　B.益处

C.折扣　　D.属性

二、多项选择题

1.为了提升直播间的人气，主播会设计一些互动环节，下列互动方式恰当的是（　　）。

A.提醒用户进入粉丝群，在群内发红包

B.发放福袋，吸引用户进行评论互动

C.在直播开场点名用户，引发用户的好奇，并让用户感觉被重视

D.要求用户关注主播，不关注就退出直播间

2.主播在讲解商品卖点时，可以结合FAB法则进行有效输出，其中“F”“A”“B”分别是指商品的（　　）。

A.品牌　　B.益处

C.作用　　D.属性

3.主播直播过程中出现失误，运营团队危机公关管理的原则包括（　　）。

A.承担责任原则　　B.速度第一原则

C.真诚沟通原则　　D.权威证实原则

三、判断题

1.即便在直播过程中出现失误，但直播关闭之后意味着整个直播工作的结束。（　　）

2.如果直播过程中频繁闪退，可以将有关问题及时反馈给直播平台方，寻求解决方案。（　　）

3.直播间开场互动最重要，开场吸引用户留存后主播专注商品讲解即可。（　　）

4.超级福袋是抖音官方提供的免费抽奖工具，主播可通过超级福袋发放实物奖品或抖币和用户进行互动，增加直播间人气，活跃直播间氛围。（　　）

5.直播间的商品链接出错，如果商品链接无法及时得到修复，主播可以直接将此款商品下架，并向用户解释原因和表示歉意。（　　）

参考答案：

一、单项选择题

1～5：BCACA

二、多项选择题

1～3：ABC　BCD　ABCD

三、判断题

1～5：×　√　×　√　√

实训　直播过程分析

无论是企业还是个人，想要顺利地开展直播电商活动，除了要进行选品、购置设备、搭建场景外，积累直播相关的知识和经验也很有必要。在确定了销售类目后，可以寻找同类目的知名直播间进行观摩学习，分析主播是如何进行开场互动，如何过品，又是如何促单的，吸收其中的亮点运用在自身的直播间中，可以让自身在直播的过程中少走弯路。

一、实训目的

1.掌握直播开场话术设置的要点。

2.掌握直播互动及促单的技巧。

3.掌握直播收尾的技巧。

4.掌握直播过程中设备故障及各类失误的应对技巧。

二、实训要求

学生分小组进行实训，由教师确定食品类、服饰类的知名直播间，学生观看一场完整的直播，过程中需要重点关注主播的开场互动、商品讲解、促单、收尾、临场应变等。

三、实训内容

观看直播的过程中，对于教师布置的重点关注内容进行记录与分析，并在直播结束后，汇总小组成员意见，将学习所得分别记录在表6–5、表6–6中。

表6–5　食品类直播间观看记录

直播间基本情况	
直播间名称	
直播时长	
主播人数	

续 表

<table>
<tr><td colspan="2">单场直播商品数</td><td></td></tr>
<tr><td colspan="2">单场直播主要类目</td><td></td></tr>
<tr><td colspan="3">直播流程分析</td></tr>
<tr><td rowspan="2">直播开场</td><td>开场互动技巧
（活动设置）</td><td></td></tr>
<tr><td>开场话术
（重点记录）</td><td></td></tr>
<tr><td colspan="2">商品介绍
（商品卖点概括，选择其中两款商品即可）</td><td></td></tr>
<tr><td colspan="2">促单环节
（记录直播过程中的促销活动、粉丝福利活动）</td><td></td></tr>
<tr><td rowspan="2">收尾环节</td><td>收尾互动
（记录是否引导加群、引导关注、直播预告、引导购买）</td><td></td></tr>
<tr><td>收尾话术
（重点记录）</td><td></td></tr>
<tr><td colspan="2">临场应变
（记录是否出现失误以及应对措施）</td><td></td></tr>
<tr><td colspan="2">整场直播亮点分析</td><td></td></tr>
</table>

表6-6　服饰类直播间观看记录

<table>
<tr><td colspan="3">直播间基本情况</td></tr>
<tr><td colspan="2">直播间名称</td><td></td></tr>
<tr><td colspan="2">直播时长</td><td></td></tr>
<tr><td colspan="2">主播人数</td><td></td></tr>
<tr><td colspan="2">单场直播商品数</td><td></td></tr>
<tr><td colspan="2">单场直播主要类目</td><td></td></tr>
<tr><td colspan="3">直播流程分析</td></tr>
<tr><td rowspan="2">直播开场</td><td>开场互动技巧
（活动设置）</td><td></td></tr>
<tr><td>开场话术
（重点记录）</td><td></td></tr>
<tr><td colspan="2">商品介绍
（商品卖点概括，选择其中两款商品即可）</td><td></td></tr>
<tr><td colspan="2">促单环节
（记录直播过程中的促销活动、粉丝福利活动）</td><td></td></tr>
</table>

续 表

<table>
<tr><td rowspan="2">收尾环节</td><td>收尾互动
（记录是否引导加群、引导关注、直播预告、引导购买）</td><td></td></tr>
<tr><td>收尾话术
（重点记录）</td><td></td></tr>
<tr><td colspan="2">临场应变
（记录是否出现失误以及应对措施）</td><td></td></tr>
<tr><td colspan="2">整场直播亮点分析</td><td></td></tr>
</table>

四、实训总结

学生提交直播间观看记录，教师结合自身观看直播的感受对不同小组记录的内容进行评分总结，并将不同小组的直播记录内容进行共享，学生相互学习，寻找自身在观看直播过程中遗漏的亮点内容。

项目七　引流

——直播间引流

［知识目标］

1. 了解直播引流短视频的不同类型。
2. 熟悉优质短视频的基本要素。
3. 了解并区分DOU+的不同类别。
4. 了解DOU+“内容加热”的优势所在。
5. 了解并区分不同类型的信息流广告。
6. 明确信息流广告的优势。

［能力目标］

1. 能够根据账号及产品特性完成日常引流型短视频的策划与制作。
2. 能够完成直播花絮短视频的制作。
3. 能够按照要求完成直播DOU+的投放。
4. 能够按步骤完成Feed直投直播间的投放。

［素养目标］

1. 拒绝虚假营销、恶意营销，遵守直播平台规则，规范自身行为。
2. 反对不正当竞争，不正当牟利，杜绝假货，遵循公平诚信原则。

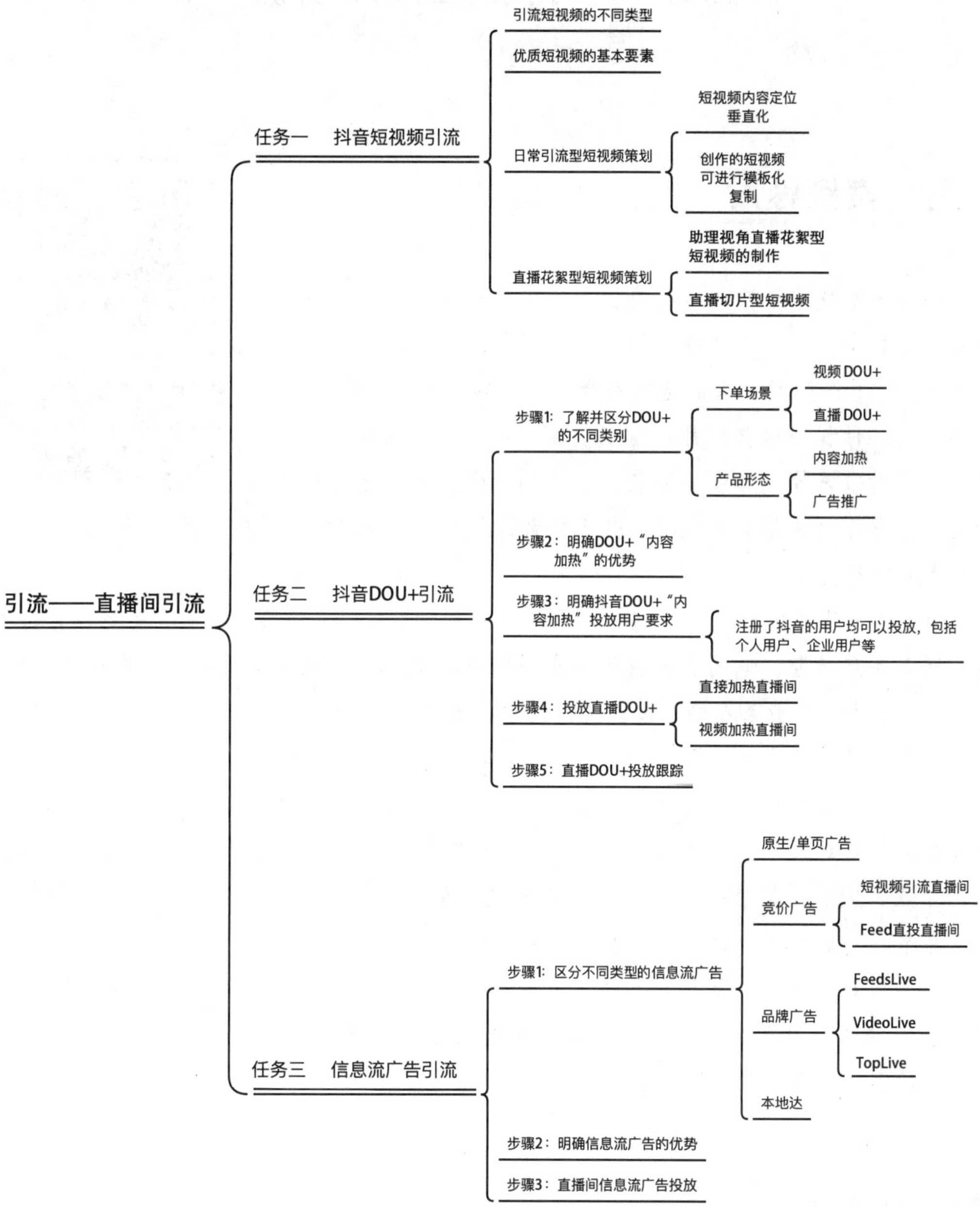

- 引流——直播间引流
  - 任务一　抖音短视频引流
    - 引流短视频的不同类型
    - 优质短视频的基本要素
    - 日常引流型短视频策划
      - 短视频内容定位垂直化
      - 创作的短视频可进行模板化复制
    - 直播花絮型短视频策划
      - 助理视角直播花絮型短视频的制作
      - 直播切片型短视频
  - 任务二　抖音DOU+引流
    - 步骤1：了解并区分DOU+的不同类别
      - 下单场景
        - 视频 DOU+
        - 直播 DOU+
      - 产品形态
        - 内容加热
        - 广告推广
    - 步骤2：明确DOU+“内容加热”的优势
    - 步骤3：明确抖音DOU+“内容加热”投放用户要求
      - 注册了抖音的用户均可以投放，包括个人用户、企业用户等
    - 步骤4：投放直播DOU+
      - 直接加热直播间
      - 视频加热直播间
    - 步骤5：直播DOU+投放跟踪
  - 任务三　信息流广告引流
    - 步骤1：区分不同类型的信息流广告
      - 原生/单页广告
      - 竞价广告
        - 短视频引流直播间
        - Feed直投直播间
      - 品牌广告
        - FeedsLive
        - VideoLive
        - TopLive
      - 本地达
    - 步骤2：明确信息流广告的优势
    - 步骤3：直播间信息流广告投放

任务一　抖音短视频引流

小刘的家乡位于杭州市临安区天目山地区，当地出产的多种农产品如山茶、山核桃等品质优良，以往父母采收的农产品都是直接卖给采购商，虽然这些农产品颇受各地采购商的青睐，但小刘的父母和当地农户都没有议价权，价格都是采购商说了算，很多时候好收成却没有高收入。小刘大学毕业后选择回乡创业，他准备通过直播销售家乡出产的优质山茶，因为这样少了中间商环节，让父母和消费者双方都受益。

但小刘知道不能心急，没有积累足够多的有效粉丝，即便开播售卖，估计销量也不好，所以冷启动期，他的首要目的是实现用户积累，因此他拍摄了一系列引流短视频，使自己茶叶产地专业茶农的人设被用户认知和接纳。

为了保持视频的连贯性，小刘进行了规划，前期先去茶园拍摄种茶、采茶、加工茶等，并突出当地绿色健康的种植环境，既能让观看短视频的用户有世外桃源的闲适感，又能加强用户对茶叶高品质原产地的印象。但这些是不够的，小刘还要让用户加深对自己的印象，便于后期直播销售，所以小刘还规划了一系列本人出镜的短视频，讲解泡茶、品茶、鉴茶的相关知识，并坚持定期更新。

时机成熟后，小刘就打算开播了，他拍摄短视频介绍了最新采收的一款优质茶叶，并预告直播间有惊喜优惠，引导粉丝准时进入直播间观看并下单。基于前期的引流效果，首场直播在线人数和转化率都不错。

通过阅读案例，思考并回答以下问题：

（1）引流短视频的发布有没有时间要求？

（2）拍摄引流短视频有哪些注意事项？

1. 引流短视频的不同类型（见表7–1）

表7–1　引流短视频的不同类型

发布时间	发布类型	目的
日常更新	垂直行业类短视频	实现用户积累
直播前发布	直播前预热型短视频	引导粉丝观看直播间，提升直播间的自然流量
直播中发布	直播中花絮型短视频	持续发布直播相关内容，提升直播间热度
直播后发布	直播精华剪辑、案例	展示售卖成果，对粉丝表示由衷感谢，预告下一场直播重点

2. 优质短视频的基本要素

想要创作出有质量的引流短视频，需要了解优质短视频的基本要素。

①画质清晰曝光正常：视频分辨率至少达到720P，不过度美颜磨皮，不出现大面积反光。

②字幕不遮挡关键信息：字幕不遮挡关键内容，如出镜人、品牌信息、商品细节。

③保证音质良好：保证人声清晰稳定，背景声音不嘈杂。

④背景布置整洁：尤其注意档口/柜台/生产线等背景布置，减少杂乱画面。

⑤画面稳定不抖动：避免画面晃动，尽量拍出稳定完美的效果。

⑥真人出镜真实感：鼓励真人出镜及口播，至少要有字幕内容，不建议全程AI配音。

⑦时长和画幅：30～90秒为宜，节奏明快不拖沓，前5秒直接阐述视频的核心重点。

3. 日常引流型短视频创作要点

（1）内容定位垂直化

即创作的引流短视频内容要垂直，以便实现直播间的精准引流，可以是热点剧情，也可以进行人设塑造，或进行福利预告。

（2）可进行模板化复制

引流短视频的复制性强有助于运营人员保持较高的更新频率，提高短视频的完成效率，并进一步减轻拍摄剪辑负担，模板化复制技巧如下。

①短视频符合商品调性。

②与直播间调性相符。

③视频封面统一。

④拍摄剪辑手法统一。

⑤素材复用（图片、文字）。

4. 直播花絮型短视频内容形式

①展示直播中的商品亮点。
②强调商品适合人群。
③突出商品适用场景。

抖音短视频引流

在直播的过程中，短视频可以在不同的时间节点为直播间引流，带来更多的自然流量。需要明确的是，在策划以及制作引流短视频时，需要注意视频的时效性以及与直播间的关联性，做到精准引流。本学习任务将带领学生了解直播引流短视频的类型，以及各类型引流短视频的制作要点及注意事项，使得学生能够根据直播间引流需求灵活运用。

直播间精准的引流才能带来更好的转化，而通过短视频向直播间引流，是在抖音获取自然流量的重要方式。所谓短视频引流，是指用户从推荐Tab（标签）的主播短视频进入直播间，或点击短视频中的主播头像进入直播间。

为了保证引流效果，引流短视频需要具备以下属性：具有时效性，与直播间的关联性等。并且短视频在不同时间节点均可以为直播间引流助力，发布类型如表7–2所示。

表7–2　直播引流短视频发布类型

发布时间	发布类型
日常更新	垂直行业类短视频
直播前发布	直播前预热型短视频

续　表

发布时间	发布类型
直播中发布	直播中花絮型短视频
直播后发布	直播精华剪辑、案例

预热型短视频的策划与设计我们在项目五已经展开讲解，这里主要围绕日常更新的引流型短视频和直播中发布的花絮型短视频展开讲解。无论是日常更新的引流型短视频还是直播花絮型短视频，均需要传递“性价比高，直播间有售”这一信息，为直播间实现精准引流。

1. 日常引流型短视频策划

为了保证日常引流型短视频的引流效果，在进行短视频的策划与制作时，需要从以下内容着手。

（1）短视频内容定位垂直化

即创作的引流短视频内容要垂直，以便实现直播间的精准引流，可以是热点剧情，也可以进行人设塑造，或进行福利预告，如图7-1、图7-2所示。日常引流型短视频不要频繁更换赛道，以防降低对已积累粉丝的吸引力。并且短视频要能清晰直接地展示商品，并展现商品调性，以便实现商品“种草”，引流至直播间进行“拔草”。需要注意的

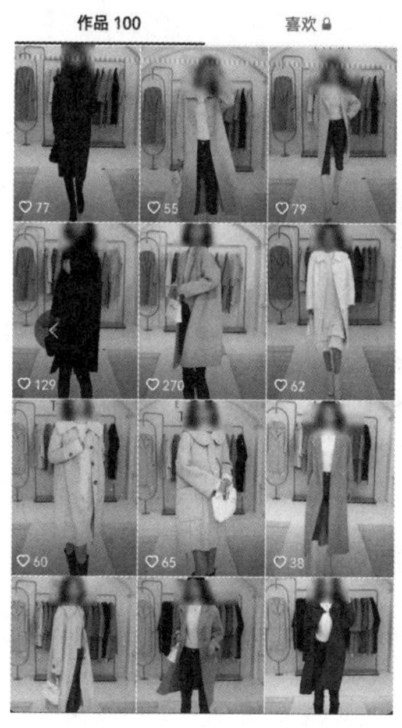

图7-1　日常引流型短视频内容定位垂直化（1）

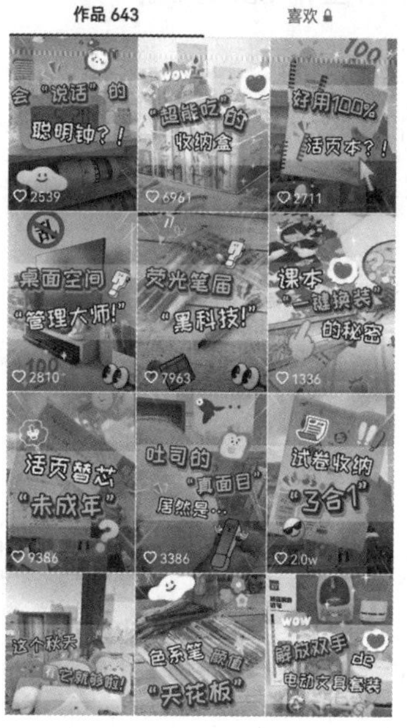

图7-2　日常引流型短视频内容定位垂直化（2）

是，内容垂直统一，但不代表短视频仅限于一种表现形式。

（2）创作的短视频可进行模板化复制

引流短视频的复制性强有助于运营人员保持较高的更新频率，提高短视频的完成效率，并进一步减轻拍摄剪辑负担。

为了方便运营人员对短视频进行模板化复制，可参考以下创作技巧，如图7-3所示。

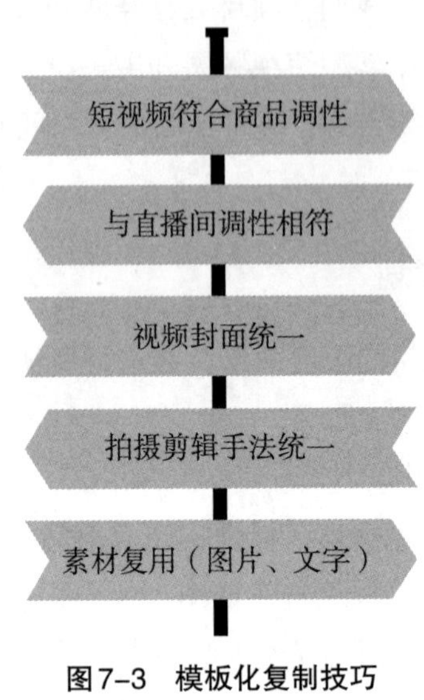

图7-3　模板化复制技巧

2. 直播花絮型短视频策划

在直播中或其后发送的该场直播的短视频就称为直播花絮型短视频。需要注意直播花絮型短视频的时效性。直播花絮型短视频中的商品一定是本场直播在售卖的。

直播花絮型短视频的内容形式如图7-4所示，一般时长较短，内容突出其中一点即可。

图7-4　直播花絮型短视频的内容形式

直播花絮型短视频直接还原了直播间的场景，通过该类视频进入直播间的用户对视频中的商品已经产生了兴趣，想要购买，会点击“小黄车”找商品，转化效果很好，可模板化复制。

直播花絮型短视频有不同的形式，制作过程中的要点及注意事项分别如下所示。

（1）助理视角直播花絮型短视频的制作

即在直播过程中上传“第三视角拍摄的直播花絮型短视频”导流直播间。其制作要点如表7–3所示。

表7–3　　助理视角直播花絮型短视频的制作要点

视频特点	直播中的背景＋助理视角拍摄
视频时长	10～15秒
视频剪辑	固定机位＋画面拼接
模式化脚本（参考）	（1）商品最大的卖点； （2）近景展示细节； （3）远景展示全貌； （4）突出直播间优惠

视频剪辑的过程中进行画面拼接是考虑到主播在讲解商品的时候，话术没有特别流畅或者在回复公屏，关键信息也可加字幕，参考示例如图7–5所示。

图7–5　助理视角直播花絮型短视频

> **电商思政小贴士**
>
> 直播间不仅是购物的平台，也是公益阵地、娱乐载体及科普的窗口，商家和主播要坚守职业道德，增强社会责任感，在宣传和引流的时候，不仅要传递商品信息，还要进一步完成家国情感、知识乃至社会主义核心价值观的传递。

（2）直播切片型短视频

直播切片是指发布直播过程中的高光时刻。在开播页，主播开启录屏功能后，可录制该场直播，录制结束后，系统将根据主播讲解商品时商品的售卖情况、观看人数等数据，自动生成一系列高光时刻短视频。运营人员可在直播结束后，对这些直播高光视频进行编辑、保存、发布，为直播间进行引流，其制作要点如表7–4所示。

表7–4　直播切片型短视频的制作要点

视频特点	直播过程中的高光时刻
视频时长	10～15秒
视频剪辑	画面拼接
模式化脚本（参考）	直播过程中对商品卖点及优惠的介绍

直播切片型短视频的制作步骤如下所示。

步骤1：直播前打开录屏功能

在开播页面，点击设置按钮，如图7–6所示，随后打开录制直播回放，如图7–7所示。

图7–6　点击设置按钮

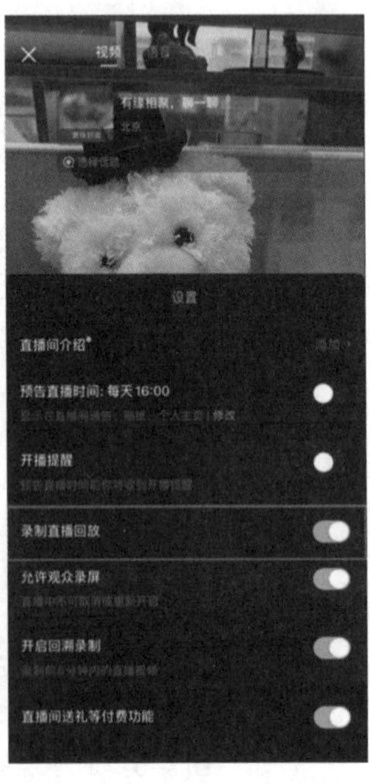

图7–7　打开录制直播回放

步骤2：直播结束后进入直播回放页面选择高光视频发布

在闭播页，点击高光片段，如图7-8所示，随后切换商品，可选择某一段直播视频，点击直接发布，如图7-9所示，手动截取一段直播过程以短视频的形式发布，让商品获得更多曝光。

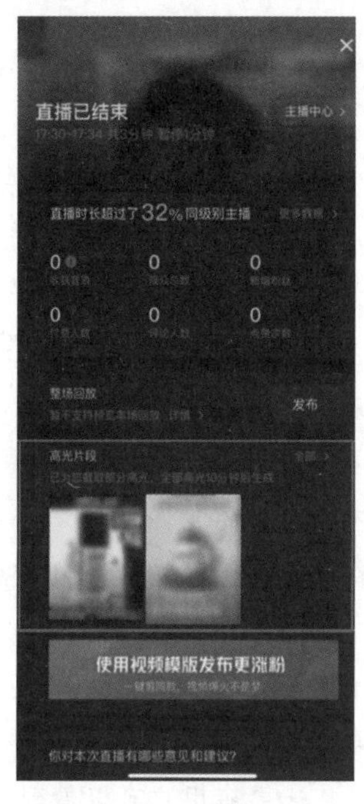

图7-8　查看高光片段

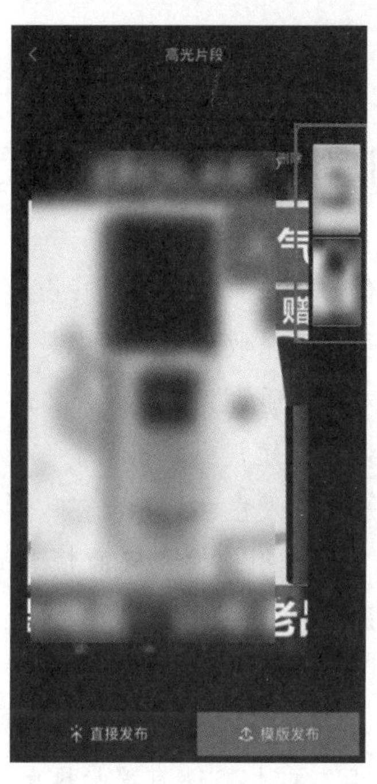

图7-9　剪辑并发布高光片段

步骤3：直播切片型短视频发布时间选择

直播切片型短视频可在本场直播结束后直接发布，因为闭播后直接发布，可以借着直播的热度将短视频推出去，通过短视频带来直播外的商品销量。此外，也可在第二场直播开播前发布，可以为新直播带来额外的流量。

通过本任务的学习，学生了解了直播引流短视频的不同类型及目的，并就其中的日常引流型短视频、直播花絮型短视频的策划与创作要点展开重点学习，学生在课后可结合优质引流短视频的基本要素及创作要点进行各类引流短视频的策划与制作。

任务二　抖音DOU+引流

小刘的家乡位于杭州市临安区天目山地区，当地出产的多种农产品如山茶、山核桃等品质优良，以往父母采收的农产品都是直接卖给采购商，每年收益不稳定。大学毕业后回乡创业的小刘就想通过直播电商帮父母销售山茶。

前期通过拍摄系列短视频，积累了一批粉丝，并且成功引流至直播间，但之后直播间的人气就一直卡在百人左右，甚至有时候只有几十人。

小刘觉得自己发布引流短视频的频率比较稳定，除了前期增粉较快，后期粉丝增长非常缓慢，更别说为直播间引流了，为此，他请教了有经验的前辈，前辈提醒他可以投放DOU+获取付费流量。DOU+能够帮助小刘创作的引流短视频获得更多推荐，有效提升短视频播放量与互动量，提升内容曝光效果，并且能够使账号获得更多兴趣用户的关注。此外，还可以通过DOU+直接加热直播间，让更多用户可以看到小刘的直播状态，从而进入直播间。

小刘听完前辈的指导后跃跃欲试，他决定先从视频加热开始，点开昨天拍摄的视频，点击右侧分享按钮，选择“DOU+上热门”，随后选择期望提升目标、投放时长、定向方式和投放金额，进行支付后，投放设置成功，审核通过后，小刘惊喜发现不但粉丝数增长了，而且点赞数也很高，他下一步想尝试直播间加热。

通过阅读案例，思考并回答以下问题：

（1）DOU+“内容加热”的优势有哪些？

（2）如何在抖音直播间投放DOU+？

1. 抖音DOU+认知

抖音DOU+是抖音官方推出的一款视频、直播间加热工具，使用后视频及直播间会被推荐给更多的兴趣用户，能够有效提升视频、直播间的曝光量及互动量，吸引更多用户进入直播间，从而达到引流的目的。

2. 视频DOU+和直播DOU+的区别（见表7–5）

表7–5 视频DOU+和直播DOU+的区别

视频DOU+	视频DOU+是抖音为创作者提供的视频加热工具。不仅能高效提升视频播放量与互动量，还能提升视频热度与人气，吸引更多兴趣用户进行互动与关注，实现提升视频互动量、增加粉丝关注等目标。除了能给自己的视频投放DOU+加热，还可以为他人视频进行DOU+加热
直播DOU+	直播DOU+是抖音为主播提供的直播间加热工具，能够增加直播间的热度及曝光率，从而吸引更多用户进入直播间，解决直播间在线人数少、粉丝量少和冷启动难等问题

3. "内容加热"和"广告推广"的区别（见表7–6）

表7–6 "内容加热"和"广告推广"的区别

内容加热	"内容加热"是指针对原生内容场景下，快速为用户获取抖音流量的加热工具
广告推广	"广告推广"是针对部分特定的场景，完成账号升级入驻的用户，支持广告投放流量库存，打广告标签

4. DOU+"内容加热"的优势（见表7–7）

表7–7 DOU+"内容加热"的优势

投放便捷	投放资质要求少，行业限制少
预算门槛低	手机端可直接操作下单，iOS端新用户首单最低至50元起，后续下单98元起；安卓端新用户首单低至30元起（部分用户50元起），后续下单100元起
目标多元	支持多投放目标选择，满足客户多元运营需求
实时监测	投放期间/开播过程中可实时看到DOU+带来的数据情况，便于决策是否加投；目前功能还支持深层转化数据披露
投后分析	投后披露观众人群特征，可根据兴趣人群特征，进一步分析及明确受众

5. DOU+“内容加热”适用条件和适用人群

表7-8　DOU+“内容加热”适用条件和适用人群

	适用条件	适用人群
内容加热	原生内容加热，无广告标	注册了抖音的用户均可投放（除部分违规账号/限制行业外），细分为下面3个角色： 个人用户（非电商非企业用户） 电商用户（有购物车权限的用户） 企业用户（完成企业认证的用户）

6. DOU+短视频投放要求

①必须是原创视频。

②视频内容完整度好。

③视频内容本身不能含有其他App水印。

④内容优质有趣，要与直播内容高度相关。

⑤视频符合抖音内容审核标准。

抖音DOU+引流

商家发布各类引流短视频后，系统会自动进行推荐，短视频获得一定的曝光量，吸引感兴趣的用户进入直播间，但依靠这种途径获得的自然流量有限，如果商家预算充足，就可以利用DOU+来获得更多的曝光量，实现精准推送，获取更好的直播间引流效果。本学习任务将带领学生了解DOU+的不同类别、DOU+“内容加热”的优势，掌握投放直播DOU+的步骤和注意事项，以便后期能够根据直播需求进行DOU+的投放与运用。

以抖音平台为例，抖音官方提供了DOU+付费引流，可以根据自身需求进行投放，

为直播间引流，其注意事项和操作要点分别如下所示。

步骤1：了解并区分DOU+的不同类别

按照下单场景，DOU+分为视频DOU+及直播DOU+，分别适用于短视频加热场景以及直播间引流场景，两者的区别详见表7–5。

按产品形态，DOU+分为“内容加热”和“广告推广”，两者的区别详见表7–6。图7–10所示为DOU+的不同类别。

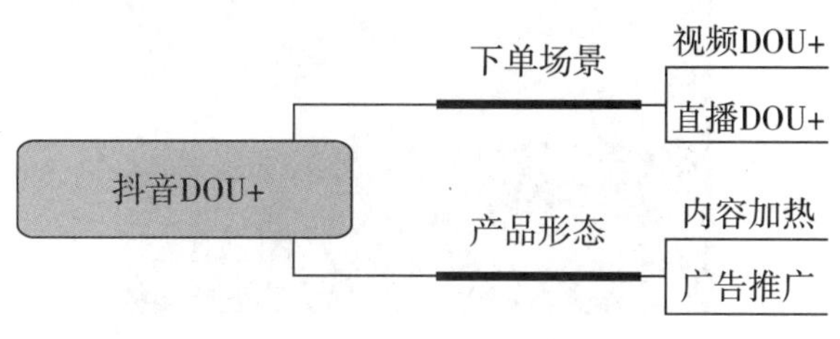

图7–10　DOU+的不同类别

相较于视频DOU+，直播DOU+更偏向于向直播间潜在目标客户进行精细化推荐，二者的侧重点不同，如果目标是向直播间进行引流，可以直接选择直播DOU+进行内容加热。

步骤2：明确DOU+“内容加热”的优势

在进行直播DOU+“内容加热”前，还需要了解其优势，详见表7–7及图7–11。

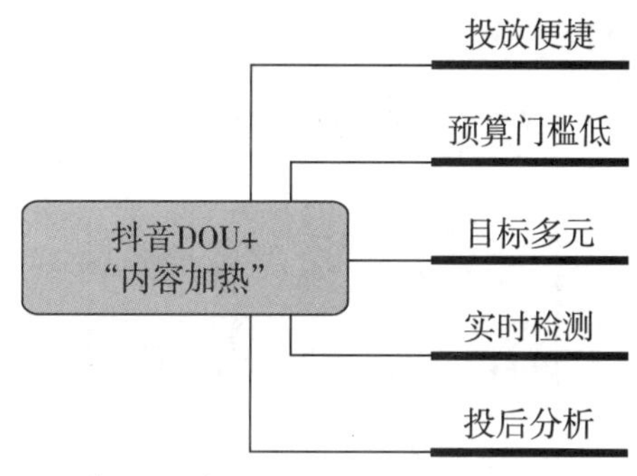

图7–11　DOU+“内容加热”的优势

步骤3：明确抖音DOU+“内容加热”投放用户要求

注册了抖音的用户均可投放DOU+。不仅可以为自己的直播间投放，也可以为他人的直播间进行投放，具体适用条件和适用人群详见表7–8。

步骤4：投放直播DOU+

直播DOU+加热分为两种方式，即直接加热直播间和视频加热直播间。区别和操作步骤如下所示。

步骤4.1：直接加热直播间。直接加热直播间是指主播在开播后，直接对直播间进行实时加热，无须选择视频即可提升直播间的曝光量，吸引对直播感兴趣的用户进入，从而提升直播间热度。

需要注意的是，只有在主播开播时，才可以实时加热直播间，如果在开播前或开播后下单加热直播间，订单会在下次开播时进行消耗。

步骤4.1.1：在主播开播状态下，点击直播间右下角更多，随后点击“DOU+上热门”，如图7–12所示。

图7–12　选择DOU+上热门

步骤4.1.2：进入下单页面，如图7–13所示，根据自身需求选择合适的投放目标，如“直播间人气”“直播间涨粉”等。如果有明确的用户人群定位，可以在观众类型中进行具体的选择，以便定向投放，也可以选择系统智能推荐，系统会推荐给感兴趣的用户。随后选择加热方式为直接加热直播间，曝光时长则可以根据直播规划进行合理的设置。

图7–13　DOU+投放设置

步骤4.1.3：投放成功后，用户可以在视频流中刷到直播页面，通过点击屏幕即可进入直播间，如图7–14所示。

图7-14　点击进入直播间

步骤4.2： 视频加热直播间。视频加热直播间适用于具备视频制作能力、视频互动率不错的用户，该方式下抖音会加热已发布的视频作品，被触达的用户在视频流中会刷到加热视频，对视频内容感兴趣的用户点击头像即可进入直播间，从而提升直播间的人气。视频加热直播间既可以在开播过程中投放，即时为直播间引流，也可以在开播前投放，为直播间预热。

步骤4.2.1： 单视频加热直播间。视频加热直播间操作过程与直接加热直播间相同，如图7-15所示。视频加热直播间期望曝光时长可以设置为0.5～24小时，建议根据直播时长选择曝光时间，如直播5小时，可选择5小时的曝光时间，可以保证直播期间有持续的加热效果。

图7-15　DOU+视频加热直播间

步骤4.2.2：多视频加热直播间。企业及电商用户可以选择多个视频批量投放加热直播间，相较于单视频加热，批量投放会根据投放效果判断优质视频，对潜力较大的视频加大投放，从而优化加热效果。

直播团队运营人员在DOU+上热门页面可以直接勾选视频为直播间加热，注意最多只能选择5个视频进行加热，如图7–16所示。

图7–16　多视频加热直播间

随后可选择合适的投放目标和投放时长，其中投放时长在0.5 ~ 5.5小时内按照0.5小时累加，如图7–17所示，之后分为6小时、12小时、24小时3个时间段，与单视频投放类似。此外，多视频批量投放同样建议根据直播时长选择投放时间。

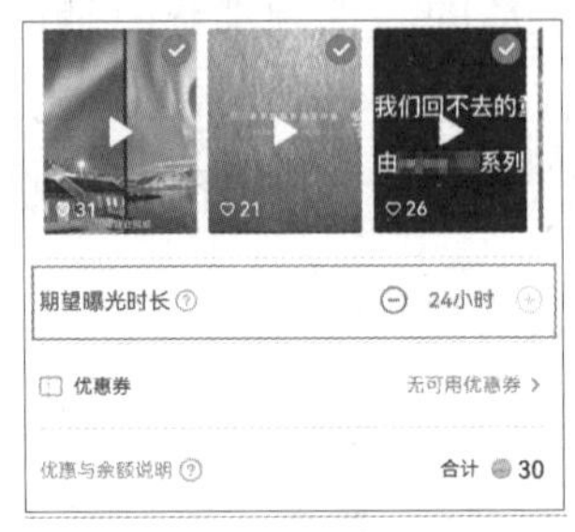

图7–17　投放时长设置

投放对象可以选择系统智能推荐或自定义定向推荐，如果有目标用户，还可以选择达人相似粉丝推荐，进一步实现直播间引流目标。

电商思政小贴士

在直播电商运营中，强化平台责任是重点，针对直播宣传引流，平台作为产品宣传和交易的入口，平台要按照要求筛选、核实和公示资质，同时在平台服务中加强对商家、直播人员和直播机构的引导和监督。

步骤5：直播DOU+投放跟踪

为了保证投放效果，需要少量多次地进行投放，这样才能取得较好的效果。此外，在做DOU+投放的过程中，一定要对后台数据进行观察，根据实际情况调整投放策略。

如选择的是“直接加热直播间”，可以选择每0.5小时进行投放，商家需要结合直播脚本为每0.5小时的直播内容定好核心投放目标（直播DOU+中的选项）。如刚开播的半个小时可以直播间人气作为核心投放目标，接下来，结合优化目标思考相应的话术或互动玩法。如果直播间人气提升不明显，需要及时调整直播内容。

通过本任务的学习，学生了解了抖音DOU+的不同类别以及“内容加热”的优势，并进一步掌握DOU+直播上热门中直接加热直播间和视频加热直播间两种加热方式的操作步骤和注意事项。学生需要重点掌握如何根据投放目标调整直播内容和DOU+投放策略，以取得更好的引流效果。

任务三 信息流广告引流

小张的父母几十年来一直经营卤味店，因为选材好味道好，开了好几家分店，并且专门租了空间非常大的厂房进行卤味的生产。小张以前假期都会帮着父母打理卤味店，大学毕业后更是直接管理店面的销售，父母则专心在厂房管理生产。

随着直播电商的火热，头脑灵活的小张也想要尝试一番。自家的产品虽然口味好，口碑好，但毕竟不是被大家广为熟知的品牌，小张就想着每天都开直播，能卖一单是一单，慢慢积累粉丝。但尝试了一段时间，小张发现仅依靠自然流量是不行的，直播间人气不旺，在线人数最多时也没破百。

小张没有放弃，而是积极求变，一方面调整直播场景和话术，如近距离展示刚出锅的卤味，体现真材实料；现场上称打包，体现足量；此外，还会不时展示食品检验合格证，主播进行现场试吃，让用户买得放心，吃得放心。另一方面则为直播间增加付费流量，让更多用户可以看到直播间并进入直播间，综合对比后，小张选择了Feed直投直播间，通过Feed流，直播实时画面前置至抖音推荐流，缩短了用户的观看路径，并且因为改进后的直播内容比较有吸引力，激发了粉丝观看兴趣，最大限度引流至直播间。

初次尝试效果不错，小张计划后期进行小额常态化定投，并逐步进行多模式组合，实现直播间转化率的稳步提升。

通过阅读案例，思考并回答以下问题：

（1）抖音信息流广告还有哪些形式？

（2）如何借助信息流广告为直播间引流？

1.信息流广告

信息流广告是使用真实抖音账号发布的一种广告展示形式，又称为“长得最像内容的广告”，与抖音其他视频内容混排在一起，出现在用户自己的信息流中，让用户以阅读资讯的方式阅读广告。

2.信息流广告的类型

（1）原生/单页广告

广告展示在抖音信息流内容中，竖屏展现样式，账号关联强聚粉，支持原生/单页等多种广告样式。原生广告内容有很多功能组件，用户观看3秒左右，在内容下方就会出现事先设置好的组件，对广告内容感兴趣的用户点击组件就能进入落地页或者设置的指定位置。

（2）竞价广告（Feed流）

分为短视频引流直播间和Feed直投直播间。短视频引流直播间是指商家投放广告视频素材，让用户在信息流中刷到，通过短视频内容吸引用户点击进入直播间。Feed直投直播间则是直播间的实时内容将通过Feed流直接展示，用户可在信息流页面刷到，并直接点击屏幕进入直播间。

（3）品牌广告

①FeedsLive。FeedsLive是为商家提供的在直播场景下流量扩充服务的品牌广告产品，在商家进行直播时以实时展示直播间的形式吸引更多用户进入直播间。

②VideoLive。VideoLive是以短视频引流直播间，定制视频内容传递品牌信息，激发用户兴趣，此外，动态化卡片最大化贴合视频、直播内容进行营销，多渠道引流直播间，并且支持以保量的方式定向TA[①]人群。

③TopLive。TopLive是开屏广告，位于App开机黄金资源位，在开机前3秒视频播放过程中支持用户点击屏幕一键进入直播间，缩短转化链路，无缝链接抖音原生直播内容。

（4）本地达

在抖音推荐流中展示的本地达广告可以满足广告主线下门店推广等本地营销诉求。

3.信息流广告的优势

信息流广告对于受众来说干扰少、体验佳，此外，也符合现代人们获取信息的习惯；对于投放信息流广告的广告主来说，得益于抖音的算法优势，信息流广告精准度高，即在合适的时间把合适的内容推送给合适的人，可有效促进直播间内用户留存、转化，提升整体投资回报率。此外，可通过信息流广告流量积累粉丝，实现长期经营价值提升，提升长期投资回报率。

4. Feed直投直播间及FeedsLive的区别（见表7-9）

表7-9 Feed直投直播间及FeedsLive的区别

Feed直投直播间	Feed直投直播间是竞价广告模式，重在帮助商家提升直播转化，支持oCPM[②]出价
FeedsLive	品牌曝光是商家进行FeedsLive投放的最大诉求。FeedsLive支持按照CPT或GD方式购买。其中，CPT是按天或按时段买断位置强势曝光，在黄金位置展示直播间画面，实现品牌直播内容强可见性，更适用于进行品牌发布会的商家；GD是按CPM保量方式购买，可对电商直播间达到加热的目的，系统根据模型完成人群选量，且支持地域（最小到市级）、性别、年龄、兴趣等定向

① TA即目标受众（Target Audience）。

② CPM是一种按照展示即收费的广告计费模式，oCPM是CPM的优化，其将广告的点击率和转化效果计入广告的考核目标，详见《一文读懂oCPM和oCPC》。

信息流广告引流

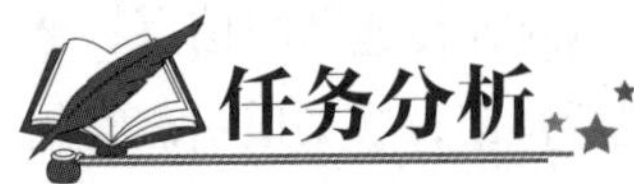

信息流广告和DOU+一样都属于付费流量，即在推荐视频流中以原生态的方式植入品牌或商家广告。这种方式具有非强制性、不打扰用户、让用户乐于接受的特点。信息流广告可以针对人群、兴趣、地域等多个维度进行标签设置，从而把品牌、产品呈现给精准人群。本学习任务将带领学生了解信息流广告的不同类型、优势以及投放注意事项，使得学生能够根据自身资源和直播间引流需求灵活运用。

步骤1：区分不同类型的信息流广告

信息流广告类型多样，可以满足多种营销需求，具体如表7–10所示。

表7–10　　信息流广告的不同类型

原生/单页广告	广告展示在抖音信息流内容中，竖屏展现样式，账号关联强聚粉，支持原生/单页等多种广告样式，原生广告如图7–18所示。原生广告内容有很多功能组件，用户观看3秒左右，在内容下方就会出现事先设置好的组件，对广告内容感兴趣的用户点击组件就能进入落地页或者设置的指定位置
竞价广告（Feed流）	分为短视频引流直播间和Feed直投直播间。短视频引流直播间是指商家投放广告视频素材，让用户在信息流中刷到，通过短视频内容吸引用户点击进入直播间。Feed直投直播间则是直播间的实时内容将通过Feed流直接展示，用户可在信息流页面刷到，并直接点击屏幕进入直播间
品牌广告	品牌广告，包括FeedsLive、VideoLive、TopLive。 FeedsLive是为商家提供的在直播场景下流量扩充服务的品牌广告产品，在商家进行直播时以实时展示直播间的形式吸引更多用户进入直播间，如图7–19所示。 VideoLive是以短视频引流直播间，定制视频内容传递品牌信息，激发用户兴趣，此外，动态化卡片最大化贴合视频、直播内容进行营销，多渠道引流直播间，并且支持以保量的方式定向TA人群。 TopLive是开屏广告，位于App开机黄金资源位，在开机前3秒视频播放过程中支持用户点击屏幕一键进入直播间，缩短转化链路，无缝链接抖音原生直播内容
本地达	在抖音推荐流中展示的本地达广告可以满足广告主线下门店推广等本地营销诉求，如图7–20所示

图7-18 信息流原生广告示例

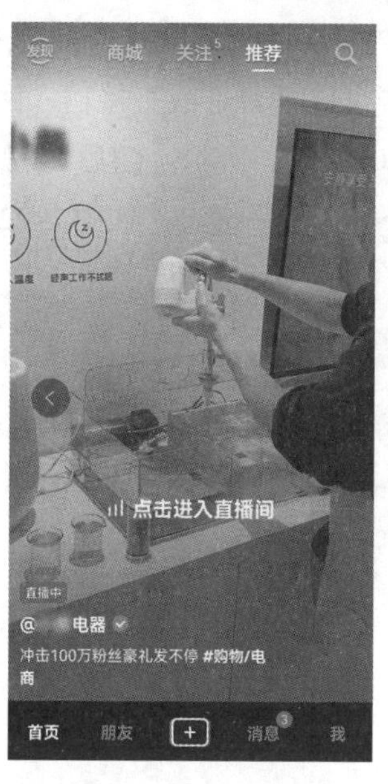

图7-19 信息流FeedsLive广告示例

图7-20 信息流本地达广告示例

电商思政小贴士

广告发布者应当显著标明“广告”。互联网广告应具有可识别性，能够使消费者辨明其为广告。对于竞价排名的商品或者服务，广告发布者应显著标明“广告”，与自然搜索结果明显区分。

步骤2：明确信息流广告的优势

信息流广告对于受众来说干扰少、体验佳，此外，也符合现代人们获取信息的习惯；对于投放信息流广告的广告主来说，得益于抖音的算法优势，信息流广告精准度高，即在合适的时间把合适的内容推送给合适的人，可有效促进直播间内用户留存、转化，提升整体投资回报率。此外，可通过信息流广告流量积累粉丝，实现长期经营价值提升，提升长期投资回报率。

步骤3：直播间信息流广告投放

根据信息流广告的特性，想要对直播间进行引流，适合选用Feed直投直播间及FeedsLive，相较于DOU+的低投放门槛，Feed直投直播间及FeedsLive的服务对象只能是个体工商户或企业，但二者还是有明显区别的，详见表7-9。

此外，相较于Feed直投直播间，FeedsLive的投放门槛更高，适合具有一定品牌投放预算的商家进行投放引流。Feed直投直播间相较于FeedsLive可调整的空间大，主播可根据用户反馈实时调整内容，主动把控导流率，引流用户质量高，这里以Feed直投直播间为例展开讲解。

步骤3.1：账户绑定。想要在巨量引擎投放Feed直投直播间，首先需要进行账户绑定。在网页搜索巨量引擎广告投放平台，或直接输入网址https://ad.oceanengine.com/，进入网页后进行注册或登录，如图7–21所示。随后在用户账号处点击“账号信息与安全”—“第三方账号绑定”进行抖音账户绑定，如图7–22所示。

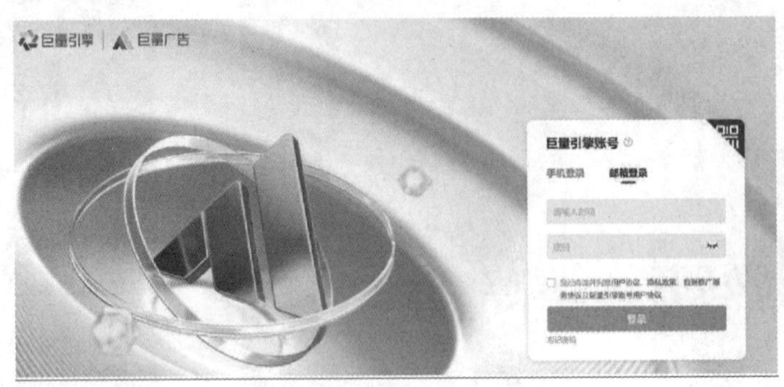

图7–21　账号登录

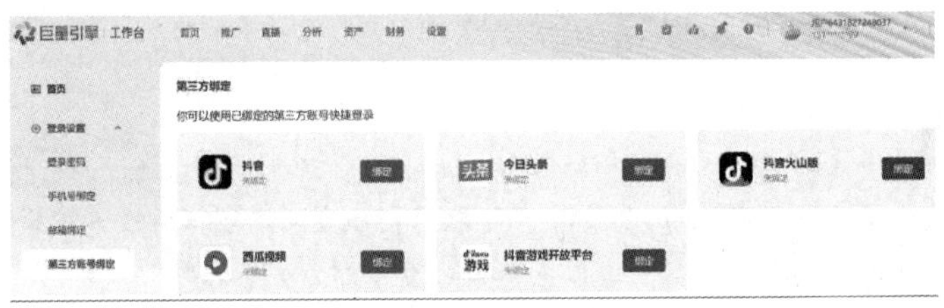

图7–22　账号绑定

若绑定的抖音账户类型识别为企业号，且与广告账号资质同主体，可直接绑定，投放广告时可享受更多主页转化权益；与广告账号资质非同主体的情况下，需前往“认证中心”（见图7–23）上传对应资质，满足资质要求后支持绑定。若绑定的抖音账户类型

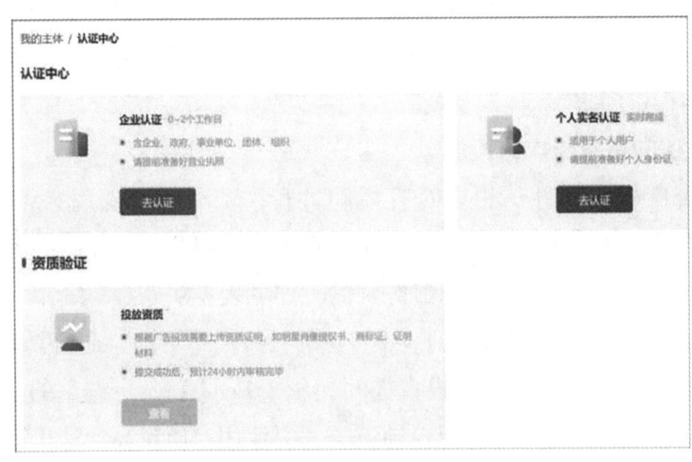

图7–23　认证中心

识别为个人号，须完成个人实名认证。

步骤3.2：创建广告组。认证完成后，就可以创建广告组，广告组是管理广告计划、广告创意的大单位。点击首页的“巨量广告”，随后点击“新建广告”，就可以“新建广告组”，如图7–24所示。

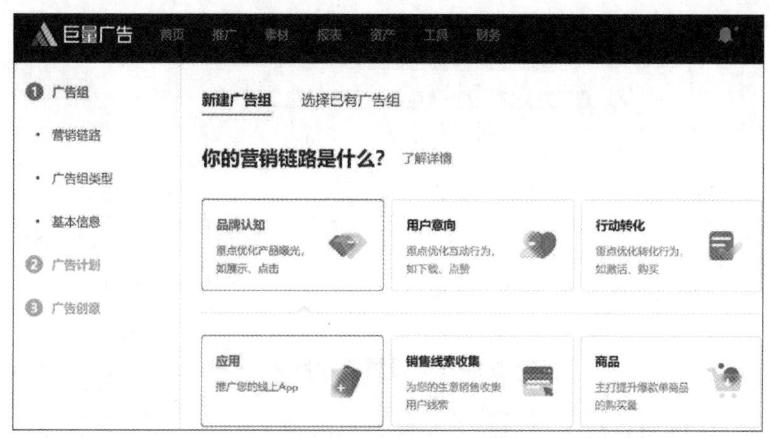

图7–24 新建广告组

随后选择营销链路和推广目的，这里设置营销链路为“行动转化”，推广目的为“抖音号推广”，如图7–25所示。

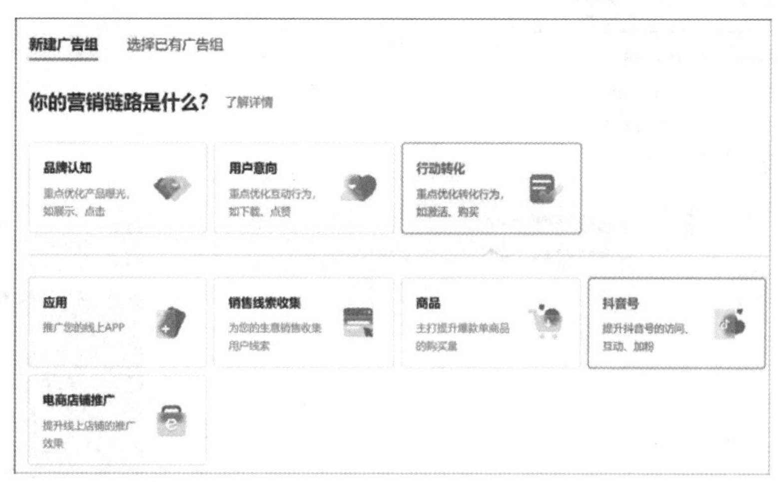

图7–25 设置推广目的

步骤3.3：搭建广告计划。设置“投放目标”“投放内容”等，如图7–26所示。当投放范围设置为“默认”，投放目标设置为“转化量”，下面设置投放内容中则会显示“直播间”按钮，并显示《直播间引流承诺函》，签署后可投放直播链接。此外，推广抖音号只可以选择已绑定的抖音号，转化目标可选择直播间观看、直播间成单等。

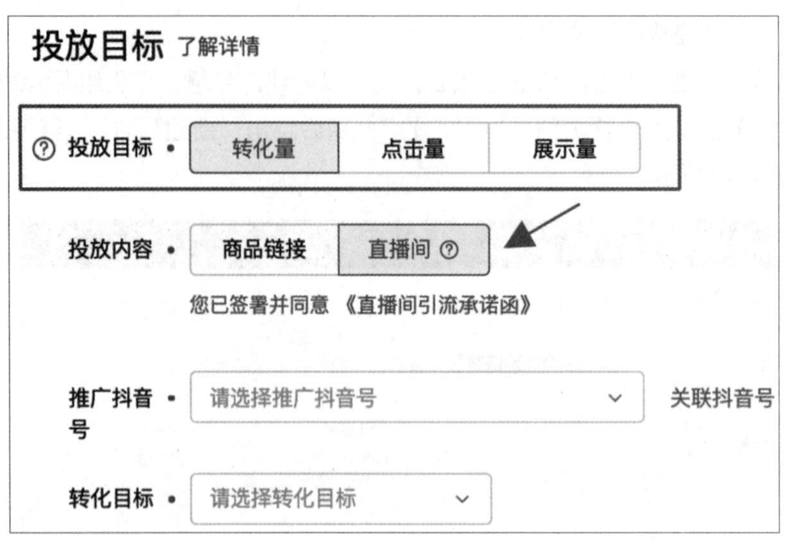

图7-26　设置投放目标

步骤3.4：编辑创意形式。创意形式选择“直播创意”，如图7-27所示，无须上传创意素材，当抖音号开始直播后，将会直接把直播画面作为广告创意进行投放。

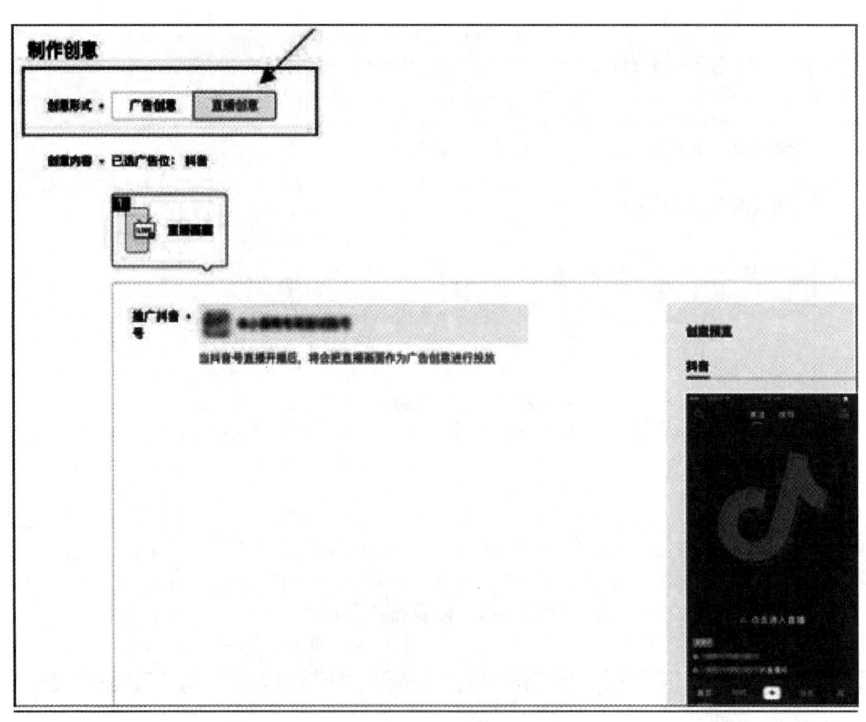

图7-27　编辑创意形式

通过上述步骤，就完成了直播间信息流广告的投放，在直播时就可将直播实时画面在抖音推荐流进行展示，缩短用户观看路径，实现直播间引流。

通过本任务的学习，学生了解了信息流广告的内涵、分类以及优势，其中需要重点区分Feed直投直播间及FeedsLive，二者的服务对象虽然都是个体工商户或企业，但投放目的不同、投放门槛不同、投放方式不同，学生在后期的直播电商活动中可以根据所在企业的需求灵活选择。

直播电商不是法外之地

直播带货作为新型电商营销模式，通过流量“变现”带来巨大经济效益，带动了网络经济的蓬勃发展。但与此同时，利益诱惑之下的刷好评、刷点赞、刷交易量、假冒伪劣、以次充好、虚假宣传（如夸大商品功效、制造虚假流量等）、不文明带货（如演绎剧本、低俗营销等）、价格误导（如虚标价格、优惠夸张等）、侵权售假等不正当竞争行为也逐渐显现，不仅损害了消费者的合法权益，还扰乱了正常的市场竞争秩序。

以中国消费者协会（以下简称中消协）的监测为例。2022年“双十一”期间，中消协利用互联网舆情监测系统，对10月20日至11月13日的消费维权情况进行了网络大数据舆情分析。监测期内，共收集到“直播销售”负面信息50.9万条，占“吐槽类”信息总量的9.3%。其中，假冒伪劣、货不对版、优惠差异等是主要问题。

2023年2月6日，中共中央、国务院印发了《质量强国建设纲要》，其中提出，规范发展网上销售、直播电商等新业态新模式等要求。同时，政策不断加码和细化，覆盖了“人—钱—货—场”各方面，对人们关注的刷单、主播欺骗和误导消费者、售卖假冒伪劣产品、发布虚假广告、偷逃税款等问题都提出具体的监管要求，提升直播带货门槛。

事实上，行业近些年来也在逐渐加强监管，行业乱象得到了有力改善。2023年4月26日，在国新办举行的新闻发布会上，国家市场监督管理总局副局长甘霖表示，近年来，电商平台和直播带货迅猛发展，在为广大消费者提供便利的同时，也出现了一些新问题。针对直播带货这样的新模式、新业态，监管部门将着力加强相关工作，比如，对管理不力、屡屡出现问题的平台，通过约谈、责令改正等方式督促其整改落实。

除了在外部政策及法规的约束下，电商直播企业和主播要履行合规义务外，直播电商平台也需要治理假货并制止不正当竞争行为。平台可以相关法律为基础，通过开展知识产权宣传教育、建立健全知识产权保护体系、规则及投诉处理流程，努力做到售前有准入、售中有监管、售后有保障。通过这些措施增强消费者对直播电商平台的信任度和口碑，进一步提高直播电商的发展水平。

资料来源：财经网。

扫码领取
★ 配套习题

一、单项选择题

1. 按照（　　）进行划分，DOU+可以分为视频DOU+和直播DOU+。

A. 产品形态　　B. 营销需要

C. 下单场景　　D. 品牌意愿

2. 下列付费引流方式中，适合个人投放的是（　　）。

A. DOU+　　B. Feed直投直播间

C. VideoLive　　D. FeedsLive

3. 下列属于竞价广告引流的是（　　）。

A. Feed直投直播间　　B. VideoLive

C. TopLive　　D. FeedsLive

4. 关于引流短视频，下列说法错误的是（　　）。

A. 预热型短视频需要在直播前就开始发布

B. 直播过程中可以发布直播花絮型短视频，持续提升直播间的热度

C. 引流短视频的主要目的是引流，与直播间的关联性强不强不重要

D. 直播后可以发布直播精华剪辑短视频，对粉丝表示感谢的同时可以预告下一场直播重点

5. 使用抖音DOU+加热直播间非常便捷，适用的人群不包括（　　）。

A. 个人用户　　B. 中小学生用户

C. 企业用户　　D. 电商用户

二、多项选择题

1. 优质引流短视频的基本要素包括（　　）。

A. 背景布置整洁　　B. 画质清晰曝光正常

C. 字幕不遮挡关键信息　　D画面稳定不抖动

2.抖音DOU+“内容加热”的优势包括（ ）。

A.投放便捷，投放资质要求少

B.支持多投放目标选择，满足客户多元运营需求

C.仅支持商家投放，投放方式灵活

D.投放过程中可实时看到DOU+带来的数据情况，便于决策是否加投

3.为了方便运营人员对引流短视频进行模板化复制，可参考的创作技巧包括（ ）。

A.拍摄风格统一　　B.视频封面统一

C.符合产品调性，内容垂直统一　　D.剪辑手法统一

三、判断题

1.引流短视频的复制性强有助于运营人员保持较高的更新频率，提高短视频的完成效率。（ ）

2.商家选择视频加热直播间，投放的视频需要是原创视频并且完整度好。（ ）

3.FeedsLive是以短视频引流直播间，定制视频内容传递品牌信息，激发用户兴趣。（ ）

4.信息流广告是使用真实抖音账号发布的一种广告展示形式。（ ）

5.直播DOU+是为抖音主播提供的直播间加热工具，能够增加直播间的热度及曝光率。（ ）

参考答案：

一、单项选择题

1～5：CAACB

二、多项选择题

1～3：ABCD　ABD　ABCD

三、判断题

1～5：√　√　×　√　√

实训一　拍摄引流短视频并进行投放

某食品类直播间主要销售各类便携速食，如煲仔饭、小火锅、小馄饨、螺蛳粉、拌面等，为了提升直播间的流量，该直

播间的账号日常会就不同单品拍摄引流短视频，并且为了加深用户印象，该直播间的日常引流短视频进行了模板化复制。请协助运营人员完成垂直型引流短视频的拍摄及投放。

一、实训目的

1.掌握垂直型引流短视频创作的要点。

2.能够完成垂直型引流短视频的模板化复制。

二、实训要求

学生分小组进行实训，由教师指定三款速食，学生结合产品特性进行引流短视频的策划及拍摄，注意这三个引流短视频需要进行模板化复制。

三、实训内容

步骤1：垂直型引流短视频策划。

学生分小组，分别完成这三个垂直型引流短视频的内容策划，可以是剧情植入，也可以是使用介绍，不做限制，关键是视频内容有吸引力。策划内容简单概括即可，填写在表7-11中。

表7-11　　预热短视频策划

视频单品	视频内容

步骤2：拍摄垂直型引流短视频。

使用手机完成上述垂直型引流短视频的拍摄，注意体现模板化特色。

步骤3：剪辑垂直型引流短视频。

完成短视频的拍摄后，使用剪映App对拍摄的短视频进行剪辑，注意剪辑手法的统一、视频封面的统一等。

步骤4：发布垂直型引流短视频。

通过抖音发布短视频，要求设置标题、添加话题和定位。

四、实训总结

学生分小组将拍摄的垂直型引流短视频进行投屏播放，教师对学生拍摄的垂直型引流短视频进行评分总结。

实训二 抖音DOU+投放

上述食品类直播间拍摄的引流短视频播放量和热度都不高，为了提升热度，直播间的运营人员一边优化短视频的内容，一边着手进行DOU+的投放，想要通过付费推广，将发布的短视频推送到首页推荐流中，并且精准地推送给更多目标用户，提高短视频的播放量和热度，吸引更多对此短视频感兴趣的用户留言评论，甚至获得二次曝光的机会。

一、实训目的

1.能够区分视频DOU+和直播DOU+。

2.能够按步骤完成视频DOU+的投放。

二、实训要求

1.学生分小组进行实训，本次DOU+的投放金额为1000元，但需要“少量多次”地进行投放。

2.本次的投放目标为吸引更多粉丝以及增加购物车点击次数。

三、实训内容

步骤1：打开抖音App，点击主页面右下角的“我”，点击右上角的“☰”图标，然后点击“更多功能”，找到“DOU+上热门”。

步骤2：进入“DOU+上热门”后，选择想要上热门的短视频，注意选择的短视频质量要比较高，随后点击“上热门”，然后进入订单页面，自行设置投放目标和投放时长，投放方式可以选择“系统智能推荐”或“自定义定向推荐”等，将短视频推送给潜在兴趣用户，最后点击右下方的“支付”即可完成操作。

步骤3：在投放的过程中，实时关注各项数据的变化，在流量停止增长或者开始衰退时再次投放DOU+，让短视频再次获得大规模流量。

步骤4：投放结束后，将投放前和投放后的数据情况及投放分析，填写在表7-12中。

表7-12 DOU+上热门投放效果

投放前	播放量	
	点赞量	
	评论量	
	分享量	
	粉丝数	

续 表

投放后	播放量	
	点赞量	
	评论量	
	分享量	
	粉丝数	
投放分析		

四、实训总结

教师结合小组投放短视频的初始数据和投放后的数据打分评价DOU+的投放效果，对于投放效果不理想的小组，教师和学生共同分析原因。

项目八　复盘
——直播数据分析

[知识目标]

1. 了解直播数据的分类及不同数据指标的定义。
2. 熟悉进行数据分析的平台工具和第三方工具。
3. 了解“五维四率”模型的内涵和作用。
4. 明确“五维四率”模型中各个数据之间的关系。
5. 了解数据分析的常用方法。
6. 明确直播间流量的不同来源和区别。

[能力目标]

1. 能够通过平台工具采集直播数据。
2. 能够结合“五维四率”模型完成直播间关键数据的分析并提出相应的优化措施。
3. 能够完成商品数据的分析并有效识别畅销品、潜力品、滞销品。
4. 能够完成直播间用户画像分析，分析人群的精准性。

[素养目标]

1. 熟悉直播电商相关法律法规，合理合法地开展数据采集行为。
2. 遵守职业道德，在进行数据分析时不弄虚作假。

- 复盘——直播数据分析
  - 任务一　直播数据指标与分析工具
    - 步骤1：明确直播数据分类
      - 流量
      - 商品
      - 互动
      - 交易
      - 售后
    - 步骤2：明确各类数据分析工具
      - 抖音平台工具
        - 抖音主播中心
        - 抖音电商罗盘
        - 巨量百应
        - 巨量千川
      - 第三方工具
        - 蝉妈妈
        - 飞瓜数据
        - 新抖
  - 任务二　直播数据分析与优化
    - 步骤1：采集相关的直播数据
    - 步骤2：对数据进行整理和处理
    - 步骤3：直播间数据分析
      - 了解“五维四率”模型
      - “五维四率”模型中各个数据之间的关系
      - 数据分析的常用方法
      - 直播间流量来源
    - 步骤4：直播间商品分析
    - 步骤5：直播间用户画像分析

任务一　直播数据指标与分析工具

随着数字技术的不断发展，大数据深入各行各业，对于直播电商来说，数据的重要性更是不言而喻。通过直播数据，商家可以更好地了解每场直播的实际情况，进而对直播电商运营过程中的每一个环节做出更好的决策，如寻找热门爆款、设计直播话术、优化互动环节等。

目前市场上有多款可用于分析直播数据的工具，其中抖音电商罗盘是抖音电商官方推出的数据分析产品，其目标是帮助商家以数据引领直播销售额的增长，让直播电商经营可诊断可优化。2022年5月，2022抖音电商生态大会宣布，抖音电商罗盘已完成新一轮升级，升级后的抖音电商罗盘具备了更加多维的产品矩阵，帮助冷启期、成长期与成熟期的各阶段商家解决经营难题，完成生意的持续增长。

例如，某服饰品牌的夫妻小店，希望售卖的羽绒服可以找到精准受众，并通过兴趣电商的优势，帮助他们打破“季节生意”的影响。但刚刚入驻抖音电商，对交易构成、曝光与粉丝增量都没有太多概念，无法借助兴趣优势激发消费者购买欲，导致生意无法摆脱冷启过程的交易尴尬期。对此，抖音电商罗盘为其制订了详细的解决方案，拆解出GMV[①]组成因素与各环节问题指标，总结出小店直播的提效捷径：结合营销工具如发放福袋、赠品及其他粉丝福利等，高频调整主播话术如“加入粉丝团额外送小礼品”“点关注下单送运费险”“来直播间认识一下交朋友”引导关注，借此延长用户停留时间。优化后，该店铺交易额、观看人次、关注与互动率均实现提升，直播GMV提升超32%，生意持续向好，即使在反季也能收获一定的交易用户。

案例来源：《抖音电商罗盘实操案例，可复制的品牌经营之道》。

① 一般指商品交易总额。

通过阅读案例，思考并回答以下问题：

（1）直播数据分析需要围绕哪些指标展开？

（2）除了抖音电商罗盘，还可以借助哪些工具进行直播数据分析？

1. 流量相关数据指标

累计观看人数：本场直播间的累计观看人数，从整体衡量直播间总流量情况。

最高在线人数：本场直播最高同时在线人数。在线人数是抖音直播间能否销售的前提，所以直播团队需要提高在线人数，并进一步提升直播间的停留和转化。

平均在线人数：本场直播平均每分钟在线人数，仅针对直播结束的直播间提供该数据。其计算公式为平均在线人数=直播间观看人数汇总去重/直播时长（单位：分钟）。

直播间曝光次数：指直播间被用户看到的次数，包括主页曝光、站外曝光等。

直播间曝光人数：指看到直播间的用户数，直播间曝光人数一般小于直播间曝光次数。

2. 商品相关数据指标

带货商品数：指直播间上架的商品数量，可用于衡量直播间的热度。

商品曝光人数：即本场直播商品曝光人数去重。

商品点击人数：即本场直播商品点击人数去重。

商品点击率：指直播间用户点击商品的次数，其计算公式为商品点击率=商品点击人数/商品曝光人数，可以衡量直播间内容吸引力。

3. 互动相关数据指标

新增粉丝数：本场直播间新增粉丝人数去重，关注后取消重新关注仅计算为一人。

新加团人数：本场直播间新加入粉丝团人数去重。

评论次数：本场直播累积评论次数。

点赞次数：本场直播累积点赞次数。

人均观看时长：本场直播平均每个用户的观看时长，单位为分钟。用户在直播间观看的时间越长，说明直播间的内容和商品越有吸引力，系统推荐机制就会把直播间推荐给更多的用户，与短视频的推荐机制是相似的。

互动率：表达直播间粉丝互动情况，其计算公式为互动率=评论数/累计观看人数。

转粉率：即新增粉丝占比，数值越高说明想要再次看到该直播的用户越多，其计算公式为转粉率=新增粉丝数/累计观看人数。

4. 交易相关数据指标

客单价：指每一位用户平均购买商品的金额，其计算公式为客单价=累计成交金额/直播间成交人数。

直播间成交人数：直播间关联店铺商品的支付用户数。

累计成交金额：即GMV，本场直播成交金额的汇总值。

UV价值（即单个用户为直播间贡献的价值）：其计算公式为UV价值=累计成交金额/累计观看人数。

成交转化率：其计算公式为成交转化率=直播间成交人数/累计观看人数。

GPM：即平均每一千个观众的下单总金额，可以衡量直播间的卖货能力。

ROI：即投入产出比，其计算公式为ROI=累计成交金额/引流花费。

5. 售后相关数据指标

发货前退款订单数：发货前成功退款的订单数。

发货后退款订单数：发货后成功退款的订单数。

退款率：指商家收到退款的订单笔数与同期付款的订单数的比率。

投诉率：指商家收到投诉的订单笔数与同期付款的订单数的比率。

带货口碑分：是平台基于创作者所分享商品的评价、售后、投诉等多维度数据综合计算的评价分级，反映创作者带货商品质量及真实性。带货口碑分由创作者分享商品近90天内的内容、商品、服务三个评分模块加权计算得出。

直播数据指标与分析工具

在每场直播电商活动结束后，都应该及时分析各项直播数据，通过数据的波动找出

直播过程中存在的问题以及可以优化的部分，在下场直播开始前及时调整，有助于提升直播间的人气和转化率。本学习任务将带领学生了解直播的各类数据及可用于数据分析的平台工具和第三方工具，以便在后期进行直播数据分析并进一步完成直播复盘。

以抖音直播为例，商家或主播在开展具体的分析活动前，首先需要了解并区分各类直播数据，并进一步明确可用于进行直播数据分析的各类工具及基本步骤。

步骤1：明确直播数据分类

通过数据最基础的价值属性，我们可以将直播运营数据大体分为以下几类，如图8-1所示。

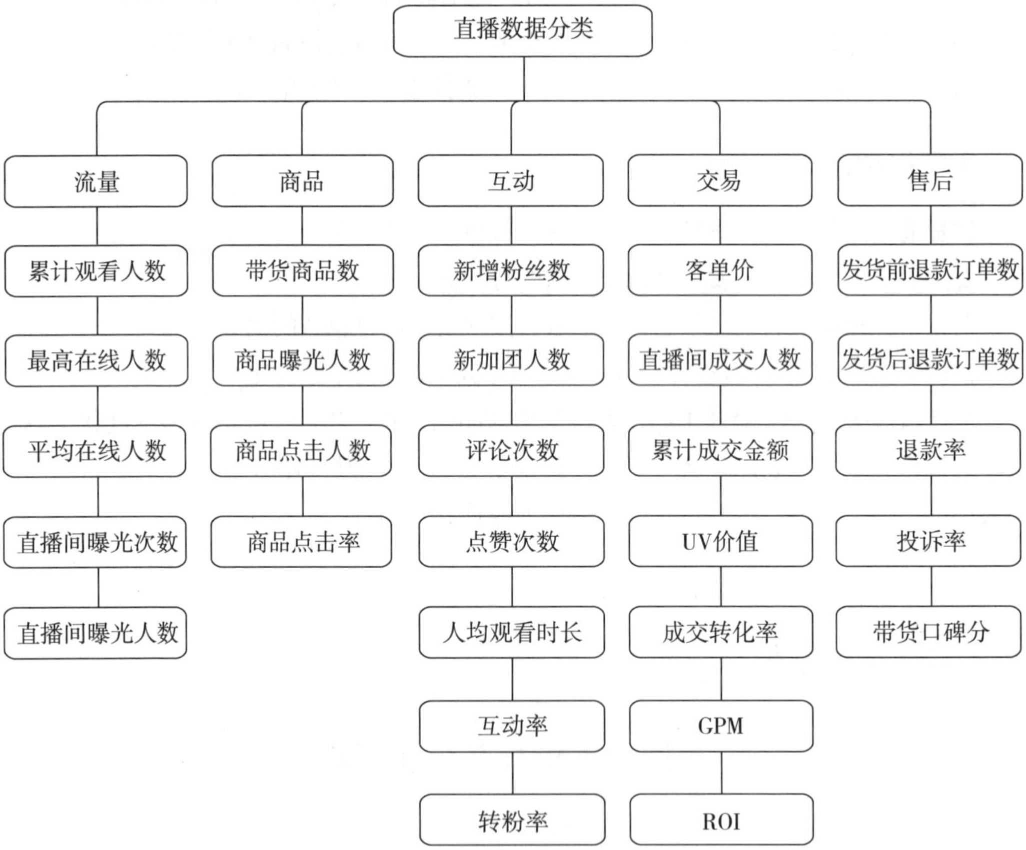

直播数据分类

流量	商品	互动	交易	售后
累计观看人数	带货商品数	新增粉丝数	客单价	发货前退款订单数
最高在线人数	商品曝光人数	新加团人数	直播间成交人数	发货后退款订单数
平均在线人数	商品点击人数	评论次数	累计成交金额	退款率
直播间曝光次数	商品点击率	点赞次数	UV价值	投诉率
直播间曝光人数		人均观看时长	成交转化率	带货口碑分
		互动率	GPM	
		转粉率	ROI	

图8-1　直播数据分类

步骤1.1：了解直播流量相关数据指标。流量数据从不同角度展现直播间流量情况，并且可以从侧面反映出直播间的互动和成交情况，各项指标的定义如表8-1所示。

表8-1　流量相关数据指标的定义

指标	定义
累计观看人数	本场直播间的累计观看人数，从整体衡量直播间总流量情况
最高在线人数	本场直播最高同时在线人数。在线人数是抖音直播间能否销售的前提，所以直播团队需要提高在线人数，并进一步提升直播间的停留和转化
平均在线人数	本场直播平均每分钟在线人数，仅针对直播结束的直播间提供该数据。其计算公式为平均在线人数=直播间观看人数汇总去重/直播时长（单位：分钟）
直播间曝光次数	指直播间被用户看到的次数，包括主页曝光、站外曝光等
直播间曝光人数	指看到直播间的用户数，直播间曝光人数一般小于直播间曝光次数

步骤1.2：了解直播商品相关数据指标。商品数据通过多维度呈现直播间商品情况，各项指标的定义如表8-2所示。

表8-2　商品相关数据指标的定义

指标	定义
带货商品数	指直播间上架的商品数量，可用于衡量直播间的热度
商品曝光人数	即本场直播商品曝光人数去重
商品点击人数	即本场直播商品点击人数去重
商品点击率	指直播间用户点击商品的次数，其计算公式为商品点击率=商品点击人数/商品曝光人数，可以衡量直播间内容吸引力

步骤1.3：了解直播互动相关数据指标。互动数据可以反映出直播间不同阶段的互动氛围及粉丝沉淀情况，各项指标的定义如表8-3所示。

表8-3　互动相关数据指标的定义

指标	定义
新增粉丝数	本场直播间新增粉丝人数去重，关注后取消重新关注仅计算为一人
新加团人数	本场直播间新加入粉丝团人数去重
评论次数	本场直播累积评论次数
点赞次数	本场直播累积点赞次数
人均观看时长	本场直播平均每个用户的观看时长，单位为分钟。用户在直播间观看的时间越长，说明直播间的内容和商品越有吸引力，系统推荐机制就会把直播间推荐给更多的用户，与短视频的推荐机制是相似的
互动率	表达直播间粉丝互动情况，其计算公式为互动率=评论数/累计观看人数
转粉率	即新增粉丝占比，数值越高说明想要再次看到该直播的用户越多，其计算公式为转粉率=新增粉丝数/累计观看人数

步骤1.4：了解直播交易相关数据指标。交易数据主要是呈现直播间的转化情况，各项指标的定义如表8–4所示。

表8–4　交易相关数据指标的定义

指标	定义
客单价	指每一位用户平均购买商品的金额，其计算公式为客单价＝累计成交金额/直播间成交人数
直播间成交人数	直播间关联店铺商品的支付用户数
累计成交金额	即GMV，本场直播成交金额的汇总值
UV价值	即单个用户为直播间贡献的价值，其计算公式为UV价值＝累计成交金额/累计观看人数
成交转化率	其计算公式为成交转化率＝直播间成交人数/累计观看人数
GPM	即平均每一千个观众的下单总金额，可以衡量直播间的卖货能力
ROI	即投入产出比，其计算公式为ROI=累计成交金额/引流花费

步骤1.5：了解直播售后相关数据指标。售后指标能够反映直播间交易的真实性，各项指标的定义如表8–5所示。

表8–5　售后相关数据指标的定义

指标	定义
发货前退款订单数	发货前成功退款的订单数
发货后退款订单数	发货后成功退款的订单数
退款率	指商家收到退款的订单笔数与同期付款的订单数的比率
投诉率	指商家收到投诉的订单笔数与同期付款的订单数的比率
带货口碑分	是平台基于创作者所分享商品的评价、售后、投诉等多维度数据综合计算的评价分级，反映创作者带货商品质量及真实性。 带货口碑分由创作者分享商品近90天内的内容、商品、服务三个评分模块加权计算得出

电商思政小贴士

在每场直播电商活动结束后，相关人员需要通过分析各项直播数据进行复盘，以便在下场直播活动开始前，能够给出有数据依据的优化方向。需要注意的是，有些商家或主播在分析直播数据时，会进行竞争对手分析，为了获取竞争对手的各项数据信息，借助不正当技术手段违规采集数据，上述行为破坏了平台数据展示规则、运行秩序和运营逻辑。更违背了抖音及其用户、主播的主观意愿和隐私期待，损害了抖音的用户体验和数据安全，商家或主播需要坚决避免此类状况，合理合法地开展数据采集行为。

步骤2：明确各类数据分析工具

进行直播数据分析的工具包括抖音平台开发的工具和第三方工具，具体如下所示。

步骤2.1：抖音平台工具。抖音平台提供了多个可进行直播数据分析的工具，分别是抖音主播中心、抖音电商罗盘、巨量百应、巨量千川等。

①了解抖音主播中心。抖音主播中心在抖音App就可以查看，每次直播结束后，就会弹出“主播中心”的数据分析页面；也可以打开抖音App，随后点击“我”—“创作者服务中心”—“主播中心”就可以分别查看“今日”“前7天”“前30天”的直播数据，如图8-2所示。

图8-2　抖音主播中心

②了解抖音电商罗盘。抖音电商罗盘为抖音电商官方权威多视角全方位统一的数据平台，支持以下角色查看数据：商家、达人、品牌、机构。不同角色可查看的数据内容及主要操作入口不同，支持登录后切换角色使用，如图8-3所示。

图8-3　抖音电商罗盘

其中，达人版的数据分析包括内容分析（直播概览、直播明细、短视频概览、短视频明细）、交易分析（交易概览、交易构成）、合作商家、商品分析等。直播明细支持查看今日实时或历史结束每场直播的核心数据指标，包括观看人数、商品曝光人数、新增粉丝数、评论数、成交金额和退款金额等指标，点击“大屏”按钮可跳转查看直播间实时大屏，如图8-4所示。

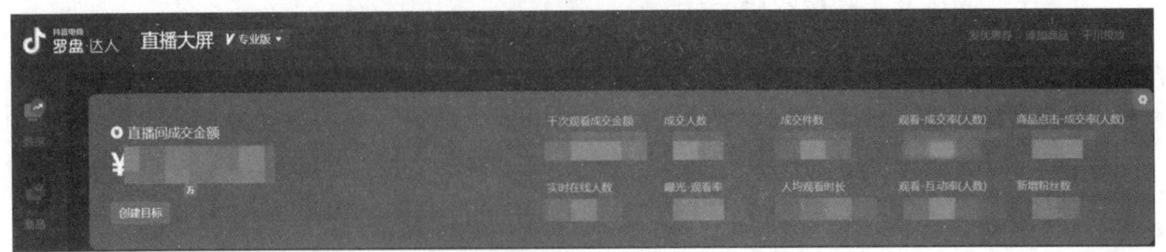

图8-4　直播大屏

③了解巨量百应、巨量千川。巨量百应，又称作buyin，是抖音电商旗下的内容营销综合服务平台，巨量百应以直播、短视频等激发消费者购物需求的内容、场景为核心，为电商达人、机构、商家等生态伙伴提供人货撮合、直播中控、机构/基地经营等产品矩阵，打造兴趣电商领域前沿的产品解决方案。

巨量千川是巨量引擎旗下的电商广告平台。巨量千川与抖音电商深度融合，为商家和达人们提供抖音电商一体化营销解决方案。即通过打通抖音账号、抖音小店、巨量千川的账户、资质、资金，提供一键开户和便捷管理，实现“商品管理—流量获取—交易达成”的一体化营销，降低投放和管理成本，有效提升电商营销效率。

步骤2.2：第三方工具。即第三方开发的可用于抖音直播数据分析的工具，常用的包括蝉妈妈、飞瓜数据、新抖等。

步骤2.2.1：了解蝉妈妈。蝉妈妈提供抖音达人、商品、直播、短视频、小店等多维度数据分析服务，为商家智能匹配达人以及一站式抖音营销服务。支持直播大屏精准数据实时更新和查看，可实时跟踪直播数据，如图8-5所示。

图8-5　蝉妈妈直播监控

步骤2.2.2： 了解飞瓜数据。飞瓜数据是一款短视频及直播数据查询、运营及广告投放效果监控的专业工具，提供短视频达人查询等数据服务，并提供多维度的抖音、快手达人榜单、电商数据、直播推广等实用功能，如图8-6所示。

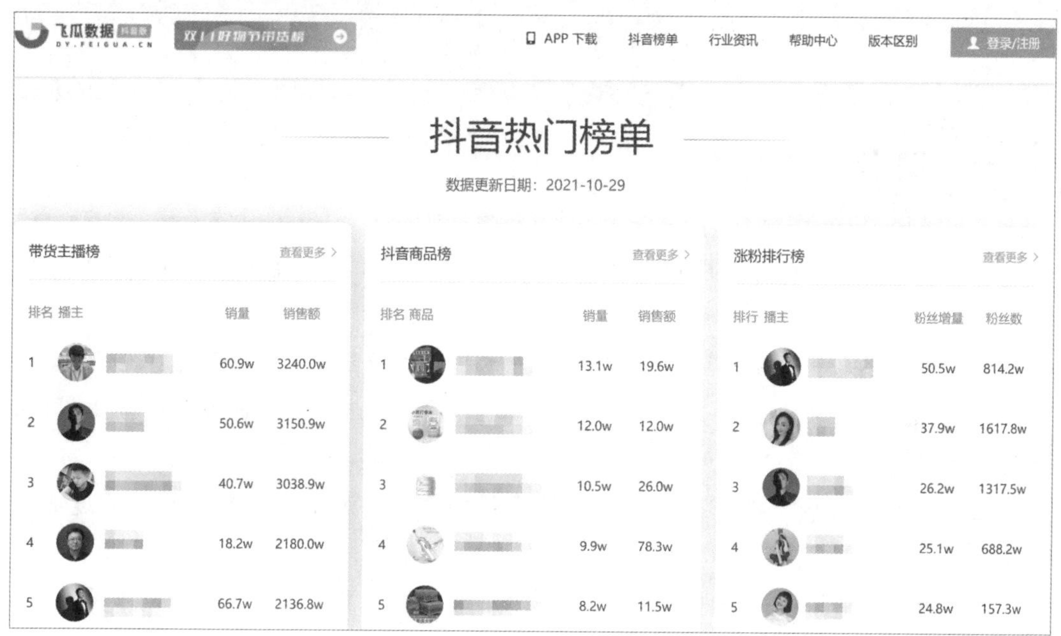

图8-6　飞瓜数据抖音热门榜单

步骤2.2.3： 了解新抖。新抖是新榜旗下的抖音短视频及直播电商数据工具，不仅提供抖音热门视频、抖音话题挑战赛等抖音创意素材，抖音号及MCN机构排行查找，还提供打卡探店、直播带货、明星直播监测热卖商品、品牌营销等全面的短视频在线数据服务，助力达人运营。

通过本任务的学习，学生了解了直播流量、商品、互动、交易、售后等维度需要关注的数据指标，并进一步了解了可用于采集和分析直播数据的平台和第三方工具，通过上述基础知识的积累，学生在后期的直播数据分析过程中才能更有针对性地关注关键指标并进行采集分析。

任务二　直播数据分析与优化

案例导入

某服装品牌入驻抖音一段时间后，在复盘抖音电商罗盘自播数据后发现，直播间的成交转化率较低，人均停留时长等指标还有提升的空间，为了进一步提高人均停留时长和成交转化效率，品牌店铺基于直播间互动机制和货品策略进行了针对性调整。

（1）货品机制更新：补充了客单价偏低的商品，以此降低新进人群的接受门槛，进一步促成转化。

（2）货品策略调整：调整了部分热销货品价格，刺激用户下单购买，促进成交转化。

（3）培训主播话术：培训主播话术，减少主播机械性重复，优化用户的看播体验，提高成交转化。

（4）多样化直播互动：增加直播间抽奖、福袋等互动玩法，提高商品点击率和用户停留时长。

通过直播间互动机制和货品策略的调整，平均在线人数较诊断前增加了8.18%，成交转化率也增加了0.59%，商家总结成交转化率提升不明显的原因在于单次主播培训无法形成有效的直播话术，主播受到自身习惯的影响，单次培训产生的效果较弱，计划后续进行系统性主播培训。

案例思考

通过阅读案例，思考并回答以下问题：

（1）数据分析的常用方法有哪些？

（2）如何根据直播数据的变化进行直播策略的优化调整？

1.数据分析的常用方法

（1）对比分析法

对比分析法又称比较分析法，是指将两个或两个以上的数据进行对比，分析数据之间的差异并找出异常数据，需要注意的是，这里所说的异常数据不是绝对值较低的数据，而是与平均水平差距较大的数据。

如某直播间的人均观看时长在很长一段时间里都保持在5～8分钟，但某场直播的人均观看时长突然达到了15分钟。这当然是一个好现象，但这个数据肯定属于异常数据，运营者必须分析究竟是什么原因导致出现了这个异常数据。这也是做数据统计的原因，只有把多天的数据放到一个表格才能发现数据的异常。

（2）曲线分析法

通过曲线掌握数据走势。一般可挑3个左右相关性高的数据放一起分析其走势，一致或者不一致都能解读出不同的含义。

（3）特殊事件法

大部分的数据“异常”都会关联特殊事件，直播数据出现异常可能与某个特殊事件有关，如主播变更直播标签、主播变更开播时间等。因此运营人员在记录日常数据的同时，也要注意记录这些特殊事件，以便在直播数据出现异常时找到异常数据与特殊事件之间的关系。

2.“五维四率”模型

“五维四率”模型即直播流量转化模型，其通过抓取直播间成交链路中的关键数据对直播间开展流程和数据分析，找到直播间的问题根源，快速做出反馈并进行优化。

（1）“五维”

直播间曝光人数、直播间进入人数、商品曝光人数、商品点击人数、商品成交人数。

（2）“四率”

直播间点击率、商品曝光率、商品点击率、点击支付率。

“五维”中相连两个维度数据的关联及变化程度体现在“四率”中，“四率”中的任何数据出现异常，均有相应的优化建议可供参考，如表8–6所示。

表8-6 “五维四率”模型中的“四率”

数据指标	计算公式	优化建议
直播间点击率	直播间点击率=直播间进入人数/直播间曝光人数	提升直播间吸引力，关注视听体验，包括场景美观度、主播形象及人声清晰度、活动权益贴片。 突出展示引流短视频的商品细节、优惠力度及用户权益（满减、优惠券、运费险等）。 校验广告投放人群与当前讲解商品目标人群是否重合
商品曝光率	商品曝光率=商品曝光人数/直播间进入人数	商品曝光包含购物车商品展示、正在讲解商品弹窗展示、闪购卡展示等。 加强主播话术引导用户点击购物车，提升后台“正在讲解功能”的操作频次
商品点击率	商品点击率=商品点击人数/商品曝光人数	强化主播上身或展示商品的视觉效果，讲解商品生动丰富（商品细节、设计、材质等）。 提升商品主图美观度（看得清、看得美），标题和商品卖点突出特色及利益点（风格、优惠）。 提升商品价格机制竞争力，与其他商家同类商品相比更具有性价比（同样价格更好的质量/同等质量，更低价格）。 直播间粉丝及老客占比较高的情况下提升上新频率
点击支付率	点击支付率=商品成交人数/商品点击人数	营造直播间紧张的抢购氛围（报库存、时间限制等）。 助播/评论区客服对用户提出的问题进行充分解答，帮助用户应知尽知，充分了解商品

3. 直播间流量来源

抖音电商罗盘直播间详情页及直播实时大屏中的流量来源分为自然流量、付费流量两大类。

（1）自然流量

自然流量是指系统通过粉丝主动关注和直播平台后台依据算法主动向平台用户推送而获得的流量。自然流量最大的特点就是无须额外付费，并且可以通过长期日常运营来获取粉丝的持续关注，进而促使平台算法系统加大直播流量的推荐力度。

自然流量包括短视频引流、推荐Feed、关注、搜索、抖音商城、其他推荐场景、个人主页、直播广场、活动页、同城、头条西瓜及其他。

（2）付费流量

付费流量即需要额外付费购买才能获取的直播流量。依据不同的付费结算方式、展现形式等，付费推广产品也愈加丰富。付费流量作为直播间推广产品，已经成为各大主播和商家在直播时的一种常规引流方式。

付费流量包括TopLive、DOU+广告、巨量千川竞价广告、其他竞价广告等。

直播数据分析与优化

一场直播电商活动结束后，需要及时进行各项数据的复盘分析，进而发现直播过程中存在的问题并进行针对性优化，在下一场直播时实施，以便持续提升直播转化效果。本学习任务将带领学生了解如何通过“五维四率”模型进行直播间关键数据分析，并通过数据之间的联系识别直播间中内容、商品、话术、引流等方面存在的各项问题。

直播数据分析是直播电商运营中的重要工作，是指运用适当的统计分析方法对采集来的直播各项数据进行分析，为后期优化直播内容、提升直播互动和转化效果提供参考。直播数据分析可以通过以下步骤展开。

步骤1：采集相关的直播数据

采集直播数据是进行数据分析的前提条件，运营者可以通过抖音App后台、平台提供的数据分析工具如抖音电商罗盘、第三方数据分析工具采集相关的直播数据。

以抖音电商罗盘为例，登录账号进入首页，点击“近期直播”，就可以查看近期直播列表，选择想要采集的直播场次，点击“详情”就可以查看相应的直播数据，如图8–7、图8–8所示。

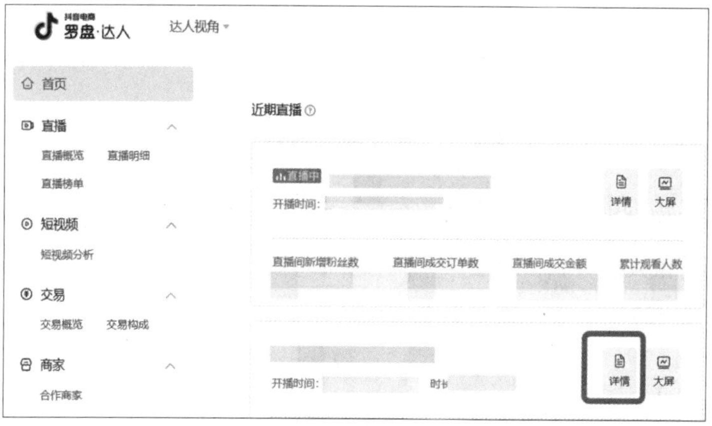

图8–7　抖音电商罗盘首页

整体看板

流量
平均在线人数
最高在线人数
累计观看人数
直播间浏览量
直播间曝光人数
直播间曝光次数

商品
带货商品数
商品曝光人数
商品点击人数
商品点击率(次数)
商品点击率(人数)

互动
新增粉丝数
转粉率2.63%
人均观看时长
新加团人数
加团率0.07%
评论次数
点赞次数

交易
客单价
看播成交转化率(人数)
直播期间成交人数
点击成交转化率(人数)
点击成交转化率(次数)
看播成交转化率(次数)

售后
发货前退款订单数
退款占比15.36%
发货前退款金额
退款占比15.2%
发货前退款人数
退款占比13.31%
发货后退款订单数
退款占比0%
发货后退款金额
退款占比0%
发货后退款人数
退款占比0%

图8-8　直播详情

步骤2：对数据进行整理和处理

即数据统计，需要分别统计流量、商品、互动、交易、售后、用户画像等几类数据，并按照直播日期对相应的数据进行整理。

步骤3：直播间数据分析

步骤3.1：了解“五维四率”模型。直播间常规转化链路如图8-9所示，从用户进入直播间到最终下单转化，各类数据之间是相互关联和互相影响的，为了便于分析，我们可以将此链路具化为更加数据性的“五维四率”模型进行分析。

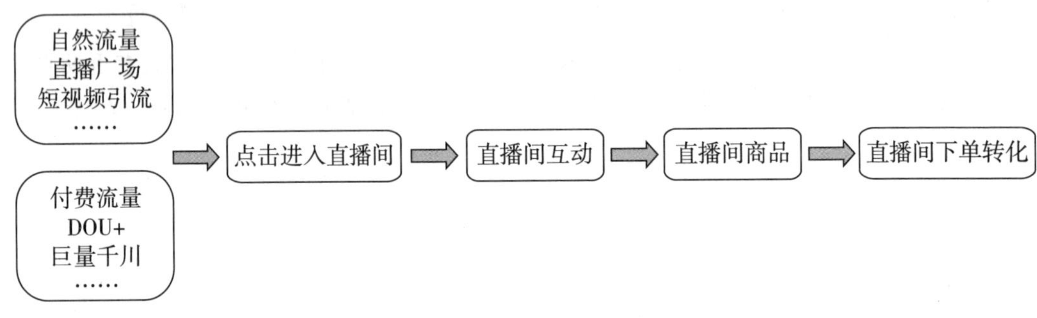

图8-9　直播间常规转化链路

“五维四率”模型即直播流量转化模型，其通过抓取直播间成交链路中的关键数据对直播间开展流程和数据分析，找到直播间的问题根源，快速做出反馈并进行优化。“五维四率”模型对应的数据指标如图8-10所示。

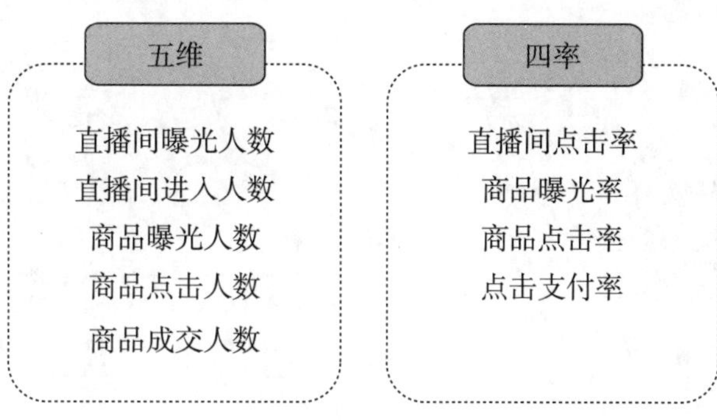

图8-10　“五维四率”模型对应的数据指标

步骤3.2： 明确“五维四率”模型中各个数据之间的关系。“五维四率”模型中不是所有的数据都可以通过抖音电商罗盘进行采集，部分数据需要进行计算。

通过任务一的学习，“五维四率”模型中的“五维”我们都已经比较了解，需要注意的是“直播间进入人数”，反馈在抖音电商罗盘中即“累计观看人数”。其中，“商品成交人数”是和GMV紧密相连的，“商品成交人数”的提高需要通过“五维四率”模型向上回溯，维持各阶段的漏斗转化效果，这样才能达到直播预期成交值。

“五维”中相连两个维度数据的变化程度体现在“四率”中，如表8-7所示为“四率”的计算公式。当“五维四率”模型中四率的某一率数值较低，就会影响最终的成交人数，导致整体GMV受影响。

表8-7　“五维四率”模型中“四率”

数据指标	计算公式
直播间点击率	直播间点击率＝直播间进入人数/直播间曝光人数
商品曝光率	商品曝光率＝商品曝光人数/直播间进入人数
商品点击率	商品点击率＝商品点击人数/商品曝光人数
点击支付率	点击支付率＝商品成交人数/商品点击人数

步骤3.3： 直播数据分析。数据分析人员可以在每场直播电商活动结束后分析直播的“五维四率”识别出表现较差的数据指标，并结合关联影响因素及自身实际情况制订出相应的优化方案。

某女装直播团队运营人员在当日直播结束后，通过抖音电商罗盘采集了直播的各项数据，如图8-11所示。

整体看板

流量

平均在线人数	最高在线人数	累计观看人数
54	103	1.25万
直播间浏览量	直播间曝光人数	直播间曝光次数
1.49万	14.28万	19.84万

商品

带货商品数	商品曝光人数	商品点击人数
21	1.12万	4,228
商品点击率(次数)	商品点击率(人数)	
12.99%	37.83%	

互动

新增粉丝数	人均观看时长	新加团人数
329 转粉率2.63%	1分9秒	9 加团率0.07%
评论次数	点赞次数	
998	4,306	

交易

客单价	看播成交转化率(人数)	直播期间成交人数
149.17	2.22%	278
点击成交转化率(人数)	点击成交转化率(次数)	看播成交转化率(次数)
6.58%	2.65%	1.97%

售后

发货前退款订单数	发货前退款金额	发货前退款人数	发货后退款订单数	发货后退款金额	发货后退款人数
45	6,304.7	37	0	0	0
退款占比15.36%	退款占比15.2%	退款占比13.31%	退款占比0%	退款占比0%	退款占比0%

图8–11　直播间数据

本场直播直播间曝光人数14.28万，累计观看人数1.25万，通过“五维四率”模型分析可知，直播间点击率较低，属于“高直播间曝光低直播间进入”，其中直播间曝光次数较高，主要是由于直播间曝光途径较多、频率较大，私域流量+付费流量的双重配合，再加上平台流量的加持，该直播间在开播前不仅提前进行了短视频引流，还借助微信、微博等平台进行了站外引流，并投放了竞价广告，引流效果不错；但在这样的条件下，该直播间观看人数少，主要考虑到直播间的内容不吸引用户。此外，付费投放的精准度以及引流短视频的质量均会对这一数值产生影响，由此，运营人员结合这一数据制订出相应的优化方案，如表8–8所示。

表8–8　直播间进入人数优化方案

优化方向	优化模块	优化内容
内容方向	直播间场景	提升直播间吸引力，直播间的场景搭建是影响用户点击进入直播间的第一影响要素，美观、合适的直播间画像才能吸引更多的用户进入。需要对直播间装修升级，从灯光、陈列等维度进行优化
	主播及团队成员	主播的个人风格和形象非常重要，拥有良好的亲和力和吸引力的主播，更能吸引用户，因此需要对主播话术进行培训，减少机械性重复，优化用户的观看体验，并搭配直播团队其他成员共同营造火热的直播氛围
引流方向	商品曝光	引流短视频突出商品或直播间特点与优势，呈现较高的画像质量
	权益体现	引流过程中体现直播间的特殊权益，如优惠券、满减、抽奖等，满足用户的直播期望
付费投放	巨量千川信息流广告、DOU+	校验广告投放人群与直播间商品目标人群的匹配度，并实时结合巨量千川和DOU+的流量，增加直播间的曝光度

此外，该直播间的商品曝光人数为1.12万人，相较于累计观看人数相对偏低，商品曝光有所欠缺，需要至少从商品和话术两个方向进行优化，运营人员制订出的优化方案如表8–9所示。

表8–9　直播间商品曝光优化方案

优化方向	优化模块	优化内容
商品方向	商品曝光频次	直播过程中，直播运营需要结合主播的引导话术进行多频次的商品曝光，增加商品弹窗的出现频率
	商品曝光渠道	除了常见的小风车外，可以尝试评论区引导、短视频卡片磁贴等
话术方向	主播话术	主播话术中需要经常提醒和引导用户点击商品弹窗或进入购物车查看商品详情

现进一步分析直播间的商品点击人数，发现商品点击人数仅4228人，说明商品的吸引力不足，针对这种状况，我们需要从商品曝光质量、商品展示效果等方向进行优化，具体的优化方案如表8–10所示。

表8–10　直播间商品点击优化方案

优化方向	优化模块	优化内容
商品方向	商品性价比	加大商品优惠力度，尝试结合限量秒杀活动吸引点击，与其他平台其他商家进行对比，突出直播间商品的高性价比（如同样价格更好的质量/同等质量更低价格）
	商品质量	把控商品质量，提高商品评分，此外，突出商品材质安全，退货无忧
商品曝光质量	购物车展示	提升商品主图美观度，加上有吸引力的优惠提示和背书
商品展示效果	商品演示	强化主播上身或展示商品的视觉效果，讲解商品生动丰富（细节、设计、材质等），提高用户的购买欲望和场景代入感
话术方向	主播话术	商品话术介绍直击用户痛点，生动有趣地进行阐述，同时提醒用户点击具体链接商品，营造紧张抢购氛围

最后，我们分析该直播间的商品转化，通过采集的数据我们发现，该直播间商品点击人数为4228人，但商品成交人数（即图8–11的直播期间成交人数）仅为278人，属于比较典型的低商品转化。一般来说，用户最终没有下单购买，多是因为商品价格以及信任度，对此，也有相应的优化方案，如表8–11所示。

表8-11　　直播间商品转化优化方案

优化方向	优化模块	优化内容
信任度方向	用户信任度	带货口碑分以及店铺品牌信息是影响商品成交的重要因素，认证抖音企业号是最基础的一项提高用户信任度的行为
	店铺服务	提升直播间关于售后问题的回答和处理效率，加大成交后的售后服务保障力度
话术方向	催单话术	通过一定的话术触碰用户购买痛点，引导用户发现对商品的潜在需求
	宣传	避免直播间商品宣传过度，以免影响用户的信任度
商品方向	商品性价比	同类商品的综合对比，包括价格、赠品、颜色选择、安全工艺、品牌属性等

电商思政小贴士

新知开拓视野，科技改变生活。习近平总书记强调，科学技术从来没有像今天这样深刻影响着国家前途命运，从来没有像今天这样深刻影响着人民生活福祉。在当前数字化浪潮下，把海量数据变成可用信息，挖掘数据价值并使其有效落地，真正服务国计民生，数据分析成为各服务商必争之地。

资料来源：《人民日报》。

步骤4：直播间商品分析

直播间一般会推广销售多款商品，哪些商品可以打造成爆款，哪些需要进行下架处理，需要在直播结束后根据各个商品的数据表现进行分析，如图8-12所示，登录抖音电商罗盘，点击商品大屏，可以看到直播中各个商品的数据详情。

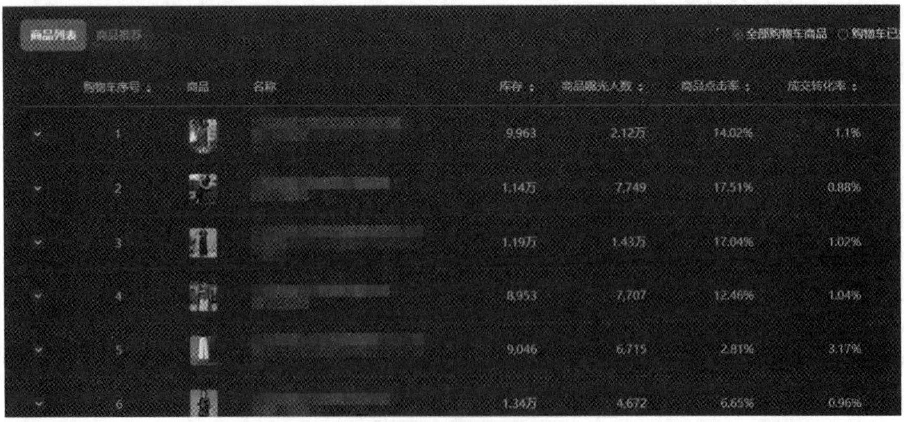

图8-12　直播间商品详情

通过分析商品的点击率和成交转化率，找到直播间的畅销品、滞销品等，如表8-12所示，为下一场直播选品提供参考。

表8–12 直播商品分析

商品数据表现	优化方向和策略
高点击率、高成交转化率的商品	可以定义为直播间的畅销品，针对这类型的商品需要持续放大库存，提高直播间单品讲解时长和频次，如果预算充足，可以考虑做一些广告投放
低点击率、高成交率的商品	通常可以理解为是优质的潜力品，建议加强商品展示和话术提炼，提高商品讲解时长，并不断测试，将潜力品发展为畅销品
高点击率、低成交的商品	多是商品讲解给力，氛围烘托有力，但商品本身存在明显缺点，建议通过优惠券、捆绑销售等方法提高转化率
低点击率、低成交率的商品	大多属于直播间的滞销品，可以减少讲解时长，或者将此商品下架

步骤5：直播间用户画像分析

在直播结束之后，还需要分析直播间的人群是否精准，这与直播间的互动数据以及最终的转化密切相关，点击抖音电商罗盘中的人群就可以查看用户画像，包括性别分布、年龄分布、常驻省份、常驻城市等级、八大策略人群分布、活跃时间分布等，如图8–13至图8–15所示。

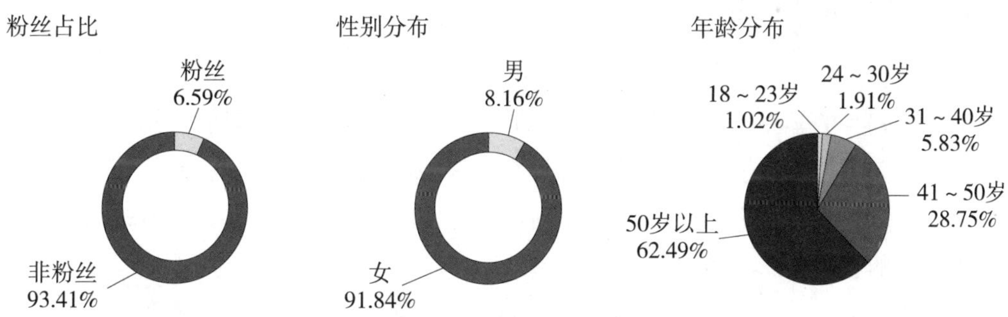

图8–13 直播间用户画像

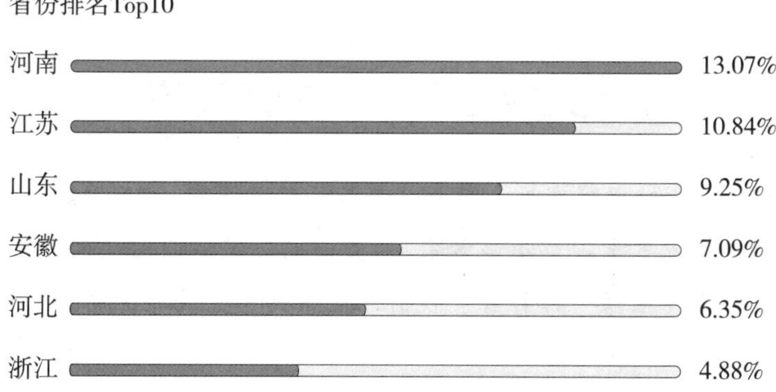

图8–14 用户常驻省份

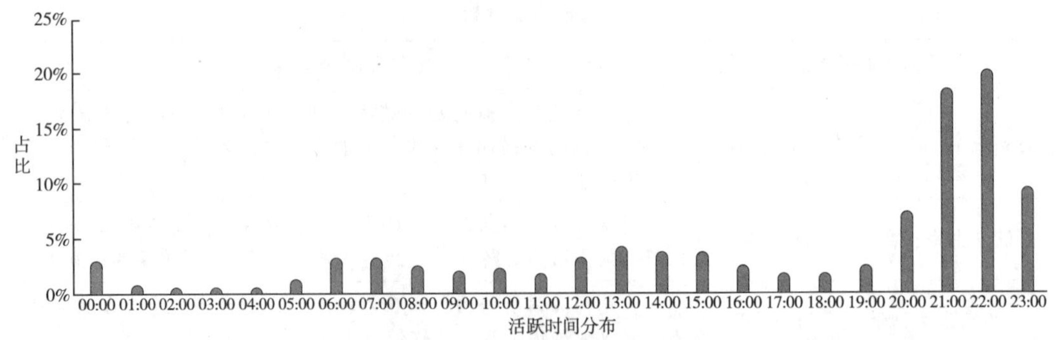

图8–15　用户活跃时间分布

该女装直播间售卖中老年女装，从人群画像中的性别、年龄分布可知，直播间用户多是50岁以上中老年女性，与目标客户群体相匹配，人群比较精准。此外，通过用户画像可知用户在哪个时间段活跃度比较高，后期可以有针对性地调整直播时间。

需要注意的是，单场直播数据能够反映出的问题毕竟有限，运营人员还需要统计直播间近7天、近15天的数据进行对比，并结合行业平均水平进行综合分析。

通过本任务的学习，学生了解了“五维四率”模型的内涵、作用，并进一步掌握了如何结合“五维四率”模型进行直播间成交链路中关键数据的计算与分析，通过数据表现找到直播间中存在的各类问题，进而确定优化方向、优化模块以及具体的优化内容，以便在今后的直播电商活动中加以运用。

防范数据造假，打击虚假繁荣

随着电商直播行业的迅猛发展，行业“内卷”日渐严重——“福袋”圈客、机构买粉，不少直播间里的流量呈现“虚假繁荣”。直播间数据造假这个问题，由于系列操作较为隐蔽，多年来就像顽疾一样存在。目前，虚假流量已经干扰消费者正常挑选商品，也影响了直播电商行业的健康发展。

2021年8月18日，商务部就《直播电子商务平台管理与服务规范》（征求意见稿）（以下简称规范）行业标准公开征求意见。其不仅规定了对商家和直播主体入驻及退出、产品和服务信息审核等要求，还强调了数据信息的安全性和真实性。规范数次强调信息安全和真实的重要性。内容提及，应采取适宜的技术保障交易各方信息安全，对直播营销相关的信息链接或二维码等跳转服务应具备相应的风险防范和安全处理能力。

此外，针对直播主体信息变动，规范要求应及时更新。而在此前的法规要求中，如《网络交易监督管理办法》要求对登记档案至少每6个月核验更新一次，而《国家广播电视总局关于加强网络秀场直播和电商直播管理的通知》则要求对直播带货的商家和个人进行相关资质审查和实名认证，并对其真实性进行定期复核，没有给出具体时间。

规范还提出，应建立健全信用评价制度，应采取适宜的技术和管理方法保障合理时间段内直播营销数据的真实性等。同时，还应建立消费者个人信息及隐私保护相关机制。

在此之前，中消协就曾指出，直播带货的弊病主要集中在两个方面：其一是注水观众人数、销售数据等，已经形成一条造假产业链；其二是恶意刷单、花式踢馆、虚假举报等同业竞争污染了直播生态。

当前，直播数据注水现象将受到严厉惩处，从事快手平台电商经营业务的北京晨钟科技有限公司，其旗下主播在某奢侈品专场的直播带货中因夸大直播销售成绩，误导公众，被北京市海淀区某市场监督管理局处以罚款20万元。

资料来源：《北京商报》。

一、单项选择题

1. 直播间进入人数/直播间曝光人数可以得出（　　）。

A. 商品曝光率　　B. 点击支付率

C. 直播间点击率　　D. 互动率

2. 直播间流量来源中的“推荐Feed”属于（　　）。

A. 付费流量　　B. 私域流量

C. 站外流量　　D. 自然流量

3. “五维四率”模型中的“四率”不包括（　　）。

A. 点击支付率　　B. 商品曝光率

C. 互动率　　D. 商品点击率

4.将两个或两个以上的数据进行对比，分析数据之间的差异并找出异常数据，这属于数据分析法中的（　　）。

A.曲线分析法　　B.对比分析法

C.特殊事件法　　D.综合分析法

5.（　　）指直播间新增粉丝数/累计观看人数。

A.互动率　　B.转粉率

C.UV价值　　D.人均观看时长

二、多项选择题

1.下列可用于分析直播运营数据的工具包括（　　）。

A.抖音电商罗盘　　B.飞瓜数据

C.企查查　　D.新抖

2.从流量来源的角度划分直播间流量，可以分为（　　）。

A.自然流量　　B.私域流量

C.站内流量　　D.付费流量

3.下列数据中影响商品曝光率的是（　　）。

A.商品曝光人数　　B.直播间进入人数

C.DSR评分　　D.带货口碑分

三、判断题

1.直播间曝光人数与直播间曝光次数二者没有差别。（　　）

2.若某场直播超额完成设定的销售目标，则无须进行各项数据的复盘分析。（　　）

3.人均观看时长可以反映直播间的内容吸引力，是直播运营的关键数据。（　　）

4.互动数据可以反映出直播间不同阶段的互动氛围及粉丝沉淀情况。（　　）

5.低点击率、高成交率的商品属于直播间滞销品，可以直接下架。（　　）

参考答案：

一、单项选择题

1～5：CDCBB

二、多项选择题

1～3：ABD　AD　AB

三、判断题

1～5：×　×　√　√　×

实训 使用第三方工具分析直播数据

直播结束后，需要及时进行直播数据的分析，不仅有助于发现本场直播过程中存在的不足，而且能够有针对性地提出改善措施。可用于抖音直播数据分析的工具不仅包括抖音App后台、抖音电商罗盘等，还可以使用第三方工具如蝉妈妈、新抖等。

一、实训目的

1.能够借助第三方工具查看直播数据。

2.能够完成直播数据的分析。

二、实训要求

学生分小组进行实训，要求学生使用蝉妈妈分析抖音平台某主播（教师指定主播）整体的直播带货运营状况。

三、实训内容

步骤1：进入蝉妈妈官方网站。

在首页搜索框中输入抖音主播的昵称，单击“搜索”按钮，在搜索结果的“达人”栏中单击主播头像或昵称。

步骤2：基础数据分析。

进入该主播账号的“基础分析”页面，查看并采集直播概览数据，如该主播近30天累计开播多少场，历史总场次为多少场，平均开播时长约为多长时间，近30天直播销售额为多少，分析其带货效果，采集的数据及分析内容填写在表8-13中。

表8-13 基础数据分析

基础数据	
近30天累计开播场次	
历史总场次	
平均开播时长	
30天累计销售额	
近30天场均销售额	
直播带货效果分析	

步骤3：直播分析。

进入该主播账号的“直播分析”页面，首先，查看并采集直播观看人次，分析其趋势，起伏波动是否明显，总体呈现什么趋势；其次，查看用户平均停留时长与UV价值，并分析其趋势，如果其中某一项波动明显，需要分析上升或下降的原因；最后，继续查看主播的带货产出［带货产出指主播每天产出的商品交易总额（GMV）与当天直播时长的比值，即主播每天平均每分钟带货表现］趋势和GPM（GPM即千次观看成交金额）趋势，如果随着直播场次的增加反而呈现下降趋势，则要分析是哪个环节出了问题（见表8-14）。

表8-14　直播分析数据

直播分析	
观看人次分析	
平均停留时长分析	
UV价值分析	
带货产出分析	
GPM分析	

步骤4：带货分析。

进入该主播账号的“带货分析”页面，可以查看上架商品最多品类Top5数据和销售最佳品类Top5数据，此外，在“带货分析”页面中还可以进一步了解不同品类的销售额和平均转化率，为后期选品提供参考。

步骤5：粉丝分析。

进入该主播账号的“粉丝分析”页面，在“粉丝画像”栏中单击“直播观众”按钮，查看直播观众画像，并将采集的数据整理在表8-15中，了解直播间是男性还是女性观众占主导，年龄分布情况如何，集中在哪些地域。

随后在“粉丝分析”页面中继续查看直播观众购买意向和全部品类价格偏好。通过数据了解直播观众购买意向集中的品类以及购买单价区间。

表8-15　粉丝分析数据

粉丝分析	
性别分布（截图）	
年龄分布（截图）	
地域分布（截图）	
直播观众购买意向（截图）	
直播观众价格偏好（截图）	
粉丝分析	

四、实训总结

学生完成实训后，将操作过程和分析结果展示在实训报告中并进行提交，教师对学生的实训报告进行评分总结，重点考虑是否按要求采集了相应的数据并合理分析了相关数据。

参考文献

［1］南京奥派信息产业股份公司．直播电商职业技能等级标准［S/OL］．［2023-03-15］．http://x.tothink.cn/.

［2］中广协广告信息文化传播有限责任公司．网络直播运营职业技能等级标准［S/OL］．［2023-03-15］．https://baijiahao.baidu.com/s?id=1717039335220011577&wfr=spider&for=pc.

［3］南京奥派信息产业股份公司．直播电商运营（中级）［M］．北京：高等教育出版社，2021.

［4］浙江省电子商务促进中心，浙江国际电子商务研究院．电商直播实操教程［M］．杭州：浙江科学技术出版社，2020.

［5］刘东明．直播电商全攻略［M］．北京：人民邮电出版社，2020.

［6］王萍，耿慧慧．抖音电商实战［M］．北京：中国铁道出版社，2020.

［7］陈浩，苏凡博．实战抖音电商［M］．北京：机械工业出版社，2022.

［8］俞华，徐娜．直播电商与电视购物、传统电商的比较分析［J］．中国国情国力，2021（7）：24-26.

领取直播电商全攻略

本书独家配套资源

配套视频 >>>> 视频展示讲解，更加直观

配套课件 >>>> 系统梳理脉络，吃透知识点

配套习题 >>>> 课后习题，检验学习成果

精选案例 >>>> 精选案例分析，解读财富密码

线上配套阅读工具

读书笔记 >>>> 记录阅读要点很方便

微信扫码